Case Study Research

Methods and Practice

管理案例研究：
方法与应用

李亮 刘洋 冯永春 ◎ 编著

北京大学出版社
PEKING UNIVERSITY PRESS

图书在版编目(CIP)数据

管理案例研究:方法与应用 / 李亮,刘洋,冯永春编著.—北京:北京大学出版社,2020.8

ISBN 978-7-301-31581-1

Ⅰ.①管… Ⅱ.①李…②刘…③冯… Ⅲ.①管理学—案例—教材 Ⅳ.①C93

中国版本图书馆 CIP 数据核字(2020)第 166413 号

书　　　名	管理案例研究:方法与应用 GUANLI ANLI YANJIU: FANGFA YU YINGYONG
著作责任者	李　亮　刘　洋　冯永春　编著
责任编辑	周　莹
标准书号	ISBN 978-7-301-31581-1
出版发行	北京大学出版社
地　　　址	北京市海淀区成府路 205 号　100871
网　　　址	http://www.pup.cn
微信公众号	北京大学经管书苑(pupembook)
电子邮箱	编辑部 em@pup.cn　　总编室 zpup@pup.cn
电　　　话	邮购部 010-62752015　发行部 010-62750672　编辑部 010-62752926
印　刷　者	天津中印联印务有限公司
经　销　者	新华书店
	787 毫米×1092 毫米　16 开本　19.75 印张　308 千字 2020 年 8 月第 1 版　2025 年 4 月第 6 次印刷
定　　　价	49.00 元

未经许可,不得以任何方式复制或抄袭本书之部分或全部内容。
版权所有,侵权必究
举报电话:010-62752024　电子邮箱:fd@pup.cn
图书如有印装质量问题,请与出版部联系,电话:010-62756370

推荐序一

近年来，案例研究方法在国内工商管理学界得到较为普遍的认可，成为管理学研究的一种重要方法。随之涌现出一批以案例研究为主要研究方法的青年学者，包括本书的合作者和贡献者，已经成为国内管理学案例研究的新生力量，令人欣喜。

借为本书做序的机会，我想从以下三方面总结一下，为什么要在国内管理学界大力推动案例研究。首先，案例研究特别适合新颖或者罕见的现象，而大样本定量研究显然是完全不可行的。反之，大样本研究可以回答的问题和研究的现象也不适合案例研究。但研究贵在创新，案例研究恰好适合新现象，从中发现新见解、构建新理论。而罕见甚至极端的现象则提供了研究寻常不易观察到的重要规律的宝贵机会。虽然之于研究罕见现象而言，获取新见解是最重要的目标，但并不意味着其结论一定不具备普适性。这也涉及案例研究的理论抽样问题，假如全世界只有一个人天然对艾滋病有免疫力，防治艾滋病的医学应该钻研这个极端特例，还是从普通人群中随机抽样进行研究？答案是显然的。当前中国企业面临高度动态的环境，处于经济转型和数字化转型的变革期，新的管理问题和实践层出不穷，这为有志于构建基于中国实践的管理理论的学者提供了良机。

进一步讲，在以往的工业经济或制造业时代，中国企业基本是学习和模仿西方的管理理论和实践。绝大多数本土企业不是靠科技创新驱动，而是通过做大规模、降低成本，实现成本领先。然而在数字经济时代，中国出现了全球范围内的最佳实践，包括电子商务、共享经济、人工智能应用，以及背后的移动支付、金融科技、数字化营销等技术。这些新颖现象是理论创新的机会，为案例研究学者提供了千载难逢的机遇。

其次，案例研究非常适合深度解剖复杂的管理现象，特别是单案例研究更是适合研究现象的演变过程（对应"如何发生"的问题）。与大样本研究相比，案例研究的样本虽小，但可以观测更多的变量，而且通常是贯序性（而不是横截面）研究。管理学关注的大量重要现象，例如很多战略管理问题、创业与创新过程等通常比较复杂，嵌入在各种情境中，而情境因素在现象的演化过程中动态地发挥作用（对应"为什么会发生"的问题），难以用简单、非黑即白的规律刻画。因此，研究这些现象需要使用更多的变量和贯序性观察，从而换取研究深度和精准的理解。

最后，案例研究有个基本特征是从现象中归纳理论，因而与管理实践天然密不可分，归纳出来的理论也是具体且扎根于实践的。相比之下，大样本研究通常是基于演绎逻辑，先从已有理论中演绎新的关系（研究假设），再用数据进行检验。近年来国际上对于管理学研究日益脱离实践的批评之声不绝于耳，国内管理学界也开始关注"科学严谨性与实践相关性"（rigor versus relevance）这个长期困扰管理界的"鱼与熊掌不可兼得"的难题。很多资深同行对从文献（西方）到文献，特别是忽略中国特色情境的现象表达了忧虑。然而，这个问题在案例研究中基本不存在，因为案例研究学者必须贴近管理实践、近距离观察，从中发现有趣的现象和规律。艾森哈特曾说过，案例研究中提出的构念和关系都是源于实践的，因而易于操作化或者说接地气。其实，在很多情况下我们更担心案例研究不够严谨、过于描述性或过于情境化，缺乏理论抽象和与文献的对话。可见，严谨的案例研究有助于缓解管理学研究脱离实践的趋势。

综上所述，案例研究与大样本定量研究在多个维度形成很强的互补关系，包括研究问题的属性、研究现象的特征、样本量、变量数和时间维度等。目前国内管理学研究的主流方法是大样本定量研究，很多学者甚至误以为实证研究仅包含后者。相比大样本定量研究，质性和案例研究论文的比例大幅低于国际常态，这也正是国内案例研究学者的机会，也是管理学研究未来的增长点。

接下来，我再从教师职业生涯和学科发展角度，分享几点我个人做案例研究的心得。我为什么坚持做案例研究？我在海外的博士生训练是实验室实验，我至今也从来没有全职在企业工作的经历。在2004年回国前，我对中国企业和管理现状完全不了解，也缺乏企业联系。但十几年的案例研究帮助我充分地补上了这一课，培养了我与企业家和管理者的对话能力，让我结交了一批企业家，并与许多企业建立了联系。我特别享受每次的访谈经历，对方经常是把毕生积累的管理经验和真知灼见分享出来，这令我对案例研究欲罢不能。案例研究锻炼了我从现象中提炼理论的归纳能力，使我形成了从访谈对话中提炼新见解的能力，于是我也开始主持企业横向研究课题，甚至给企业做战略顾问和独立董事，反过来用理论知识帮助企业。

此外，企业调研经历丰富了我的课堂教学。我的MBA课堂长期坚持全案例教学，一个学期的课程完全不用PPT幻灯片；在本科和EMBA课堂也是案例教学为主。我回国任教后很快就获得北京市教学名师的荣誉，也与案例教学受到学生的欢迎有关。目前，我已经和研究生一起开发了二三十个教学案例，其中多篇获评"全国百篇优秀管理案例"。如果时间允许的话，其实每调研一个企业，都可以根据其最独特、最有启发性的知识点开发一个教学案例。很多时候，在调研后先开发教学案例，提炼新颖独特的知识点，再做案例研究，也是很好的路径，真正是教学相长。总之，案例研究非常有益于管理学者的职业生涯。

从学科发展来看，管理学在大学校园里，应该与医学和法学共性较多，其人才培养都是面向专业教育，而不是自然科学、社会科学，更不是工程与技术。医学院和法学院都需要一批既有理论素养又具备实操能力的教师，他们可以是临床医生或执业律师。但能去经营企业或是为企业提供咨询的教师在商学院并不多，案例研究学者有可能成为最接近的。明茨伯格认为管理既是科学，也是艺术和技艺（craft），三位一体。同理，管理学研究也需要不同的方法，包括基于数学和数据的优化模型研究、基于文献的基础理论研究（文献到文献），以及现象驱动的案例研究。这些方法各有优势，不能追求单纯唯一，而排斥其他。这并非说每位教师都要三样都做，而是每人只需精通一样，学院集体实现全覆盖。

当然，案例研究肯定不是只有优势、没有劣势。与大样本定量研究相比，案例研究有以下劣势或挑战。第一，最大的挑战是学习曲线较为陡峭，需要较长时间的学习、揣摩和感悟。大样本定量研究通常遵循相对程式化的范式，但案例研究方法的多样性和缺乏固定程式使得它难以通过模仿掌握，再加上案例研究允许有基于不同科学哲学的多种流派和数据分析方法。因此，初学者往往会有盲人摸象、无章可循和无所适从的感受。就像有些技艺是可以通过模仿和揣摩自学的，包括写作和绘画等文体活动，但也有一些是如果无人讲解很难甚至无法无师自通的，比如弹钢琴或拉小提琴。大样本定量研究似乎更像前者，而案例研究更像后者。因此，最好的学习方法是"干中学"和多研讨。第二，因为是现象驱动，因此案例研究在抽样和研究设计等很多方面有较大不确定性，令研究者无法完全掌控，它对研究者的悟性、慧眼和抽象能力要求较高，这并不是每位学者都擅长的。第三，每个案例研究项目间的共性相对较小、差异较大，因而文献和理论积累难以复用，因此缺乏快速复制能力，会影响案例研究学者的论文产出效率，难以实现高产。第四，案例研究周期较长，文献研读、数据收集与分析交织在一起，迭代进行，而不是像大样本定量研究那样单向线性推进。因此，做大样本定量研究的博士生一旦完成开题报告，就可以相对机械地快速完成数据收集和分析，但从事案例研究的博士生的开题报告就不能只有文献和研究方法，而是必须包含至少一轮的数据收集和初步分析结果。第五，案例研究者注定是自己学术圈中的少数派，不被多数同行理解，很多时候成果会碰到外行评审，由此增加了发表和被认可的难度。

可以预见，在相当长的时期内，案例研究学者还会经常被同事甚至审稿人质疑，你的结论会不会缺乏普适性。这时，你还需要耐心地向对方解释，你的研究贡献重在新见解，并引用 Robert Yin 来说明其外部效度与一个基于便利样本的调研没有本质区别。然而，你既不应该反问对方是否会质疑实验室实验缺乏外部效度，或因为实验室实验缺乏外部效度而质疑其结论的价值，也不应该建议对方如果怀疑研究结论的普适性大可自己先去做个大样本定量研究检验一下再说，更不应该嘲笑对方对案例方法的无知。

为应对案例研究学者面临的挑战,建立一个学术共同体非常重要,大家应该抱团取暖,相互支持。中国人民大学商学院在《管理世界》杂志社的支持下举办每年一度的"中国企业管理案例与质性研究论坛",搭建了一个平台,但它无法满足管理学界案例学者的全部学习和交流需求,因而衍生出"青年学者案例研究特训营"(以下简称"特训营")等其他论坛。

本书是"特训营"骨干师资的案例研究经验的文档化和系统化梳理,因而对初学者可能具有较强的针对性。本书作者也践行和传导了"干中学"的案例研究理念。既然这些青年学者可以做到,更多的学者也可以做到。在此,祝贺倡导并一手推动"特训营"的许晖老师,也祝贺本书的三位主编和所有章节贡献者。希望本书对广大读者有所帮助,并吸引更多的青年学者加入案例研究。

毛基业

2020 年 7 月于中国人民大学明德楼

推荐序二

案例研究是浙江大学管理学院的传统。记得1994年我读博士生的第一年，导师许庆瑞院士就要求我去杭州制氧机厂蹲点，每周去1~2天，大概持续了半年。那段时间我写了好几篇以杭州制氧机厂为对象，以创新战略、创新能力和技术能力为主题的论文，发表在《科研管理》《科学学研究》等期刊上。我还记得许院士亲自带我们三四个博士生去东方通信、南京熊猫、江南造船厂去蹲点，其中东方通信，我们基本上是吃住在企业，蹲了半个多月。在我的博士生毕业论文中，有两章就是多案例比较研究。

不过，那个时候做案例研究，我们用的方法是"土枪土炮"，不像今天是"美式装备"。所谓"土枪土炮"，就是20多年前案例研究没有那么多的扎根研究、fsQCA（模糊集定性比较分析）、民族志之类的方法概念，我们也不知道有艾森哈特、罗伯特·K.殷这样的"人物"，就是老老实实地把调研的一手素材记录下，然后按照归纳法去摸索并提出一些新发现。尽管方法很"土"，但结论还是很有价值的，我们会给企业提供解决方案和建议，大多数他们还是很认可的，否则，企业怎么会让我们去蹲点呢！

也是从那个时候开始，我养成了扎根现实去提出理论问题、解决现实问题的习惯，我要求所有的博士生都必须做案例研究，因为我自己切身体会到，如果不到企业蹲下去，是不可能真正懂得管理的现实意义的。尤其是，我早就发现很多同学在运用诸如统计回归检验之类的实证方法时，为了使文章提出的15个假设中，能保证10—11个通过、2个没有通过、2个不显著，是如何痛苦地"修正"数据、

"填补"缺省值的，我就实在没有办法不去怀疑这种实证的价值。当然，我不能因为自己或者周边的人做统计实证很痛苦，就否定其科学性，因为我相信那是我能力不足。总之我相信来自实践的扎根，只不过直到2010年之前，我们还没有运用非常规范的扎根理论去开展研究。

大概2010年前后，我听说中国人民大学与《管理世界》一起举办了案例论坛，但具体情况不是很清楚，所以我也没有参加。后来，我听说大家对这个会议的反响很好，案例论坛的主讲嘉宾档次很高，论文质量也很不错，就将信将疑地关注并建议学生去投稿。所以，我的团队Colearning其实是到2012年才投过去第一篇案例，此后几乎每年都有最佳论文。这对我团队的学生是个非常大的鼓励。本书编写团队中的刘洋、应瑛，是我学生中最早获最佳案例的学生，他们取得的成果更加激发了大家做案例研究的决心。所以，从这个意义来说，毛基业老师和《管理世界》联合创办的案例论坛，支持和鼓励了我们团队持续的案例研究。

我之所以要很琐碎地讲我做案例研究的过程，第一层意思，是为了让更多的人认识到案例研究的重要性和案例研究方法的重要性。我始终认为案例研究应该是管理研究的第一方法论，正如医生看病，医生如果没有病人这个案例，怎么能成为临床医生呢！管理学者没有管理案例的实践，怎么能成为管理学者呢？第二层意思，是要给本书的作者们给予充分的肯定。在他们找到我希望我写推荐序后，我非常认真地阅读了他们的书稿，在看的过程中忍不住修改了一些文字和格式（我有边读边改的习惯，控制不住），等我读完，发现一半以上章节的内容，可读性很好，能较好地结合案例研究学者自己的思考和实战，如同与案例研究初学者的耐心谈话，颇有娓娓道来的感觉，我相信会对案例研究初学者有很大帮助。第三层意思，我相信案例研究尽管现在还不受部分国外顶级期刊的待见，但它具有强大的生命力，我相信，一流的管理学研究需要一流的案例研究。不会临床的医生不是合格的医生，不做案例研究的管理学者不是合格的学者。

魏 江
2020年7月中于浙江大学

推荐序三

与案例研究方法的结缘始于我早期对企业国际化风险的研究与探索。当时国内案例研究刚进入萌芽阶段，管理学界开始认识到案例研究对管理学科发展的重要作用，而彼时中国企业国际化实践仍处于初步发展阶段，学术研究难以获得大样本的跨国企业数据；不同的企业面临差异化的国际风险，其复杂程度和动态演化难以通过一般性方法深入探究，鉴于此，我开始尝试运用案例研究方法剖析中国企业国际化风险问题。更为机缘巧合的是，我们首次开发的以华为公司海外市场拓展的案例研究论文《高新技术企业国际化风险感知与防范研究》，在中国人民大学商学院和《管理世界》合办的第一届"中国企业管理案例与质性研究论坛（2007）"上评为最佳案例，并发表在权威期刊《管理世界》的2008年第4期，至此我们踏上了案例研究的征程。经过十余年案例研究的摸爬滚打，我深刻体会到案例研究方法的独特魅力与价值，逐渐深化对案例研究的理解，不断完善案例研究方法的运用，同时也尝试拓展其应用边界，将案例研究方法运用于教学型案例开发与教育教学方法创新中，并取得了一系列丰硕的成果。

最令我印象深刻的是2016年11月在北京举办的第十届"中国企业管理案例与质性研究论坛"，案例研究领域的国际知名学者艾森哈特教授亲临现场分享其案例研究经验与心路历程，点燃了国内众多学者对案例研究方法的热情，论坛会场座无虚席，让我感动的是会场的台阶上甚至地板上都坐满了渴求学习的青年教师和学生。也是在这次论坛期间，我与中国人民大学毛基业教授、浙江大学魏江教授交流与协商，共同确定了为青年学者搭建一个案例研究学习与交流平台的意向，我也当仁不让地担任总制作、总顾问的角色。经过紧张的策划与筹备，2017 年 4 月第一期"特训营"在南开大学成功举办，"特训营"立足于通过案例研究方法持续提升构建理论的研究水平，通过交流与追踪、帮助学员有效解决案例研究中的困惑与难题，为青年学者及案例研究学者搭建一个经验分享与交流的平台。首次的成功举办使我们坚定了将"特训营"培育成一个独特品牌的信念，更期盼在"特训营"青年讲师团的共同努力下，每一期都不乏有发表高水平论文潜质的学员。特别值得欣慰的是，多次策划和举办"特训营"让我切身感受到大家对于案例研究的热情，也见证了学员们在案例研究领域的成长和进步。

"特训营"将一批对案例研究充满热情与追求的青年学者聚集到一起，他们在各自的领域钻研案例研究方法多年，接受过系统的训练，也曾走过无数的弯路，在他们身上我看到后浪们所特有的品质——坚韧与执着。此次由北京大学出版社出版的培训教材《管理案例研究：方法与应用》正是集合了青年讲师团成员多年在案例研究学习中摸索与体会的结晶，以更为简洁、严谨的语言，就案例研究的哲学基础、文献综述、数据收集、研究设计、单案例分析、多案例分析、结论及理论贡献等方面进行系统的梳理。因此，该教材能够让读者理解如何做一个规范性的案例研究，对有效提升案例研究的质量将起到很好的辅导和启示作用。

一流的管理学研究只有面向实践，深入和准确地观察、领悟实践行为，才有可能生成有价值的理论成果，而好的理论成果应能够充分解释实践，甚至在一定程度上引领实践。好的案例研究独具妙趣，既不是数据和文字的堆砌，也不是简单的理论演绎，而是能够找到一个有趣的问题，解构一个有趣的现象；需要"顶天立地"，"顶天"即有理论高度，而"立地"则要扎根于企业实践；更重要的是探索复杂现象背后的真理。我希望这本书能够有助于对案例研究抱有热情和追求的学者，鼓励他们立足中国本土企业管理实践，讲好中国故事，探索兼具理论洞见与实践启示的好案例。

许　晖

2020 年 6 月于南开大学

前 言

缘起及初衷

追溯本书的直接源头，我们想应该是在 2016 年"又见金风绣锦衫"的季节，许晖教授、毛基业教授、魏江教授团队在中国人民大学一个叫作"水穿石"咖啡屋的那次碰头。正值"中国企业管理案例与质性研究论坛"十周年之际，有感于国内管理案例研究学术共同体蓬勃发展的态势及存在的隐忧，三位教授一致认为我们这些"青年学者"应该"做出滴水贡献以穿石"。

怀着兴奋与忐忑的心情，以我们这群青年学者为核心讲师团，以"实操导向，提升初学者的案例研究能力与写作水平"为目标的"特训营"启动。首届（2017年）报名开启后短短十小时内即满员，这让我们更加兴奋和忐忑：兴奋的是我们的初衷得到了大家的认同，忐忑的是我们的努力能否达到我们的初衷。

犹记得准备教案的日日夜夜，"仰之弥高，钻之弥坚"，自己做案例研究和教授他人做案例研究差异巨大。所幸有许晖教授、毛基业教授、魏江教授、张玉利教授、黄江明教授、蒋东生教授等的大力支持，我们的"特训营"顺利走过三届，并受到了大家的一致好评。

为了实现我们的初衷，让更多初学者受益，2018 年我们初步酝酿本书的出版，并于 2019 年正式启动。然而，教材的写作挑战更为巨大："面对面的交流"变成"面对文字的交流"，稍有不甚可能就会引起读者的误解。于是，不断地思想交流和碰撞让我们作者团队见到了"凌晨两点的浙江大学启真湖风景"。

几经易稿，本书终于得以和大家见面。尽管仍然存在一定的缺陷，但我们认为初衷还是得到了体现：我们以对经典和前沿案例研究方法和研究论文文献的理解，以及自己的案例研究经验为基础，尽量弱化"范式争论"等宏大问题的讨论，而聚焦于初学者如何启动（initiate）案例研究的各环节。我们相信案例研究方法是一个"干中学"的过程，在实际操作过程中，初学者的案例研究能力与写作水平会更快地提升。

作者团队

本书的作者团队是"特训营"的核心讲师团队，我们的核心优势是从"自己、教师、审稿人"三个视角向读者提供如何启动案例研究的一些思路和经验。

第一，"自我成长的视角"。本书最大的优势是我们这些"青年学者"均在国内外管理学重要期刊发表过案例研究论文。细数每个人的发表经历可以明显看到我们的成长，而这些"走过的弯路"和"走过的捷径"正是本书想要分享给读者的内容。

第二，"教师授课的视角"。许多作者团队成员负责过国内诸如浙江大学、对外经济贸易大学、大连理工大学、华南理工大学等高校"案例研究方法""管理研究方法"等博士生、硕士生、本科生相关课程的建设或者讲授，对于初学者如何"启动"案例研究有着丰富的经验。

第三，"审稿人的视角"。许多作者团队成员承担过国内外期刊的编辑、编委、审稿工作，有些还曾多次拿过诸如"最佳审稿人"的荣誉，这意味着我们可以从审稿人的角度提供一些关于案例研究开展和写作的建议。

如何使用本书

本书包含十个章节，第一章为导论，第二章到第七章按照案例研究的流程展示了从问题提出到数据收集,再到数据分析的全过程,第八、第九章关注案例的写作过程,第十章则展现了四篇案例研究从启动到发表的全过程。对于上管理案例研究课程的学生,我们的建议很简单:来上课,阅读教材,逐步完成案例研究的各环节,完成一篇案例研究论文。

对于授课教师,我们提供了一些教学资源,包括拓展阅读、小贴士和训练卡片。我们建议将本书作为简洁且紧凑的信息资源,大部分的课时主要以研讨的形式进行。同时,我们随时为使用本书的教师备课或授课过程提供支持,有任何问题或建议可以与我们联系。

对于把本书作为具体案例研究过程参考书的学者,我们建议实际操作前先阅读本书对应的章节形成详细的行动计划,在行动计划执行过程中不断回到本书对应的章节,对照我们提供的"'理想化'做法"和实际做法之间的差异,思考为何有这种差异。我们认为这种思考对于提升案例研究能力非常有帮助。

致 谢

本书的启动和出版离不开许晖教授、毛基业教授和魏江教授的支持和帮助,他们在我们整个"特训营"从策划到执行的过程中提供了大量具体和细致的指导,许多书稿中的观点也来自这三位学者,非常感谢!特别感谢许晖教授,在从教材策划到执行的许多细节方面给予的指导和帮助,她是我们"青年学者讲师团"的执行教练员,可以说没有许晖教授就不会有本书的诞生。

我们还要感谢南开大学张玉利教授,中国人民大学黄江明教授,《管理世界》杂志前主编、首都经济贸易大学蒋东生教授,浙江大学管理学院汪蕾教授等学者在"特训营"中对我们的点评与帮助,感谢前三届参加"特训营"的学者给我们的细致反馈。

在整个书稿写作过程中,还有许多学者给了我们大量的评价和建议,感谢浙江大学董久钰、杨升曦、刘嘉玲,南开大学薛子超、王亚君、张超敏,中国人民大学齐海伦、朱晓林、周小豪、马冲、邹楠、吴思奇,山东财经大学李高勇等对几轮初稿的细致建议及对格式校正的帮助。

还要感谢北京大学出版社的周莹编辑，她对于促成这本书的最终出版做了大量的工作。

最后还要特别感谢我们所有的"青年学者讲师团"成员。本书写作过程中，所有作者不厌其烦地一次次修改，甚至最后版本中花费了很多心思的内容，因为种种原因仍然被我们大幅修改和删减。非常感谢所有作者的辛苦付出！除本书所有作者，还有几位讲师团成员虽未直接参与本书的写作，但对本书的内容也有贡献，他们是：武汉大学江诗松教授、中国计量大学谭凌波教授、南水北调东部总公司的张海军博士等。

本书不可避免存在一些问题，请读者们发现问题后拨冗给我们反馈，我们将持续改进、不断完善！

李 亮 刘 洋 冯永春

2020 年 1 月，分别于惠园、求是园和布鲁克大学

编写团队简介

李亮,对外经济贸易大学信息学院副教授,博士生导师,在中国人民大学商学院获得管理学博士学位。研究兴趣主要集中在使用案例研究和质性研究方法探索信息管理、电子商务中的企业战略(如数字化转型、数字化创新)和社会问题(如农村电商、电商扶贫)。曾主持国家自然科学基金、北京市社会科学基金、对外经济贸易大学"优秀青年学者培育计划"、阿里"活水计划"等多项研究课题。相关成果发表于 Information Systems Journal、Journal of Information Technology、Information & Management、《管理世界》《南开管理评论》等国内外学术期刊;曾担任 Information Systems Journal 关于中国数字化创新的特刊客座编辑(Guest Editor)。李亮博士是教育部学位中心首届(2019 年)优秀案例教师、"中国企业管理案例与质性研究论坛"程序委员会委员、阿里活水学者理事会理事。在对外经济贸易大学和中国人民大学讲授"案例研究设计与方法""质性研究方法"等研究生课程;撰写的教学案例被毅伟案例库(Ivey Publishing)收录,并入选全国百篇优秀管理案例。

刘洋,浙江大学管理学院百人计划(文科)研究员,博士生导师,在浙江大学管理学院获得博士学位。主要研究方向为转型经济背景下的创新管理与战略管理,主持国家自然科学基金面上项目、青年项目等多项科研项目,在 Technovation、Journal of Business Ethics、《管理世界》等国内外期刊上发表多篇论文,著有《非对称创新战略:中国企业的跨越》《李书福:守正出奇》,曾获浙江省哲学社会科学优秀成果奖基础理论研究一等奖等多项奖励。其中案例研究方面,成果曾获得蒋一苇企业改革与发展学术基金奖、"中国企业管理案例与质性研究论坛"最佳论文、《中国工业经济》首届优秀论文奖等多项奖励；曾是华南理工大学"研究方法论"课程建设负责人，现在浙江大学讲授"案例研究方法"等课程。此外，他还是 Management and Organization Review、Journal of Management & Organization 的编委，任国内外 10 余本期刊的审稿人。

冯永春，天津财经大学商学院讲师，硕士生导师，在南开大学商学院获得管理学博士学位。主要研究方向为服务营销、国际企业管理，主持国家自然科学基金青年项目等，在 Industrial Marketing Management、《管理世界》《南开管理评论》等国内外期刊上发表多篇案例研究论文，并多次获得"中国企业管理案例与质性研究论坛"等会议最佳论文奖，著有《国际化知识与市场学习能力对市场适应性的影响机制研究》与《新兴市场跨国公司国际扩张过程中海外子公司逆向知识转移研究》，相关研究成果曾获得天津市哲学社会科学优秀成果奖，教学案例收录于中国管理案例共享中心和中国工商管理国际案例库。

李彬，北京第二外国语学院旅游科学学院院长助理，副教授，硕士生导师，酒店管理系主任，《旅游导刊》主编助理，在中国人民大学商学院获得博士学位。主要研究方向为中国情境下服务业转型升级、旅游及相关服务企业战略管理。主持国家社科基金一般项目、教育部社科基金项目等，在《管理世界》《管理学报》、Tourism Management 等国内外期刊上发表多篇研究论文，著有《组织操作惯例变化与动态能力作用机制》和《中国旅游企业创业创新发展报告》系列报告等。曾荣获文化和旅游部（原国家旅游局）优秀成果奖二等奖、三等奖、优秀奖，"中国企业管理案例与质性研究论坛"最佳论文奖，2 篇教学型案例入选全国百篇优秀管理案例。

应瑛，浙江财经大学工商管理学院副教授，案例研究中心主任，绿色创新与战略研究所副所长，在浙江大学管理学院获得博士学位。研究兴趣集中于新兴经济体企业的创新战略，主持国家自然科学基金面上项目、青年项目等多项科研项目，在《管理世界》、Technovation 等国内外期刊上发表多篇论文，著有《创新全球化：中国企业的跨越（案例辑）》，相关研究成果曾获得浙江省哲学社会科学优秀成果二等奖、"中国企业管理案例与质性研究论坛"最佳论文等奖励。此外，应瑛博士系浙江财经大学工商管理学院《管理研究方法》负责人，曾指导学生连续四年获得浙江省经济管理案例大赛一等奖。

程聪，管理学博士，工商管理博士后，浙江工业大学中国中小企业研究院教授，博士生导师，浙江省"万人计划"青年拔尖人才，浙江省之江青年社科学者。主要研究方向为民营企业国际化与中小企业数字化转型，主持国家社科基金重大项目子项目、国家自然科学基金项目、浙江省自然科学基金杰出青年基金等多项科研项目，在 Journal of Business Research、Journal of Business Ethics、《管理世界》《管理科学学报》等国内外期刊上发表 40 余篇论文，出版著作 3 部，研究成果获得浙江省哲学社会科学优秀成果奖一等奖、浙江省科技进步奖二等奖等省部级奖励 5 项。在案例研究方面，获得"中国企业管理案例与质性研究论坛"最佳论文 2 次、在《管理世界》《管理科学学报》等杂志上发表案例研究论文 4 篇。

单宇，东北财经大学讲师，美国 University of Missouri-Columbia 访问学者，在南开大学商学院获得管理学博士学位。主要研究方向为中国企业国际化战略、国际商务与国际营销，在《管理世界》等期刊上发表多篇案例研究论文，多次获得"中国企业管理案例与质性研究论坛""中国·实践·管理论坛暨中国管理 50 人论坛"等会议最佳论文奖，所撰写的教学型案例 2 次入选全国百篇优秀管理案例，收录于中国管理案例共享中心和中国工商管理国际案例库。

崔淼，大连理工大学教授，博士生导师，中国管理案例共享中心副主任，在大连理工大学经济管理学院获得博士学位。主要研究方向为数字化转型与创新管理，主持国家自然科学基金面上项目、青年项目等多项科研项目，在 Information Systems Journal、The Journal of Strategic Information Systems、《管理世界》等国内外期刊上发表多篇论文，6 篇案例被评为全国百篇优秀管理案例，10 余篇案例收录在 Ivey 案例库。

吴瑶，中山大学管理学博士，现任中山大学管理学院互联网管理创新团队科研博士后，2019 年入选广东省 100 个博士博士后创新人物，担任中国信息经济学会理事，主要从事企业数字化转型与管理创新、企业与消费者价值共创研究。主持国家自然科学基金青年项目和中国博士后科学基金特别资助项目，2013—2020年参与国家社会科学基金重大项目和国家自然科学基金重点项目等 5 项国家级项目，在 Information & Management、《管理世界》等国外内期刊和会议上发表 14 篇案例与质性研究论文。其中，在《管理世界》发表 7 篇案例研究论文。研究成果 2020 年拟获教育部中国高校人文社科优秀成果管理学一等奖，2019 年获广东省哲学社会科学优秀成果管理学一等奖，2013—2019 年 6 次获"中国企业管理案例与质性研究论坛"最佳论文奖。

苏芳，暨南大学管理学院讲师，在中国人民大学商学院获得管理学博士学位。主要研究方向为数字化创新和转型、战略转型、能力构建；近年来，主持 1 项国家自然科学基金和 2 项省部级基金；已在 Information Systems Journal、Journal of Information Technology、《管理世界》《南开管理评论》等国内外重要期刊和会议上发表近 10 篇案例研究；曾获"中国企业管理案例与质性研究论坛（2014）"最佳审稿人。

目 录

第一章　案例研究的方法论基础及基本含义　/ 001

　　第一节　导　言　/ 003

　　第二节　案例研究方法的定义和特征　/ 008

　　第三节　案例研究的多面性与常见分类　/ 016

　　第四节　案例研究与常见的质性研究方法　/ 024

　　第五节　案例研究的一般过程：我们的建议　/ 028

　　第六节　结　语　/ 033

　　参考文献　/ 034

第二章　研究问题的提出与文献综述　/ 039

　　第一节　高质量的研究问题　/ 041

　　第二节　适合案例研究的问题　/ 044

　　第三节　案例研究的问题来源　/ 046

　　第四节　识别研究机会的三种策略　/ 048

　　第五节　提炼研究问题的思维过程　/ 052

　　第六节　结　语　/ 062

　　参考文献　/ 063

第三章　案例研究中理论的角色　/ 067

　　第一节　什么是理论　/ 069

第二节 参照理论 ／076

第三节 目标理论及理论贡献 ／084

第四节 结 语 ／088

参考文献 ／089

第四章 案例研究设计与研究计划书撰写 ／091

第一节 什么是案例研究设计 ／093

第二节 案例研究严谨性的评估标准 ／094

第三节 案例研究设计的核心环节 ／097

第四节 单案例研究设计与多案例研究设计 ／102

第五节 撰写案例研究计划书 ／107

参考文献 ／109

第五章 案例研究的数据收集 ／111

第一节 数据收集的总体原则 ／113

第二节 数据收集方法 ／117

第三节 数据收集的挑战与应对 ／134

第四节 结 语 ／141

参考文献 ／141

第六章 单案例研究的数据分析 ／145

第一节 单案例研究的意义 ／147

第二节 单案例研究的两个重要问题 ／148

第三节 单案例研究的数据分析过程 ／151

第四节 单案例研究的数据分析结果 ／157

参考文献 ／162

第七章 多案例研究的数据分析 ／165

第一节 多案例研究的分析逻辑 ／167

第二节　多案例研究的案例选择　/170

第三节　多案例研究的设计策略　/173

第四节　多案例研究的数据分析过程　/175

第五节　多案例研究中的构念测量与数据呈现　/184

第六节　多案例研究的命题提炼　/190

参考文献　/200

第八章　案例研究中的模型表达　/203

第一节　理论模型的价值　/205

第二节　理论模型的类型　/207

第三节　理论模型的设计与操作　/214

第四节　结　语　/223

参考文献　/223

第九章　案例研究的论文结构及写作要点　/225

第一节　案例研究写作的一般原则　/227

第二节　案例研究论文各部分和写作要点　/231

第三节　结　语　/257

参考文献　/258

第十章　一篇案例研究的历程：从问题提出到文章发表　/261

第一节　论文一：制造企业的服务化风险管控　/263

第二节　论文二：研发网络分散化与创新　/270

第三节　论文三：数字化时代下的企业与消费者价值共创　/278

第四节　论文四：中小企业的数字化转型　/284

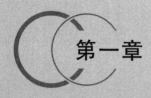

第一章

案例研究的方法论基础及基本含义

李 亮

对外经济贸易大学

本章大纲

第一节 导 言 / 003

　　一、案例研究重要吗？ / 003

　　二、案例研究有趣吗？ / 006

第二节 案例研究方法的定义和特征 / 008

第三节 案例研究的多面性与常见分类 / 016

　　一、案例研究的哲学基础及其分类 / 016

　　二、案例研究的目的及其分类 / 020

　　三、案例研究的设计及其分类 / 023

第四节 案例研究与常见的质性研究方法 / 024

　　一、扎根理论 / 025

　　二、民族志 / 027

第五节 案例研究的一般过程：我们的建议 / 028

第六节 结 语 / 033

参考文献 / 034

第一节 导　言

近年来，案例研究方法在管理学界受到的关注与日俱增，尤其在国内管理学界，案例研究方法在过去40年经历了从混沌到萌芽、再到走向规范化的发展过程（毛基业、李亮，2018）。在管理学界各方的共同推动下，不仅国内学术期刊上案例研究论文的发表数量逐年稳定增长，而且国际一流期刊上以中国管理实践作为研究对象的案例研究也屡见不鲜。

不过，我们有时也会听到一些初学者在开展研究和发表论文方面对案例研究存在疑惑。例如，有的初学者担心，从学术期刊上的论文发表数量来说，定量研究方法占据了更高的比例，那么作为一种在某些偏见中被认为"非主流"的方法，案例研究值得去学习和了解吗？还有的初学者担心，案例研究就是"讲故事"，而高水平学术期刊极为强调理论，那么案例研究能达到期刊在理论方面的发表要求吗？为了使初学者对案例研究能有更加直观的认识，我们在正式开始本章内容之前，不妨先简要讨论以下两个问题：①案例研究重要吗？②案例研究有趣吗？

一、案例研究重要吗？

案例研究重要吗？这个问题的答案在本书中不言而喻。我们可以从案例研究在几个不同学科领域国际一流期刊上的发表情况来管窥其重要性，这也是研究者个人最关心的。在此需要稍作说明的是，由于学术期刊在统计实证研究论文的投稿和发表情况时一般粗略区分为定量研究和质性研究，而绝大多数案例研究属于质性研究的范畴，同时案例研究也是质性研究中最为主要的具体研究方法之一，因此当难以获知案例研究的投稿和发表情况时，我们在下面的讨论中以质性研究的情况作为参考。

首先，让我们看一下工商管理领域。按照时任 *Academy of Management Journal*（AMJ）质性研究论文专任副主编 Pratima Bansal 教授针对 AMJ 在 2010—2017 年论文发表情况的统计，质性研究论文的投稿数量及所占比例在较近几年均有显著提升。2010—2013年,质性研究论文在总投稿数中的占比为13.4%,这一比例在2016—2017年上升到了18.2%。此外,质性研究论文有相对略高的接受率,2010—2013年AMJ的平均接受率为7%,而质性研究论文则达到了10%(Bansal,2017;王冰等,2018)。

为了能有更综合性的认识,我们再来看一下信息系统领域和运营管理领域。在信息系统领域,Sarker et al.(2013)分析了四本国际一流期刊在2001—2012年的论文发表情况,发现质性研究论文的发表数量呈稳定的上升趋势,其中2001—2006年的发表数量快速增长,2006—2012年保持了较多的发表数量且相对稳定(见图1-1)。此外,Li et al.(2014)分析了八本国际一流期刊在2000—2013年以中国信息管理实践作为研究对象的论文发表情况,发现在总共115篇论文中,案例研究有30篇,占比26.1%,仅次于问卷调查法,位居第二。在这30篇案例研究中,2000—2004年(5年)仅为2篇,2005—2009年(5年)迅速增长为15篇,2010—2013年(4年)为13篇,与前五年相比稳中有升。

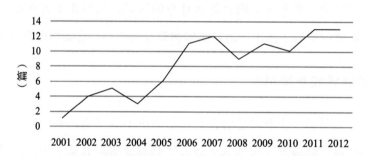

图1-1　信息系统领域四本国际一流期刊上的质性研究论文发表数量(2001—2012年)

资料来源:Sarker et al.(2013)。

即使在更重视定量研究的运营管理领域,案例研究同样被视为一种重要的方法。Barratt et al.(2011)分析了五本运营管理领域国际一流学术期刊在1992—2007年的论文发表情况,发现虽然案例研究论文占论文发表总数的比例很小,但同样呈现稳定的上升趋势。在1992—1996年,这五本国际一流期刊上案例研究论文占论文发表总数的平均比例仅为1.4%;但在2003—2007年,这一比例上升到了6.8%。

通过以上数据我们不难看出，虽然工商管理、信息系统、运营管理三个学科领域的研究内容差异较大，但案例研究论文在投稿和发表的数量方面所体现出的重要性却极为相似。而在发表的数量之外，更值得我们关注和思考的是，通过案例研究方法，学者们有机会做出高质量的学术研究，甚至这一机会要高于其他实证研究方法。Pratima Bansal 教授指出，在管理学顶级期刊上，质性研究论文摘取"最佳论文"桂冠的比例要远高于其在总发表论文数中的占比。例如，尽管 AMJ 和 *Administrative Science Quarterly*（ASQ）发表的质性研究论文仅占总发表论文数的 11%，但在近年评选出的最佳论文中，有 50% 完全采用了质性研究方法（Bansal，2017；王冰等，2018）。

这一现象并非偶然。在信息系统领域的顶级期刊 *MIS Quarterly*（MISQ）上，年度最佳论文中的案例研究论文同样占据了相当高的比例。从图 1-2 中可以看出，虽然信息系统领域是一个多种研究方法并存的学科，但在 2000—2018 年，MISQ 年度最佳论文中就有 5 篇采用了案例研究方法，位居第一，这与所有采用了定量研究方法（包括问卷调查、实验法、计量经济分析等）的年度最佳论文总数相同。

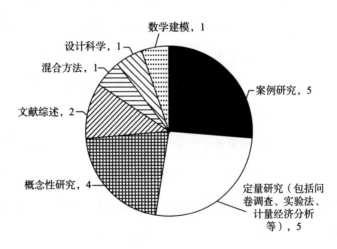

图 1-2　MISQ 年度最佳论文所采用的研究方法（2000—2018 年）

因此，通过以上分析，我们可以得到下面两个鼓舞人心的结论：

（1）从论文发表数量方面来看，近年来工商管理、信息系统和运营管理领域的案例研究论文均呈现稳定的增长趋势；虽然学科特点不同，在运营管理领域中案例研究论文的绝对数量较少，但在工商管理和信息系统领域，案例研究论文的发表数量均高居前列。

（2）从论文发表质量方面来看，不管是在工商管理领域还是在信息系统领域，案例研究（或者更广义的质性研究）在重要性方面的表现更加突出，甚至要优于其他实证研究方法。

二、案例研究有趣吗？

多位知名学者在他们的评论性文章中提到，高质量的案例研究往往位列"最有趣"的研究之中（Bartunek et al.，2006；Eisenhardt & Graebner，2007；Gibbert et al.，2008；Gibbert & Ruigrok，2010；Bluhm et al.，2011；Eisenhardt et al.，2016）。为什么会有这样的评价？我们可以从两个方面来管窥案例研究的有趣性：一是案例研究在理论方面的有趣性（theoretically interesting），二是案例研究在实践方面的有趣性（practically interesting）。

理论上的有趣性对于学术论文发表来说尤为重要，因为有趣的研究能够给读者留下深刻的印象，有助于迅速吸引读者（尤其是期刊编委与审稿人）的注意。在学术界中具有深远影响的研究，往往具有理论上的有趣性（Bartunek et al.，2006）。那么，哪些研究被认为是"最有趣"的实证研究呢？根据 Bartunek et al.（2006）在 AMJ 编委会（AMJ Editorial Board）中所开展的一项调查，67 位编委会成员提名了 160 篇文章被认为有趣的实证研究论文，其中 17 篇论文获得了 2 次或多于 2 次的提名。有趣的是，在这 17 篇论文中，超过半数（9 篇）应用了案例研究方法。究其原因，是因为高质量的案例研究更容易符合反直觉（counterintuitive）、良好的写作（good writing）、新的理论或发现（new theory/findings）、实践启示（practical implications）等标准，而这些都是有趣的研究所具有的特点（Bartunek et al.，2006）。例如，得到最多的 5 次提名的 Dutton & Dukerich（1991）得到了提名者如下的评价："我读过的最精美的扎根研究作品之一，将讲故事与理论开发完美地融为一体，太迷人了。"（Bartunek et al.，2006）

什么是有趣的管理学研究

关于什么是有趣的管理学研究，学者们有诸多讨论，这里列举三篇社会学、管理学和运营管理领域的论文以供读者参考阅读：

- Davis, M. S. (1971). That's interesting! Towards a phenomenology of sociology and a sociology of phenomenology. *Philosophy of the Social Sciences*, 1 (2), 309-344.
- Bartunek, J. M., Rynes, S. L., & Ireland, R. D. (2006). What makes management research interesting, and why does it matter?. *Academy of Management Journal*, 49 (1), 9-15.
- Cachon, G. P. (2012). What is interesting in operations management?. *Manufacturing & Service Operations Management*, 14 (2), 166-169.

接下来，我们再来看一下案例研究在实践方面的有趣性。首先，案例研究往往始于研究者寻找有趣的案例并获得准入（Pan & Tan, 2011），这些有趣的案例可以是公认为"最佳实践"的成功案例，也可以是典型的失败案例（这涉及案例研究的理论抽样原则，详见第四章的讨论）。前者如苹果公司（Eaton et al., 2015）、丰田公司（Aoki & Wilhelm, 2017）、五大会计师事务所（Greenwood & Suddaby, 2006）、阿里巴巴（Tan et al., 2015）等；后者如诺基亚（Vuori & Huy, 2016）等。这些企业的管理活动往往备受实践者瞩目，实践者渴望向"最佳实践"的成功案例学习，也希望以失败案例为鉴，避免重蹈覆辙。因此，针对这些案例开展研究并得出富有洞见的结论，容易引起实践者的兴趣，并为他们提供管理和决策的理论依据，帮助他们提升管理认知水平。

其次，对于那些值得深入探讨的有趣案例，研究者既可以基于不同的学科领域（如战略管理、信息系统、人力资源管理等）开展研究，也可以基于不同的理论视角来开展研究，因此针对同一案例的一系列研究能够呈现"百花齐放、百家争鸣"的景象，提供更加全面、深入的现象描述和理论见解，这有助于帮助实践者以不同的思维和视角来理解管理活动，避免单一化的缺陷。例如，仅在《管理世界》一本期刊上，以海尔为研究对象的案例研究论文就有十余篇之多，这使得读者可以全方位地理解像海尔这样的"明星"企业是如何开展管理活动的。

最后，案例研究特别适合于探讨某一管理现象随时间发生动态变化的复杂过程（Yin，2009）。虽然传统的大样本定量研究可以清楚地展示管理现象中的因果关系，但它有时会排除时间这一要素，假定组织处于一种平衡的状态，因而难以使读者理解现象中的因果关系是如何动态形成的。与大样本定量研究相比，案例研究可以通过对现象发生变化的细节进行丰富的描述，告诉读者"黑匣子"中到底发生了什么，并发掘随着时间的演变，现象背后隐含的动态机制是如何起作用的（黄江明等，2011）。因此，案例研究可以更忠实地反映管理实践中真实做出的决策、采取的行动和发生的事件，有助于实践者以动态的视角来理解管理活动，避免静态的、线性的认识。

第二节 案例研究方法的定义和特征

什么是案例研究？要回答这个问题并不容易，由于案例研究的复杂性，在管理学界并没有一个得到普遍认可的定义。从后文的讨论中我们也能够看到，案例研究具有多方面的特征，其中哪些是最为核心的、能够凸显本质的特征，学者们的看法并不完全一致。此外，不同的案例研究者可能会持有不同的科学哲学观点、在发展理论方面有不同的方式、在案例的表达和写作方面有不同的风格，因此在对案例研究的界定方面难免有所差异。例如，虽然大多数学者都认可案例研究是一种方法论（methodology）或研究策略（research strategy），但 Stake（2005）认为案例研究这个术语是对所选择的研究对象（即"案例"）的描述；也就是说，案例研究是对"案例"这一处于特定时间和地点的、具有边界的系统开展研究。

在国内管理学界，Yin（2009）对案例研究的定义具有较大的影响，其定义包括两个角度。首先，Yin（2009）认为："案例研究是一种实证探究，它深入研究现实生活情境中当前正在发生的现象，尤其是当待研究的现象与其所处情境之间的界限并不十分明显时。"这一定义界定了案例研究的对象和范围，其中的关键词包括"实证探究""现实生活情境""当前正在发生的现象""与其所处情境之间的界限"等，这些关键词构成了案例研究的显著特征。我们将在下文对这些特征进行详细讨论。

此外，Yin（2009）还指出："案例研究处理有待研究的变量比数据点还要多的特殊情况，所以依赖于多种来源的资料，并需要把所有数据以三角验证的方式汇聚在一起，因此事先发展理论命题将有益于指导数据收集和分析。"这一定义从操作方面对案例研究进行了描述，包括案例研究的数据特征、数据来源以及理论的作用，其中的关键词包括"多种来源的资料""三角验证""事先发展理论命题"等，这些关键词同样对案例研究的特征进行了描述。不过，在"事先发展理论命题"方面，有的案例研究者持有不同的看法（如 Eisenhardt，1989a）。我们将在下文和后面的章节对这几个涉及具体操作的方面进行详细讨论。

Creswell（2012）对案例研究的定义与 Yin（2009）具有相似之处："案例研究是一种质性方法，研究者随着时间推移，通过详尽而深入的、包括多种来源信息（例如，观察、访谈、音频视频材料、文档和报告）的数据收集，探索现实生活中的、当前时间下的一个或多个有边界的系统（即案例），并对案例描述和案例主题进行报告。"这一定义描述了案例研究中的研究对象、数据收集和研究结果，其中的关键词包括"质性方法""多种来源信息""现实生活中""当前时间下""有边界的系统"等。与 Yin（2009）的定义进行比较，我们不难发现两者中的多个关键词高度一致。

不过，也有学者对案例研究的定义具有不同的形式和侧重点。例如，Eisenhardt（1989a）对案例研究的界定相当简洁："案例研究是一种研究策略，其焦点在于理解单一情境中所展现的动态性。"在给出定义之后，Eisenhardt（1989a）还对案例研究的案例个数选择、数据收集策略、研究目的等方面进行了描述和界定。

此外，还有学者针对商务和管理领域的案例研究给出了更有针对性的定义。

例如，按照Myers（2009）的定义，"商务领域中的案例研究使用来自一个或多个组织的经验性证据，以试图研究某个情境中的主题；通常使用多种来源的资料，其中绝大多数资料来自访谈和文档"。Myers（2009）认为，这个定义体现了三个特点。首先，不管研究主题是什么，商务和管理领域的案例研究几乎总是会涉及公司或组织；其次，通常情况下，案例研究并不总是需要参与式观察和田野调查，而是更多地依赖访谈和文档资料；最后，这个定义从科学哲学上来讲是中立的，案例研究既可以是实证主义的，也可以是诠释主义或者批判主义的。

从以上的讨论可以看出，虽然学者们对案例研究的定义有所差别，但案例研究在以下几个方面的特征得到了较为广泛的认可。我们可以通过对这些特征的描述，进一步对案例研究进行界定，加深对案例研究的认识。

（一）案例研究是一种实证研究方法

根据研究中的"数据"是否来自现实中的经验性事实，常见的管理学研究方法可以分为两大类，一类是实证研究（empirical research），如问卷调查法、案例研究、实验室研究等；另一类是非实证研究，如概念研究、数学建模、计算机模拟等。在实证研究中，研究者通过各种不同的工具和方式（如量表、访谈、文档资料、观察等）收集关于现实管理实践的一手或二手经验性资料（empirical material），并直接使用这些资料作为数据分析的对象；而在非实证研究中，研究者不直接使用来自现实管理实践的经验性资料，而是通过逻辑推理、数学推演等方式开展研究。

由于管理学本质上是一门关于实践的（社会）科学，因而在管理学研究中，实证研究起着格外重要的作用。实证研究以实践为研究的起点，认为经验性事实是科学的基础，知识必须建立在可观察的事实上。因此，实证研究关注的是"世界是怎样的"，而不是"世界应该是怎样的"。为了回答"世界是怎样的"这个问题，研究者需要对研究对象进行大量的观察、实验和调研。

根据经验性数据的形式不同，实证研究方法通常可以较为粗略地区分为定量研究方法和质性研究方法；此外，还有在同一项研究中使用多种方法的混合研究方法。典型的定量研究方法包括问卷调查、实验室实验、计量经济分析等；而典型的质性研究方法则包括民族志（ethnography）、扎根理论（grounded theory）、行动研究（action research）等。案例研究主要通过访谈、文档资料、观察等方式收集质性数据（但也可以包括定量数据），因而往往被归入质性研究的范畴。

小贴士1-1　实证研究中的归纳推理与理论构建

实证研究通常遵循两种主要的推理逻辑，即演绎推理（deduction）和归纳推理（induction）①。两种推理逻辑分别对应着发展理论的不同方式，即理论检验和理论构建。案例研究主要通过归纳推理的方式进行理论构建，为了更好地说明这一点，我们不妨先来看一下科学史上的一件轶事——元素周期律的提出。

现代化学的元素周期律是1869年俄国科学家门捷列夫首先提出的，他将当时已知的63种元素按照相对原子质量大小排列成表格的形式，把有相似化学性质的元素放在同一列，制成元素周期表的雏形，从而初步完成了元素系统化的任务。

据说，在门捷列夫开展研究的过程中，将每个已知的元素及其特性记在一张小卡片上，并把这些卡片排来排去，排好了再打乱，打乱后再重新排列，不断调换卡片的位置，从而试图在元素的复杂特性里捕捉其共性。经过持续不断地比较和分析，门捷列夫发现性质相似元素的原子量并不相近；相反，有些性质不同的元素，它们的原子量反而相近。他紧紧抓住元素的原子量与性质之间的相互关系，不断思考研究，并最终发现：如果把所有当时已知的元素按照原子量递增的顺序排列起来，经过一定的间隔，元素的性质会呈现明显的周期性。

基于元素周期律，门捷列夫大胆地指出，当时一些公认的原子量不准确。例如，那时金的原子量公认为196.2，按此在元素周期表中，金应排在锇（198.6）、铱（196.7）、铂（196.7）的前面。不过，门捷列夫坚定地认为金应排列在这三种

---

① 与演绎推理和归纳推理并列的另一种推理逻辑是溯因推理（abduction）。溯因推理在实证研究（尤其是案例研究）中同样具有重要的作用。不过，我们在这里采用Eisenhardt的提法，将案例研究视为一种归纳式的理论构建方法（Eisenhardt, 1989a; Eisenhardt & Graebner, 2007; Eisenhardt et al., 2016）。

元素的后面，原子量应重新测定。重测的结果，锇为190.9、铱为193.1、铂为195.2，而金是197.2。这证实了门捷列夫的论断，也支持了元素周期律的正确性。

此外，门捷列夫还在表中留下空位，预言了类似硼、铝、硅的未知元素（即以后发现的钪、镓、锗）的性质，并从理论上计算出这些尚未发现的元素的最重要性质，断定它们介于邻近元素的性质之间。例如，在锌与砷之间的两个空格中，他预言这两个未知元素的性质分别为类铝和类硅。就在他预言后的四年，法国化学家布阿勃朗用光谱分析法，从闪锌矿中发现了镓。实验证明，镓的性质非常像铝，也就是门捷列夫预言的类铝。

元素周期律的提出是典型的基于归纳推理的理论构建。对于门捷列夫时代的化学家来说，并没有合适的理论可以用来解释不同元素性质变化的规律。因此，门捷列夫通过对所能收集到的经验性资料（当时已知的63种元素）进行仔细的审查、分析和归纳，来寻找元素之间的规律并构建理论。这种做法与案例研究通过多种来源收集数据（访谈、文档资料、观察等），并基于归纳分析构建理论的逻辑相一致。

元素周期律的轶事还充分展示了通过高质量的归纳推理进行理论构建的强大威力。通过归纳式的理论构建，研究者能够：①识别并揭示已知现象（轶事中的已知化学元素）的规律；②对已有理论或知识（轶事中已知元素不准确的原子量）进行修正；③对有待探索的现象（轶事中的未知化学元素）进行预测。这几个方面，也正是案例研究所擅长的。

（二）研究对象主要是当前正在发生的事件，但也可以是历史性回顾

按照Yin（2009）的定义，案例研究适合于针对当前现象（contemporary phenomenon）开展研究，这指的是研究目前或最近发生的事件，但是不追溯已经"死亡"的事件，因为研究者既无法直接观察这些事件，也无法对这些事件的亲历者进行访谈。针对已经"死亡"的事件，Yin（2009）认为历史研究法更为适合。不过，Eisenhardt & Graebner（2007）的观点与此略有不同。她们认为，虽然案例研究更多的是对当前事件的描述，但也可以是历史性回顾，例如 Weick（1993）针对 1949 年美国明尼苏达州曼恩峡谷（Mann Gulch）森林火灾惨痛教训的研究，就是案例研究中的经典之作。

从国际一流学术期刊上案例研究论文的发表情况来看，我们更加认可 Eisenhardt & Graebner（2007）的观点，即案例研究的对象主要是当前正在发生的事件，但也可以是历史性回顾。例如，Quinn & Worline（2008）以 2001 年美国"9·11"事件中坠毁的联合航空 93 次班机为案例研究对象。虽然"9·11"事件与论文发表之间仅仅相隔了 7 年，但由于 93 次班机已经坠毁，因而这个案例属于 Yin（2009）所说的已经"死亡"的事件。受限于案例的极端特殊性，作者无法开展访谈和直接观察，而只能基于书籍、新闻报道等回溯性资料开展研究。

此外，国际一流学术期刊上也有多篇研究论文采用了历史性案例研究（historical case study）的方法。例如，Hargadon & Douglas（2001）基于有关爱迪生的历史资料，包括编著的书籍、报纸的报道及其他二手资料等，探讨了 100 多年之前爱迪生发明电灯的案例。Murmann（2013）则以 1850—1914 年的合成染料行业和化学学科为案例研究对象，数据来源包括历史文档、数据库资料等。

从以上发表在国际一流期刊上的研究论文可以看出，案例研究既可以随着当前现象的发展实时进行，也可以回溯过往现象的来龙去脉（包括历史性事件）。在回溯性（retrospective）案例设计中，研究者通常已经知道了现象的结果，而试图去理解这一结果形成的过程，以及为什么会形成，这使得研究者可以缩小所关注现象的范围，数据收集和分析的目的更加明确。历史性回溯研究的数据一般来自文档资料。文档资料通常覆盖面广、时间跨度长，可以涵盖多个事件、多个场景，而且包含以往事件中资料的细节，这些细节相对精确并可以量化，因而可以帮助研究者对历史性的案例事件进行深入剖析。

（三）研究问题的类型是"如何/怎么样（how）"和"为什么（why）"

一个被广泛认可的观点是，案例研究在回答理论尚不成熟领域中的"如何/怎么样（how）"和"为什么（why）"的研究问题时特别有效，但并不适合于探讨频率、次数、因素作用强度、调节变量作用大小、不同构念的相对实证重要性等"是什么（what）"和"有多少（how much）"的问题（Eisenhardt & Graebner, 2007；毛基业、陈诚，2017）。

正如Yin（2009）所指出的，"如何/怎么样"和"为什么"的研究问题富有解释性，要回答这两类问题，需要按时间顺序追溯相互关联的各种事件，并找出它们之间的联系，而不仅仅是研究它们出现的频率和范围，这正是案例研究所擅长的。首先，"如何/怎么样"的研究问题往往涉及现象所发生的模式（pattern）。例如，现象在某种特定情境中是如何发生的？现象中的各个阶段是如何演变发展的？现象与其所处的情境是如何交织在一起的？要回答这样的研究问题，研究者需要对现象中的事件、活动、阶段等要素进行理论上的描述，其重点在于通过案例研究突出情境、展示过程和揭示关系（黄江明等，2011），这对于解释现象至关重要，因为研究者需要理解现象中连接原因与结果的由一系列事件组成的逻辑链，这是对现象进行解释的基础。

此外，"为什么"的研究问题往往涉及现象所发生的机制（mechanism）。例如，为什么现象会在某种情境中发生？为什么各个阶段发生的顺序是这样的？为什么现象中的事件以某种方式交织在一起？研究者回答"为什么"的研究问题，本质上就是通过案例研究对产生现象模式的内在原因进行解释，探究模式下隐含的理论机制。只有揭示出模式背后隐含的机制，研究者和读者才能更深刻地理解现象以某种特定方式发生和演变的因果逻辑。

（四）在自然情境下对现象开展研究，研究者不对现象进行控制或仅进行极低程度的控制

案例研究的一个重要特点是在自然情境下对现象开展研究。也就是说，案例研究关注的是现实中实际发生的管理实践，而有意识地避免研究者对现象进行控制和干涉。为了使读者对这一点有更清晰的认识，我们不妨将案例研究与另外两种研究方法（实验法和行动研究）进行对比。

首先，案例研究与实验法在是否对现象进行控制方面形成了鲜明的对比。在

实验室实验中，研究者刻意把现象从其情境中分离出来，对其他因素严格加以控制，并改变自变量的取值，监测因变量的变化，从而推断自变量与因变量之间的因果关系。而对于案例研究来说，其所关注的现象发生在自然情境中，现象与情境之间的界限并不十分明显，这使得研究者有机会把自己的观察和一系列与情境相关的事实、事件或观点联系在一起，从而在更大的整体或框架下理解所从事的研究，突出现象的丰富性（Rousseau & Fried，2001）。

此外，案例研究与行动研究（action research）在对现象是否进行控制方面也不相同。有时，研究者并非"不能"对现象进行干涉和控制，而是有机会与实践者进行合作，通过提供管理咨询等方式来帮助解决出现的实际问题，这为开展行动研究提供了绝佳的机会。在行动研究中，研究者与实践者合作对企业中出现的问题进行诊断，研究者基于管理学理论提出解决这些问题的建议和方案，并由实践者来具体实施这些解决方案，再由双方合作对解决方案实施的结果进行评估（Myers，2009）。如果在这个过程中，存在对管理学理论进行检验、修正或拓展的机会，那么研究者就可以通过行动研究的方式对管理学理论发展做出贡献。而在案例研究中，研究者对当前实际发生的管理实践进行探索、描述和解释，其直接目的是以此为基础来发展理论，而非解决管理实践中的问题。虽然研究者在整个项目中也可以与实践者开展合作（如提供管理咨询），但这种合作与案例研究本身是相对独立的，案例研究并不通过这种合作来对管理实践进行控制。

（五）通过多种来源收集数据，且主要为质性数据，但也可以包括定量数据

案例研究一般会综合运用多种数据收集方法，从多种来源收集数据，其中最主要的来源是通过访谈、文档资料、观察等方式收集质性数据；此外，研究者也可以通过问卷调查、文档资料等方式收集定量数据。关于具体的数据收集方法，详见第五章。

通过多种来源收集数据是提升案例研究质量的必要步骤。由于任何来源的数据都有其优点和缺点，没有任何一种单独来源的数据能够完全优于其他来源，因此多种来源的数据将起到取长补短、相互补充的作用。

从案例研究的严谨性来说，多种来源的数据有利于提升研究的效度和信度（Yin，2009；Dubé & Paré，2003）。例如，为了提升案例研究的构念效度，研究者有必要对多种来源的数据进行三角验证（triangulation），并在这些数据间建立具有连贯性且符合一定逻辑的证据链；此外，多种来源的数据有利于构建更加丰富的研究资料库，这些资料库可以包括访谈录音、誊写的访谈文稿、各种来源的文档资料（如新闻报道、公司年报、政府文件等）、现场笔记、照片和录像文件等，从而有助于提升案例研究的信度。关于案例研究的效度和信度，详见第四章。

第三节 案例研究的多面性与常见分类

对于初学者来说，案例研究是一种不易掌握的方法，难点之一就在于案例研究的多面性（multi-faceted）（Cavaye，1996）。在案例研究的基本特征之外，我们可以从多个不同维度对案例研究进行更加细致的刻画。此外，我们还可以根据这些不同维度将案例研究划分为不同的类别。在本小节，我们主要讨论以下三个不同的维度及其分类：①案例研究的哲学基础：实证主义与诠释主义；②案例研究的目的：理论构建、理论拓展与理论检验；③案例研究的设计：单案例研究与多案例研究。

一、案例研究的哲学基础及其分类

相较于问卷调查法、实验法等定量研究方法，案例研究的一大难点就在于不同研究者可能会持有不同的科学哲学观点（Welch et al.，2011）；甚至同一位研究者，在其不同的研究项目和论文发表中，也可以基于不同的哲学基础来开展研究（毛基业、苏芳，2019）。这给案例研究的初学者带来了极大的困扰。我们有时在文献中会看到诸如"实证主义案例研究（positivist case study）""诠释主义案例研究（interpretive case study）"等概念，这正是案例研究基于不同哲学观点的具体体现。

实证主义是目前在管理学研究中最为广泛采用的哲学观点（当然，这一点也为许多管理学者所诟病)。在实证主义研究者看来,管理实践是真实的、客观存在的,而且可以通过研究将其中的规律如实地揭示出来。因此,实证主义研究的目的是探索和发现管理实践中的"真理"(Gephart,2004)。例如,在问卷调查法中,通过假设检验的方式来对管理学理论不断地进行检验和修正,就是不断地逼近和发现"真理"的过程。因此,在管理学实证主义中,研究者自身往往被认为独立于研究现象之外,并且不同研究者之间的差异不应该对研究结果产生影响,研究结果应该具备可复制性。换句话说,如果两位研究者针对同一个研究问题开展研究,只要他们采用了相同的研究设计(如相同的量表、相同的抽样方法等),并且研究过程严谨可靠,那么研究结果应该是相同的。

Yin 和 Eisenhardt 都是实证主义案例研究的重要倡导者(Welch et al.,2011),这体现在他们各自的经典著述之中。例如,Eisenhardt(1989a)明确指出,其描述的案例研究过程"采取了实证主义研究的视角,也就是说,此过程的目的是要发展可检验的、具有跨情境普适性的假设和理论"。对于现象与理论之间的关系,Eisenhardt(1989a)认为,所构建的理论将"准确反映现实(closely mirrors reality)",因而在实证方面具备较高的效度。而对于 Yin 来说,反映其实证主义哲学基础的典型论述之一就是针对案例研究设计质量判定标准(即构念效度、内部效度、外部效度和信度)的讨论(详见本书第四章)。

小贴士 1-2 实证研究与实证主义研究

前面我们提到了"实证研究"与"实证主义研究"两个不同的概念。单从字面表述来看,这两个概念极易混淆;不过,实证研究指的是 empirical research,而实证主义研究指的是 positivist research,两者含义具有极大差别。

实证研究强调的是科学研究应该建立在来自现实世界的经验性证据(empirical evidence)之上。因此,研究者需要开展大量的数据收集工作,如调查、访谈、实验、观察等,从而获取关于研究对象的资料,并在此基础之上开展研究。从这个意义上来说,案例研究毫无疑问是一种实证研究方法。

实证主义研究强调的是人们认识现实世界时所持有的一种信念（除实证主义外，还存在多种其他信念），例如现实世界是真实的、客观存在的，而且可以通过研究将其中的规律如实地揭示出来。在管理学中，问卷调查就是一种常见的实证主义研究方法，其典型特点包括：①提出正式的命题；②变量可以进行量化测量；③对假设进行检验；④根据对样本的统计分析来推断总体的情况。从这个意义上来说，案例研究既可以基于实证主义，也可以基于其他的认识论基础（如诠释主义、批判实在论、批判主义等）。

"实证研究"与"实证主义研究"的关系可以粗略地表示为图1-3。由于两者在字面表述上极易混淆，因此有的文献将empirical research译为"经验研究"。在本书中，我们仍然将empirical research译为"实证研究"。在日常学习和交流的过程中，我们建议研究者将"实证研究"与"实证主义研究"均作为整体性的概念来理解，而不要仅仅看到"实证"二字就轻率地做出判断。

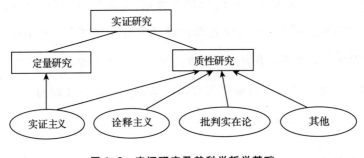

图1-3 实证研究及其科学哲学基础

与实证主义研究不同，诠释主义研究者更关注研究对象对管理实践的理解，以及管理实践对于研究对象的意义所在。正如鲁迅先生对《红楼梦》的评论："经学家看见《易》，道学家看见淫，才子看见缠绵，革命家看见排满，流言家看见宫闱秘事。"那么，什么才是"真实的"《红楼梦》？或者可以说，"真实的"《红楼梦》是什么样子并不重要，重要的是不同的读者对《红楼梦》有怎样的理解。因此，在诠释主义研究者看来，现实是多元的，是通过语言、意识、共有的意义（shared meaning）等人们之间的互动和社会建构（social construction）而形成的，因历史、地域、情境、个人经验等因素的不同而有所不同。研究者的任务就是对人们的认识、意义和所处的情境进行描述，从而理解现实的社会建构过程（Gephart, 2004; Klein & Myers, 1999）。因此，诠释主义的研究方法就是研究者和研究对象不断互动和对话而共同建构研究结果的过程。诠释主义研究不是为了预测、控制或改造现实，而是为了在研究者、研究对象以及读者之间构建起理解的桥梁，从而使得人们可以扩大自身对现实的认知和理解。在这种情况下，研究者自身不再独立于研究现象之外；研究者与研究对象之间的交往、互动，成为研究中不可分割的一部分（陈向明，2000）。

在管理学研究中，Gioia 方法（Gioia methodology）是近年来受到较多关注并主要被用于诠释主义研究的方法（Gioia et al., 2013）。在 Gioia 方法中，研究者首先通过一阶分析（first-order analysis）识别研究对象自身对现象意义的诠释，并得到若干一阶概念；然后通过二阶分析（second-order analysis）对识别出的一阶概念进行理论上的意义诠释，即对研究对象的意义诠释进行研究者自身的理论诠释。通过这样的方式，研究者与研究对象之间建立起理解和对话的桥梁，并确保质性研究的严谨性（qualitative rigor）。

除实证主义和诠释主义，管理学研究中还有其他多种科学哲学观点，如批判实在论（critical realism）、批判主义（critical）、建构主义（constructivism）等，在此我们不详细阐述。感兴趣的读者可以参阅"拓展阅读 1-2"中列出的部分文献。

拓展阅读 1-2

不同哲学基础下的案例研究方法

1. 质性研究中的不同哲学基础

- Gephart, P. R. (2004). Qualitative research and the *Academy of Management Journal*. *Academy of Management Journal*, 47 (4), 454-462.

2. 实证主义案例研究

- Dubé, L., & Paré, G. (2003). Rigor in information systems positivist case research: current practices, trends, and recommendations. *MIS Quarterly*, 27（4），597−635.

• Paré, G.（2004）. Investigating information systems with positivist case research. *Communications of the Association for Information Systems*, 13（1），233−264.

3. 诠释主义案例研究

• Klein, H. K., & Myers, M. D.（1999）. A set of principles for conducting and evaluating interpretive field studies in information systems. *MIS Quarterly*, 23（1），67−94.

• Walsham, G.（1995）. Interpretive case studies in IS research: nature and method. *European Journal of Information Systems*, 4（2），74−81.

• Walsham, G.（2006）. Doing interpretive research. *European Journal of Information Systems*, 15（3），320−330.

4. 批判实在论案例研究

• Wynn, D. E., & Williams, C. K.（2012）. Principles for conducting critical realist case study research in information systems. *MIS Quarterly*, 36（3），787−810.

• Miller, K. D., & Tsang, E. W.（2011）. Testing management theories: critical realist philosophy and research methods. *Strategic Management Journal*, 32（2），139−158.

• Tsang, E. W.（2014）. Case studies and generalization in information systems research: A critical realist perspective. *Journal of Strategic Information Systems*, 23（2），174−186.

5. 批判主义案例研究

• Myers, M. D., & Klein, H. K.（2011）. A set of principles for conducting critical research in information systems. *MIS Quarterly*, 35（1），17−36.

二、案例研究的目的及其分类

学术研究最重要的目的之一是发展理论，案例研究也不例外。要想在高水平期刊上发表案例研究论文，研究者需要理解通过案例研究发展理论的方式。对于常见的大样本定量研究方法（如问卷调查法、实验法等）来说，发展理论的主要方式是理论检验。但对于案例研究来说，发展理论的方式要复杂得多。通过案例研究，研究者既可以生成新的理论，也可以对现有理论进行深化和拓展，这两种方式均可被称为理论构建（theory building）；此外，虽然在一流学术期刊中比较少见，但案例研究也偶尔被用于对现有理论进行检验。表1-1对案例研究中的理论生成（theory generation）、理论拓展（theory elaboration）和理论检验（theory testing）进行了汇总。

表1-1 案例研究中的理论生成、理论拓展和理论检验

	理论构建		理论检验
	理论生成	理论拓展	
输入	现象难以解释；几乎没有理论可以应用	现象仅能部分得到解释；已有一定的理论或模型	从已有理论中得出的正式命题或假设
过程与策略	从案例数据中归纳得出新的构念和构念间关系	在已有理论或模型的引导下收集数据、分析数据、开展案例研究，并在此基础上发展构念和构念间关系，对已有理论进行精炼和深化	通过收集和分析案例数据对命题或假设进行确认或驳斥
输出	新的可检验的命题，或新的构念	得到修正或精炼的理论，其中包含情境因素、构念以及构念间关系，能够更好地解释现象	接受或拒绝从已有理论中得出的命题或假设

资料来源：Fisher & Aguinis（2017）。

（一）理论生成

理论生成是指通过案例研究创建新的理论。这类研究通常开始于已有理论难以解释的现象，并从案例数据中归纳得出新的构念和构念间关系，研究结果体现为正式的、可检验的命题（Lee et al., 1999；Fisher & Aguinis, 2017）。

例如，Eisenhardt所倡导的"通过案例构建理论（building theories from

cases)"就是典型的以理论生成作为发展理论的方式（Eisenhardt，1989a；Eisenhardt & Graebner，2007；Eisenhardt et al.，2016）。在 Eisenhardt 看来，通过案例构建理论就是"运用一个或者多个案例，根据基于案例的经验性证据来创建理论构念、命题和/或中层理论的一种研究策略"（Eisenhardt & Graebner，2007）。在国际一流期刊上，Eisenhardt 的许多研究论文，如 Eisenhardt & Bourgeois III（1988）、Eisenhardt（1989b）等，都是通过理论生成的方式来开展案例研究的经典之作。

（二）理论拓展

理论拓展是指对已有理论的扩展或深化。这类研究通常始于已有的、可以部分解释现象的理论或模型，研究者在这些理论或模型的引导下收集数据、分析数据、开展案例研究，并在此基础上发展构念和构念间关系，从而对已有理论进行精炼和深化，同时对现象做出更好的解释。理论拓展的研究结果通常体现为得到修正或精炼的理论，其中包含情境因素、构念及构念间关系，能够更好地解释现象（Lee et al.，1999；Fisher & Aguinis，2017）。

例如，潘善琳提出的 SPS（结构化—实用化—情境化）案例研究方法就是典型的以理论拓展作为发展理论的方式（Pan & Tan，2011；潘善琳、崔丽丽，2016）。在 SPS 案例研究方法中，步骤 4 即"建立并完善理论视角"，这要求研究者选择适合的指导理论，形成理论视角，从而帮助研究者完善对现象的理解，引导数据收集和分析的过程，提供深刻的见解。而在步骤 6 的"数据筛选"和步骤 7 的"理论、数据、模型校对"中，研究者需要不断用数据来完善理论模型，从而对原有的理论进行拓展和深化。

在国际一流期刊上，通过理论拓展的方式来发展理论的案例研究论文不在少数，而且许多研究论文具有很高的质量。例如，仅在 AMJ 的年度最佳论文中，作者在正文中明确提及该研究为"理论拓展"的就有 4 篇，分别是 Elsbach & Kramer（2003）、Gilbert（2005）、Greenwood & Suddaby（2006）、Graebner（2009）。

（三）理论检验

理论检验是指对已有理论进行验证。这类研究通常始于从已有理论得到的可供检验的命题或假设，研究者通过收集和分析案例数据对其进行确认或驳斥（Lee et al., 1999; Fisher & Aguinis, 2017）。

在国际一流期刊上，通过理论检验的方式来发展理论的案例研究论文较为少见（我们也不建议初学者通过案例研究来进行理论检验），其中经典研究论文之一是 Markus (1983)。在这篇文章中，Markus 针对信息系统实施和使用中的用户抵制现象，通过案例研究比较并检验了三种相关的理论。第一种理论是用户决定论，即由于某些用户内在的原因（如认知方式、人格特性等），他们会抵制信息系统带来的变化；第二种理论是系统决定论，即由于信息系统内在的原因（如缺乏用户友好性、设计存在缺陷等），用户抵制使用这样的信息系统；第三种理论是交互理论，即由于用户相关特征与系统相关特征的交互（如系统与组织劳动分工的交互、系统与组织内权力分布的交互等），用户产生了对系统的抵制行为。基于对一家企业财务信息系统实施的案例研究，Markus 检验了以上三种理论，并发现与用户决定论和系统决定论相比，交互理论具有更强的解释能力和预测能力。

三、案例研究的设计及其分类

案例研究的一种常见分类方式是单案例研究和多案例研究。顾名思义，单案例研究的对象为单个案例，而多案例研究的对象则是两个及两个以上的案例。虽然两者最直观的区别在于案例数量的多少，但本质上讲，单案例研究和多案例研究体现了两种不同的研究设计，两者各有所长，也有所不足（Yin, 2009）。从抽样原则来说，多案例研究遵从复制逻辑，即挑选出来的案例要么能够逐项复制（literal replication，或译为原样复制），要么能够差别复制（theoretical replication，或译为理论复制）（Yin, 2009）。这样，基于一定的理论框架，通过跨案例的比较可以发现，在某些可预知的条件下关注的现象在几个案例中出现了相同的结果，而在另外几个案例中出现了不同的结果，从而可以澄清现象中各项要素间的因果逻辑关系，并进一步确认某项发现是单个案例所独有的，还是可以被多个案例复制的。因此，从多个案例中推导出的结论往往被认为更具有说服力，整个研究也更能经得起推敲（Eisenhardt, 1989a; Eisenhardt & Graebner, 2007; Yin, 2009）。

适用于单案例研究的场合通常并不适用于多案例研究（Yin, 2009），这是因为单案例研究的抽样原则通常要求研究者选择极端性案例、极具启示性的案例、纵贯案例或者能够批驳现有理论的案例（Eisenhardt & Graebner, 2007；Yin, 2009）。相对于多案例研究，单案例研究的优势之一在于能够对研究现象进行更深入、更丰富的描述，讲出"好的故事"（Dyer & Wilkins, 1991）。尤其是单案例研究允许研究者对现象进行"深描"（thick description），即详细展示现象的细节、所处的情境、偶然性的事件、现象中参与者的思想和感觉、行为或语言体现出的意义等。通过在"描述"与"分析"之间寻求平衡，研究者能够更深入地探究动态、复杂的现象，灵活处理涉及多个分析层次的数据，并突出现象的情境因素，因此通过单案例设计开展过程研究、构建过程理论是一种比较理想的方法。

尽管有学者认为单案例研究在普适性方面相对较弱，更推荐使用多案例研究（Eisenhardt, 1989a；Eisenhardt & Graebner, 2007），但并不是说选择多案例研究一定优于单案例研究。事实上，研究者在两者之间的取舍通常取决于研究目的、研究问题、可以利用的研究资源等多方面因素，尤其是取决于研究者在案例的深度和广度间的权衡：案例越多，每个案例所能展示的数据就越单薄，深入程度也就越低。此外，在做出高水平的研究方面，单案例研究并不弱于多案例研究。例如，在 AMJ 和 ASQ 历年的最佳论文中，就有多篇单案例研究文章，如 Dutton & Dukerich（1991）、Siggelkow（2002）、Greenwood & Suddaby（2006）、Plowman et al.（2007）、Smets et al.（2012）等。关于单案例研究与多案例研究的优劣，详见第四章的讨论。

第四节 案例研究与常见的质性研究方法

对于初学者来说，往往不容易区分案例研究与质性研究这两个概念。一般而言，质性研究是指使用质性数据开展的研究。质性研究更像是一把"大伞"（陈向明，2000），包含了多种具体的研究方法，如扎根理论、民族志、行动研究等。由于案例研究主要依赖于多种来源（如访谈、文档资料、观察等）的质性数据，因此发表在学术期刊上的绝大多数案例研究论文都属于质性研究的范畴。不过，需要指出的是，案例研究也可以使用定量数据作为数据来源。在这一方面，Eisenhardt 是重要的倡导者，她认为，"定量数据有助于揭示一些不易被研究者察觉的关系，也能使研究者避免被质性数据中的那些形象生动但错误的表象迷惑，同时它也能进一步支持那些已经从质性数据中得到佐证的结论（Eisenhardt，1989a）"。此外，Eisenhardt 还在自己的研究中身体力行地使用定量数据作为资料来源开展研究，如 Eisenhardt & Bourgeois III（1988）、Martin & Eisenhardt（2010）等。

接下来，我们将对扎根理论和民族志这两种在国际一流期刊上较为常见的质性研究方法进行简要介绍。

一、扎根理论

扎根理论是一种归纳式的、以建立理论为目标的质性研究方法，其最显著的特点是将理论的建立"扎根于（grounded in）"系统的数据收集和数据分析基础之上（Urquhart et al.，2010）。在管理学质性研究中，可能没有哪种方法像扎根理论这样，在充满分歧、富有争议的情况下得到了广泛的应用。

扎根理论的分歧和争议始于两位创立者。Glaser 和 Strauss 于 1967 年出版的《扎根理论的发现：质性研究策略》，标志着扎根理论的创立。但随着时间的发展，Glaser 和 Strauss 两位创立者针对扎根理论的看法出现了分歧。Glaser 更强调研究中的创造性和开放性，而 Strauss 更强调以结构化的方式进行数据分析。此后，Strauss 在原有版本的基础上，对扎根理论进行了演化和发展，其标志性的事件是 Strauss 和 Corbin 于 1990 年出版《质性研究的基础》，这引起了 Glaser 的强烈反对。自此，扎根理论方法分为了两个流派，分别被称为 Glaserian 流派（或称为经典扎根理论）和 Straussian 流派（或称为程序化扎根理论）（Matavire & Brown，2013；O'Reilly et al.，2012；Urquhart et al.，2010）。

在以上两个流派中，扎根理论都被作为一种完整的、贯穿于研究始终的方法论。不过，有一些学者在开展其他质性研究（如案例研究、民族志研究）时，仅仅使用扎根理论（尤其是 Straussian 流派）中的编码技术来作为数据分析的策略

（Matavire & Brown，2013），这些技术包括开放式编码（open coding）、主轴编码（axial coding）、选择式编码（selective coding）等。这样的应用方式加剧了扎根理论的争议和分歧。

此外，扎根理论还为质性研究方法的发展提供了丰富的"养分"，有学者将扎根理论与其他质性研究方法结合，提出了新的研究策略（Matavire & Brown，2013）。例如，Eisenhardt（1989a）倡导的"通过案例构建理论"的方法，其基础之一就是 Glaser & Strauss（1967）的扎根理论（Gehman et al.，2018）。再如，Baskerville & Priesheje（1999）将扎根理论与行动研究相结合，提出了扎根式行动研究（grounded action research）的策略。

在本小节，我们无意陷入关于方法论的争论之中，我们的主要目标是向读者简要介绍扎根理论的概况，更细节的内容则需要读者深入学习诸如 Glaser & Strauss（1967）、Strauss & Corbin（1990）等经典文献。在此，我们简要介绍扎根理论的几项重要原则，这些原则使得扎根理论在质性研究方法中格外引人注目。

第一，涌现（emergence）原则（Matavire & Brown，2013；Suddaby，2006；Walsh et al.，2015）。利用扎根理论所建立的理论和研究过程都应该是涌现的。一方面，扎根理论强调从数据中建立理论，认为只有对数据的深入分析，才能逐步建立一定的理论；这是一个归纳的过程，自下而上将数据不断地进行浓缩。另一方面，在开展实地调研的过程中，研究者不应该提前设定研究步骤和研究对象，并尽量避免受到已有理论的影响，而要在理论抽样和不断比较的过程中使得理论涌现出来。

第二，不断比较（constant comparison）原则（Matavire & Brown，2013；Suddaby，2006；Walsh et al.，2015）。不断比较是扎根理论用于建立理论的主要策略。在这个过程中，数据的收集、编码和分析同时进行，并且来回往复、不断迭代。也就是说，研究者要在上一轮数据收集与下一轮数据收集之间、数据收集和所涌现的理论之间、所涌现的理论和下一轮数据分析之间不断进行对比，这种对比贯穿于扎根理论研究的全过程。

第三，理论抽样（theoretical sampling）原则（Matavire & Brown，2013；Suddaby, 2006; Walsh et al., 2015)。理论抽样是指在所涌现的理论的引导下进行抽样。也就是说，研究者在进行数据收集时，应该以上一轮数据分析中初步生成的理论来指导下一轮数据收集标准，如应在什么时间、什么地方、向什么人、以什么方式、收集什么样的数据。这一过程应该贯穿于研究过程的始终，直到理论饱和为止。

此外，扎根理论的数据分析通常采用归纳式编码（inductive coding）的方式（Gioia et al., 2013; Matavire & Brown, 2013）。扎根理论在收集数据之前并不预设任何代码，代码是在研究者分析数据时逐渐涌现的，研究者让所搜集到的数据去"塑造"出代码系统。不管是 Glaserian 流派还是 Straussian 流派，都提出了包含多个步骤的归纳式编码来对数据进行压缩和精炼，并以建立理论为编码的目标。Glaserian 流派方面，主要的编码步骤包括开放式编码、选择式编码和理论编码（theoretical coding）；而 Straussian 流派方面，主要编码步骤则包括开放式编码、主轴编码、选择式编码以及针对流程的编码（coding for process）。不管是哪种编码方式，其主要思路都是通过对数据中的相似实例进行分类和分组来理解研究数据。在这个过程中，研究者对代码进行命名，并通过不断比较的迭代过程来揭示所关注现象的理论基础，直到数据中的一致性和稳定性被识别出来。关于具体的编码技术，请参见 Glaser & Strauss（1967）、Strauss & Corbin（1990）等。

二、民族志

民族志是人类学中一种重要的研究方法，它通过详细的、动态的、情境化的描绘，探究特定文化中人们所共有的生活方式、价值观念和行为模式。在民族志的发展历史上，奠基之作是马林诺夫斯基（Malinowski）于 1922 年出版的《西太平洋上的航海者》（*Argonauts of the Western Pacific*）。为了开展这项研究，他在特罗布里恩岛（Trobriand Islands）上进行了长期艰苦的田野调查。他在当地土著人的村子里安营扎寨，一起生活，参与到他们的日常活动之中，了解他们的所思所想。他的许多做法成为后来的民族志学者所遵从的准则。

通常来说，民族志研究有以下几个特点（Creswell, 2012）。

第一，民族志通常针对某个具有共同文化的群体进行细致、全面的描述，这样的群体可以是一个村庄、一个社区或者一家企业。不过，需要注意的是，民族志的研究对象并非文化，而是具有共同文化的群体中成员的社会行为。

第二，在民族志中，研究者通常聚焦于群体成员心智行为所体现出来的模式（如仪式、习俗、信念等），这些模式通过语言、行为等方式表达出来，并可以被研究者观察到。

第三，民族志研究者通过开展深入的、长时间的田野调查来收集数据，主要包括访谈、观察、人工制品、象征物（symbols）等多种来源的数据。

第四，在数据分析中，研究者往往需要首先深入理解当事人对现象的认识和描述，这代表着"局内人"眼中的"事实"，可以被称为"一阶概念"；然后，研究者需要以自身作为研究人员的"局外人"视角来对数据进一步分析、综合和解读，这代表着用以诠释一阶数据的"理论"，可以被称为"二阶概念"（Van Maanen，1979）。

案例研究和民族志在对研究者开展实地调研的时间长短和沉浸程度方面要求不同（Myers，2009）。民族志通常要求研究者开展较长时间（如六个月以上）的实地调研，与研究对象工作或生活在一起，理解他们工作或生活的方式。而对于案例研究来说，通常不需要研究者花费几个月的时间来进行沉浸式的实地调研（但这并不意味着案例研究不需要深入管理实践）。此外，虽然两种方法都倡导研究者收集多种来源的数据，但主要的数据收集策略并不相同。对于民族志来说，参与式观察（以及访谈）往往是主要的数据收集策略。而对于案例研究来说，最主要的数据收集策略往往首先是访谈，其次是文档资料；观察通常作为补充性的数据收集策略，来对访谈和文档资料进行三角验证。

第五节　案例研究的一般过程：我们的建议

对于初学者而言，"启动"你的研究，在实际操作中学习（learning by doing），是提升案例研究能力的关键。本书正是基于"启动"和"操作"的初衷，试图基于我们对经典文献的理解（例如，Eisenhardt，1989a；Yin，2009）和实际开展案例研究的经验,对案例研究的一般过程进行描述(见图1-4),并在全书中详细展开每个环节中的具体做法。不过需要注意的是,与定量研究相比,案例研究的过程具有更强的灵活性,因此我们所描述的过程在一定程度上体现的是"理想化"的做法;而在实际操作中,每位研究者会面对不同的案例和调研机会,经历不同的研究进程,因而可能不会与我们所描述的过程完全对应(这方面的例子可以参见第十章"一篇案例研究的历程:从问题提出到文章发表")。如果读者在实际操作过程中发现与我们的描述有所差别,并能够理解这种差别的根源和正当性,那么恭喜你,你的案例研究水平又提升了一步。

图1-4 案例研究的一般过程

（一）理论模块：聚焦研究问题、回顾相关文献、选择理论视角

与大多数常见文献中的描述不同,我们将这个过程的起点设置为"文献积累"与"理论积累",这是一个重要但有时不容易被重视的环节,但这个环节对处在博士阶段和学术生涯早期的青年学者来说格外重要。那么,应该如何积累？个人的建议是,可以参照二八原则,将80%的时间和精力放在本学科领域与研究兴趣相

关的文献和理论上，20%的时间和精力放在周边学科领域或周边研究主题相关的文献和理论上。例如，一位信息系统领域的学者，要针对传统企业的数字化转型开展案例研究，那么除要熟悉信息系统领域中该主题的文献和理论，对战略管理领域组织变革理论的积累也必不可少。

随着对文献和理论的积累，研究者可能会遇到诸如企业调研、与政府机构合作等机会，如果其中涉及了有趣的管理现象，那么就是开展案例研究的绝佳时机。此时，研究者首先可以进行一些初步的数据收集工作，如收集案例相关的新闻报道、背景资料等，大致了解案例中涉及的管理现象。在这个过程中，研究者会从自己感兴趣的研究领域（research area）聚焦到研究主题（research topic），并且有机会针对管理现象进一步聚焦到比较粗略的研究问题（research question）。研究问题统领整篇研究，代表了研究者所希望加入的学术对话。不过，研究问题的聚焦并不是一蹴而就的，而是需要与现有文献和理论视角进行持续对话，并且不断迭代。首先，为了提出重要且有趣的研究问题，研究者需要对文献进行系统梳理和回顾，识别文献中的已知和未知，并重点关注其中尚未解决的问题（gap）或相互矛盾、未达成一致的结论（dilemma），从而使研究问题更加聚焦。此外，为了更好地回答研究问题并发展理论，研究者往往在合适的理论视角（即参照理论）引导下开展研究，这可以为研究发现提供正当性（legitimacy，也可称为合法性），并避免淹没在数据的汪洋大海之中。不过，当现有理论极度缺乏、难以找到合适的参照理论时，也允许研究者更加依赖归纳式的理论发展方式。

虽然已有文献将研究问题区分为理论驱动型和现象驱动型两种不同的情况（Eisenhardt & Graebner，2007），但这主要是指一篇具体的论文中提出研究问题的不同方式。而在案例研究实际开展的过程中，研究问题的提出和理论视角的选择往往是一个涌现（emergent）的过程，而不是受到理论或现象单方面决定的。随着数据收集的开展和深入，有趣的现象与文献和理论将持续对话，研究者在此基础上不断聚焦，直到最终提出最具理论贡献潜力的研究问题，并选择最能提供理论洞察力的视角。通过这样的方式，现象和理论在不断迭代、来回往复中逐渐由不确定走向确定。

（二）研究设计模块：进行案例研究设计、撰写研究计划书

在研究问题、文献回顾和理论视角初步确定之后，研究者需要对后续如何开展具体的案例研究工作进行规划和设计。例如，研究者需要选择合适的案例（包括案例个数），设计严谨、可行的数据收集和分析策略，并通过一定的策略确保研究的质量和可靠性（如效度和信度）。其中，尤其需要注意的一点是，研究者需要思考所关注的现象（案例）以怎样的方式符合理论抽样（而非统计抽样）原则。理论抽样意味着案例的选择是根据它们是否适合阐明和扩展构念之间的关系或者是否适合深化对过程的理解来决定的（Eisenhardt et al., 2016）。基于理论抽样原则，单案例研究往往选择极端性案例、启示性案例或纵向案例；而多案例研究往往基于复制逻辑，即选择的某几个案例能产生相同的结果（逐项复制），而另外几个案例由于可理论预知的原因产生不同的结果（差别复制）。

对于初学者而言，往往有必要通过研究计划书（或开题报告）的形式将已有的想法固化下来。研究计划书是对研究问题、文献回顾、理论视角、研究设计等前序工作的系统梳理，至少需要回答四个方面的问题，即研究的问题是什么（what）？为什么要研究这个问题（why）？怎么去研究这个问题（how）？预期研究结果有怎样的价值和意义（so what）？只有系统回答了以上这几个问题，才能形成具有说服力的研究计划书。

（三）数据收集模块：收集案例数据

虽然本书中把数据收集章节安排在研究设计章节之后，但在实际开展案例研究时，数据收集可以与前两个模块的工作同时进行。当然，在进行了详细的研究设计并撰写了研究计划书之后，研究者应当开展更有针对性的数据收集工作。相较于其他研究方法，案例研究的优势之一就是深入现象之中、能够对现象进行"深描"，这就要求研究者开展高质量的数据收集工作。案例研究中最主要的三种数据收集策略是访谈、文档资料和观察，每种策略分别有其优势、劣势以及适用的情况。此外，有几项原则有助于研究者提升数据收集的质量，这包括收集多种来源的数据、对数据进行三角验证、建立研究资料库等。

（四）数据分析模块：分析案例数据

在案例研究中，数据分析与数据收集的过程往往也是同时进行的。数据分析对初学者来说属于较难的环节，因此我们将在书中花费较多的篇幅对此展开讨论，并分别介绍单案例研究和多案例研究的数据分析策略。总体来说，在案例研究的数据分析中，研究者需要将所关注的现象从经验层面抽象到理论层面，并在两个层面之间不断对话，这是一个"理论化（theorizing）"的过程。在这个过程中，需要处理好数据、理论视角（如果有的话）、文献中的已有理论以及所发展的新理论之间的关系。

在单案例研究中，数据分析策略往往强调从"好的故事"到"好的理论"的升华（黄江明等，2011）。因此，研究者既需要从整体上把握现象的脉络，抓住故事中最核心、最有趣的部分，又需要通过一定的分析策略将访谈文本、文档资料等数据与理论（包括构念以及构念间关系）联系在一起。此外，研究者还要通过在故事与理论之间不断进行迭代，寻求"有趣的故事"与"有洞见的理论"之间的契合。

多案例研究的数据分析策略基于复制逻辑，首先进行案例内数据分析，然后通过案例之间的对比，寻找跨案例的模式。研究者通常对案例进行分组，寻找组内的相似点和组间的不同点；或者将案例配对，寻找每对案例之间的相似点和不同点。在这个过程中，研究者往往需要对案例中涉及的构念进行测量，并推断构念之间的关系，从而发展理论。

（五）结果展示模块：展示研究结果、撰写研究论文

随着数据分析的进行，所发展的理论结果将逐渐涌现出来。此时，合理地使用图表等可视化工具，以及将理论结果提炼为命题的形式，可以帮助研究者展示构念之间的关系和过程，减轻读者和审稿人的阅读负担和理解负担。我们将介绍不同类型的理论模型，以及如何去设计和制作这些不同的理论模型。

相比于定量研究论文，案例研究对论文写作往往有更高的要求，这就需要研究者以更具说服力的方式展示自己的研究结果。在本书中，我们将按照案例研究

论文的一般结构，对引言、理论背景、研究方法、研究发现、讨论与结论等部分的写作要点进行逐一介绍。此外，论文写作并非是一蹴而就的，需要不断地进行迭代和修改，因此关于案例研究写作的原则和要点还可以应用到针对审稿意见对论文进行修改和润色的过程中。

第六节 结 语

正如本章导言部分所阐述的，通过开展高水平的案例研究，研究者有机会发表重要且有趣的学术成果。而且，通过开展案例研究，研究者可以更好地促进管理学研究的实践相关性，构建具有中国情境特色的管理理论，并展示有趣现象的演化过程，这些大样本定量研究所不具备的特点使得案例研究对当前阶段的中国管理学发展格外具有现实意义（毛基业、李亮，2018）。

不过，作为一种归纳式的、理论构建取向的研究方法，案例研究本身具有较高的复杂性，初学者往往需要经历从"形似"（规范性）到"神似"（理论贡献）的蜕变和飞跃，才可能真正做出高质量的案例研究。希望本书能够成为初学者在这一过程中的工具和助手，从而为中国管理学的发展略尽绵薄之力。

训练卡片

请读者针对自己所关注的研究主题，在本学科的国际顶级期刊上搜索1—2篇案例研究范文并仔细阅读，尝试回答以下几个问题：

（1）该论文关注的现象是当前正在发生的事件，还是对历史性事件的回顾？

（2）该论文的研究问题是什么？是属于"如何/怎么样"和"为什么"类型的研究问题吗？

（3）该论文关注的现象是在什么情境中发生的？作者对现象进行了控制和干涉吗？

（4）该论文是单案例研究还是多案例研究？作者是如何进行案例选择的？

（5）该论文通过哪些来源进行数据收集？是如何进行数据收集的？

（6）该论文是如何进行数据分析的？主要包括哪些步骤？

（7）该论文的主要研究发现是什么？有怎样的理论贡献？

参考文献

[1] 陈向明（2000）. 质的研究方法与社会科学研究. 北京：教育科学出版社.

[2] 黄江明，李亮，王伟（2011）. 案例研究：从好的故事到好的理论——中国企业管理案例与理论构建研究论坛（2010）综述. 管理世界，27（2），118-126.

[3] 毛基业，陈诚（2017）. 案例研究的理论构建：艾森哈特的新洞见——第十届"中国企业管理案例与质性研究论坛（2016）"会议综述. 管理世界，33（4），135-141.

[4] 毛基业，李亮（2018）. 管理学质性研究的回顾、反思与展望. 南开管理评论，21（6），12-16.

[5] 毛基业，苏芳（2019）. 质性研究的科学哲学基础与若干常见缺陷——中国企业管理案例与质性研究论坛（2018）综述. 管理世界，35（2），115-120+119.

[6] 潘善琳，崔丽丽（2016）. SPS 案例研究方法. 北京：北京大学出版社.

[7] 王冰，齐海伦，李立望（2018）. 如何做高质量的质性研究——中国企业管理案例与质性研究论坛（2017）综述. 管理世界，34（4），140-145.

[8] Aoki, K., & Wilhelm, M. (2017). The role of ambidexterity in managing buyer-supplier relationships: The Toyota case. *Organization Science*, 28（6），1080-1097.

[9] Bansal, P. (2017). Qualitative research: New ways of seeing management and business. 第十一届"中国企业管理案例与质性研究论坛（2017）"主题报告，2017 年 11 月，武汉.

[10] Barratt, M., Choi, T. Y., & Li, M. (2011). Qualitative case studies in operations management: Trends, research outcomes, and future research implications. *Journal of Operations Management*, 29（4），329-342.

[11] Bartunek, J. M., Rynes, S. L., & Ireland, R. D. (2006). What makes management research interesting, and why does it matter?. *Academy of Management Journal*, 49（1），9-15.

[12] Baskerville, R., & Priesheje, J. (1999). Grounded action research: a method for understanding IT in practice. *Accounting, Management and Information Technologies*, 9（1），1-23.

[13] Bluhm, D. J., Harman, W., Lee, T. W., & Mitchell, T. R. (2011). Qualitative research in management: A decade of progress. *Journal of Management Studies*, 48（8），1866-1891.

[14] Cavaye, A. L. (1996). Case study research: a multi-faceted research approach for IS. *Information Systems Journal*, 6（3），227-242.

[15] Creswell, J. W. (2012). *Qualitative Inquiry and Research Design: Choosing Among Five Approaches*. SAGE Publications.

[16] Dubé, L., & Paré, G. (2003). Rigor in information systems positivist case research: current practices, trends, and recommendations. *MIS Quarterly*, 27 (4), 597-635.

[17] Dutton, J. E., & Dukerich, J. M. (1991). Keeping an eye on the mirror: Image and identity in organizational adaptation. *Academy of Management Journal*, 34 (3), 517-554.

[18] Dyer Jr, W. G., & Wilkins, A. L. (1991). Better stories, not better constructs, to generate better theory: A rejoinder to Eisenhardt. *Academy of Management Review*, 16 (3), 613-619.

[19] Eaton, B., Elaluf-calderwood, S., Sorensen, C., & Yoo, Y. (2015). Distributed tuning of boundary resources: the case of Apple's iOS service system. *MIS Quarterly*, 39 (1), 217-244.

[20] Eisenhardt, K. M. (1989a). Building theories from case study research. *Academy of Management Review*, 14 (4), 532-550.

[21] Eisenhardt, K. M. (1989b). Making fast strategic decisions in high-velocity environments. *Academy of Management Journal*, 32 (3), 543-576.

[22] Eisenhardt, K. M., & Bourgeois III, L. J. (1988). Politics of strategic decision making in high-velocity environments: Toward a midrange theory. *Academy of Management Journal*, 31 (4), 737-770.

[23] Eisenhardt, K. M., & Graebner, M. E. (2007). Theory building from cases: Opportunities and challenges. *Academy of Management Journal*, 50 (1), 25-32.

[24] Eisenhardt, K. M., Graebner, M. E., & Sonenshein, S. (2016). Grand challenges and inductive methods: rigor without rigor mortis. *Academy of Management Journal*, 59 (4), 1113-1123.

[25] Elsbach, K. D., & Kramer, R. M. (2003). Assessing creativity in Hollywood pitch meetings: Evidence for a dual-process model of creativity judgments. *Academy of Management Journal*, 46 (3), 283-301.

[26] Fisher, G., & Aguinis, H. (2017). Using theory elaboration to make theoretical advancements. *Organizational Research Methods*, 20 (3), 438-464.

[27] Gehman, J., Glaser, V., Eisenhardt, K. M., Gioia, D. A., Langley, A., & Corley, K. G. (2018). Finding theory-method fit: A comparison of three qualitative approaches to theory building. *Journal of Management Inquiry*, 27 (3), 284-300.

[28] Gephart, P. R. (2004). Qualitative research and the Academy of Management Journal. *Academy of Management Journal*, 47 (4), 454-462.

[29] Gibbert, M., & Ruigrok, W. (2010). The "what" and "how" of case study rigor: Three strategies based on published work. *Organizational Research Methods*, 13 (4), 710-737.

[30] Gibbert, M., Ruigrok, W., & Wicki, B. (2008). What passes as a rigorous case study?. *Strategic Management Journal*, 29 (13), 1465-1474.

[31] Gilbert, C. G. (2005). Unbundling the structure of inertia: Resource versus routine rigidity.

Academy of Management Journal, 48 (5), 741-763.

[32] Gioia, D. A., Corley, K. G., & Hamilton, A. L. (2013). Seeking qualitative rigor in inductive research: Notes on the Gioia methodology. *Organizational Research Methods*, 16 (1), 15-31.

[33] Glaser, B. G., & Strauss, A. L. (1967). *The Discovery of Grounded Theory: Strategies for Qualitative Research*. New York: Aldine.

[34] Graebner, M. E. (2009). Caveat venditor: Trust asymmetries in acquisitions of entrepreneurial firms. *Academy of Management Journal*, 52 (3), 435-472.

[35] Greenwood, R., & Suddaby, R. (2006). Institutional entrepreneurship in mature fields: The Big Five accounting firms. *Academy of Management Journal*, 49 (1), 27-48.

[36] Hargadon, A., & Douglas, Y. (2001). When innovations meet institutions: Edison and the design of the electric light. *Administrative Science Quarterly*, 46 (3), 476-501.

[37] Klein, H. K., & Myers, M. D. (1999). A set of principles for conducting and evaluating interpretive field studies in information systems. *MIS Quarterly*, 23 (1), 67-94.

[38] Lee, T. W., Mitchell, T. R., & Sablynski, C. J. (1999). Qualitative research in organizational and vocational psychology, 1979-1999. *Journal of Vocational Behavior*, 55 (2), 161-187.

[39] Li, L., Gao, P., & Mao, J. Y. (2014). Research on IT in China: A call for greater contextualization. *Journal of Information Technology*, 29 (3), 208-222.

[40] Markus, M. L. (1983). Power, politics, and MIS implementation. *Communications of the ACM*, 26 (6), 430-444.

[41] Martin, J. A., & Eisenhardt, K. M. (2010). Rewiring: Cross-business-unit collaborations in multibusiness organizations. *Academy of Management Journal*, 53 (2), 265-301.

[42] Matavire, R., & Brown, I. (2013). Profiling grounded theory approaches in information systems research. *European Journal of Information Systems*, 22 (1), 119-129.

[43] Murmann, J. P. (2013). The coevolution of industries and important features of their environments. *Organization Science*, 24 (1), 58-78.

[44] Myers, M. D. (2009). *Qualitative Research in Business & Management*. Thousand Oaks, CA, : Sage Publications Ltd.

[45] O'Reilly, K., Paper, D., & Marx, S. (2012). Demystifying grounded theory for business research. *Organizational Research Methods*, 15 (2), 247-262.

[46] Pan, S. L., & Tan, B. (2011). Demystifying case research: A structured-pragmatic-situational (SPS) approach to conducting case studies. *Information and Organization*, 21 (3), 161-176.

[47] Plowman, D. A., Baker, L. T., Beck, T. E., Kulkarni, M., Solansky, S. T., & Travis, D. V. (2007). Radical change accidentally: The emergence and amplification of small change. *Academy of Management Journal*, 50 (3), 515-543.

[48] Quinn, R. W., & Worline, M. C. (2008). Enabling courageous collective action: Conversations from United Airlines Flight 93. *Organization Science*, 19 (4), 497-516.

[49] Rousseau, D. M., & Fried, Y. (2001). Location, location, location: Contextualizing organizational research. *Journal of Organizational Behavior*, 22 (1), 1-13.

[50] Sarker, S., Xiao, X., & Beaulieu, T. (2013). Guest editorial: Qualitative studies in information systems: a critical review and some guiding principles. *MIS Quarterly*, 37 (4), iii-xviii.

[51] Siggelkow, N. (2002). Evolution toward fit. *Administrative Science Quarterly*, 47 (1), 125-159.

[52] Smets, M., Morris, T. I. M., & Greenwood, R. (2012). From practice to field: A multilevel model of practice-driven institutional change. *Academy of Management Journal*, 55 (4), 877-904.

[53] Stake, R. E. (1995). *The art of case study research*. Thousand Oaks, CA, Sage Publications.

[54] Strauss, A., & Corbin, J. (1990). *Basics of qualitative research: Grounded theory procedures and techniques*. Thousand Oaks, CA, Sage Publications.

[55] Suddaby, R. (2006). From the editors: What grounded theory is not. *Academy of Management Journal*, 49 (4), 633-642.

[56] Tan, B., Pan, S. L., Lu, X., & Huang, L. (2015). The role of IS capabilities in the development of multi-sided platforms: the digital ecosystem strategy of Alibaba. com. *Journal of the Association for Information Systems*, 16 (4), 248-280.

[57] Urquhart, C., Lehmann, H., & Myers, M. D. (2010). Putting the 'theory' back into grounded theory: guidelines for grounded theory studies in information systems. *Information Systems Journal*, 20 (4), 357-381.

[58] Van Maanen, J. (1979). The fact of fiction in organizational ethnography. *Administrative Science Quarterly*, 24 (4), 539-550.

[59] Vuori, T. O., & Huy, Q. N. (2016). Distributed attention and shared emotions in the innovation process: How Nokia lost the smartphone battle. *Administrative Science Quarterly*, 61 (1), 9-51.

[60] Walsh, I., Holton, J. A., Bailyn, L., Fernandez, W., Levina, N., & Glaser, B. (2015). Rejoinder: Moving the management field forward. *Organizational Research Methods*, 18 (4), 620-628.

[61] Weick, K. E. (1993). The collapse of sensemaking in organizations: The Mann Gulch disaster. *Administrative Science Quarterly*, 38 (4), 628-652.

[62] Welch, C., Piekkari, R., Plakoyiannaki, E., &Paavilainen-Mäntymäki, E. (2011). Theorising from case studies: Towards a pluralist future for international business research. *Journal of International Business Studies*, 42 (5), 740-762.

[63] Yin, R. K. (2009). *Case Study Research: Design and Methods*, Thousand Oaks, CA, Sage Publications.

第二章

研究问题的提出与文献综述

冯永春

天津财经大学

李亮

对外经济贸易大学

苏芳

暨南大学

本章大纲

第一节　高质量的研究问题　/041

第二节　适合案例研究的问题　/044

第三节　案例研究的问题来源　/046

　一、以理论驱动构建研究问题　/046

　二、以现象驱动构建研究问题　/047

第四节　识别研究机会的三种策略　/048

　一、从高水平综述性文章切入　/049

　二、从高水平的标杆文献切入　/049

　三、自己开展文献综述切入　/050

第五节　提炼研究问题的思维过程　/052
　　一、定位研究缺口的思维原则　/052
　　二、定位研究缺口的思维方式　/057
第六节　结　语　/062
参考文献　/063

爱因斯坦（A. Einstein，1879—1955）曾说：提出一个问题，往往比解决一个问题更困难；因为解决一个问题也许是数学上的或者实验上的技能而已，而提出新问题、新可能，从新角度去看待旧问题，则需要有创造性的想象力。案例研究者要善于从纷繁复杂的社会矛盾中，提炼出具有时代价值、学术价值的"真问题"。然而，研究者仅有"问题意识"是不够的，还必须要有问题的"质量意识"。问题质量越高，研究价值才会越高。

第一节 高质量的研究问题

高质量的案例研究，必须针对现有理论缺口提出研究问题；好的研究问题往往具备以下特征：重要、新颖、有趣、范围适当与可实施（Colquitt & George，2011）。

第一，研究问题要重要。研究者要解决明显的、在文献或实践中没有解决的、存在重要争议，或者是能够挑战现有解释的研究问题（毛基业、李高勇，2014）。然而，研究者需要注意的是以上几点只是判断研究问题重要性的必要非充分条件：实践中没有解决的或存在很大争议的问题，未必具有重要的理论研究价值；现有研究文献中没有解决和探讨的，未必具有重要的实践价值。研究者需要选择那些既有重要实践价值，又有重要理论研究价值的研究问题。例如，许多组织实施变革，会给组织成员造成身份模糊问题（Corley & Gioia，2004），是组织实施变革必须面对的重要难题；尽管研究者已基于金融学或经济学视角，探讨企业变革对利润或财务绩效的影响，但却忽视了企业成员的身份变化；因此，研究者基于管理学视角，探讨企业剥离导致成员身份模糊问题，能明显弥补现有研究的不足，也能帮助组织实施变革，应对并解决变革造成的成员身份模糊问题。

第二，研究问题要新颖。研究问题的新颖主要表现为有创见、有新意、有特色，并具有一定的先进性；研究者要有自己的真知灼见与开创性。当然，新颖不是赶时髦和一味地标新立异，研究者需要通过对问题的深入研究，提出自己的新设想、新发现、新观点和新见解，以展现研究问题的新颖性。新颖的研究往往来自知识的融合，当在两种不同的文献、理论或是学科之间建立起桥梁时，往往能够得到新颖的研究问题（George et al.，2007）。同时，对现实的观察也能帮助研究者获取新颖的研究问题，研究者通过对实践的观察，能够发现现实与理论的差别，从中找到新颖的研究问题。例如，创新传播研究一直是学者们关注的焦点，传统研究认为专业化可以强化传播效果；然而，研究者通过观察发现专业群体间的强边界却阻碍了创新传播，从而提出"专业人士为何阻碍创新传播"这一问题，并开展案例研究（Ferlie et al.，2005），颠覆人们对专业人士促进创新传播的认知。

第三，研究问题要有趣。很多学者都强调研究问题要有趣，因为只有有趣的问题，才会吸引读者去了解你的研究问题（Kashdan & Silvia，2009）。有趣的问题一般具有以下特征：①出乎意料或者反直觉；②现有理论不能很好地解释；③能为以往没有研究过的现象提供启示（李高勇、毛基业，2015）。许多有趣的研究问题，往往始于发现了有趣的案例，例如，研究者发现了一只"会说话的猪"，进而从中寻找研究机会。然而，不是所有有趣的案例，都能提炼出有趣的研究问题；许多研究者发现了有趣的案例，却提不出有趣的研究问题。研究实践中，许多学者能够发现一只"会说话的猪"，但提出的研究问题却是"如何育肥这只猪""如何为这只猪搭建猪舍"，而不是探究"这只猪为何会说话"，致使有趣的案例丧失了其独特价值，提出的研究问题变得无趣。

小贴士 2-1　有趣的案例不等于有趣的研究问题

研究者可以寻找一只"会说话的猪"这样的极端或反直觉案例（Siggelkow，2007）。如果有人找到一只会说话的猪，所有的人都想知道它为什么以及如何说话。然而，研究这样没有代表性的极端案例有何意义呢？我们认为，这样的案例为研究者提供了极端或反直觉的情境，在某种程度上挑战了现有理论中大家习以为常的假定，深入研究这类案例有机会开辟新的研究方向，从而带来更具洞见的研究（理论及实践）启示。

然而，案例仅仅是反直觉的并不够，相关的研究问题还要能够弥补理论上的缺口。这样的案例往往是现有理论无法解释或是认为不太可能存在的现象。当对于某一现象，理论的解释有局限性时，对丰富翔实的案例数据进行分析是发现新理论的开始。

第四，研究问题要有适当范围（scope）。如果一个研究问题所针对的领域非常狭小，适用的空间有限，那么它的理论价值和实践意义都会降低。研究问题既要聚焦，不能过于宽泛，又不能过于狭窄，要有适当的范围，这就要求研究者权衡好研究问题的适用范围，适当放大自己的视界，甚至可以扩大到相似或相近学科中（毛基业、李高勇，2014）。例如，研究者通常使用"效果推理（effectuation）"（Sarasvathy，2001），帮助创业者制定创业决策以应对风险与不确定性，其应用范围局限于创业领域；然而，近年来研究者不仅将效果推理拓展应用到市场营销、战略管理和公共管理等领域（例如：Yang & Gabrielsson，2017；Cui et al.，2019），提出更为宽泛的研究问题，不再局限于决策制定，还对原有的研究问题进行了重新解构，提出了新颖且有深度的解析。

第五，研究问题要有可实施性。可实施性是指研究问题要有实践意义，结论具有可操作性，能为管理实践提供有价值的见解（McGahan，2007；Vermeulen，2007）。举个极端点的例子，如果研究智商对员工个体采纳信息技术和工作效率的影响，即便结论是显著的，但由于员工的智商无法改变，对管理工作也不具备可实施性。因此，学者们要注意研究问题的实践意义、应用情境等，避免研究问题脱离实践。

小贴士 2-2　征询建议，寻找并打磨研究问题

《墨客挥犀》里称：白居易每创作一首诗，都要给不识字的老太太念念，老太太能听懂的，就要；听不大懂的，就改；改后也听不懂的，就不取了。在硅谷，则流行一种"妈妈实验"，目的是让产品的工作流程尽可能直观、简单，让"妈妈"这种年龄大、技术不敏感的人群也能很快上手，以防产品只是解决一部分像开发者这样的技术宅的问题，难以推广到大众。

尽管案例研究所解决的问题未必是大众都关心的议题，但研究者在寻找并确定研究问题时，可以征求不同领域的研究者与实践者的建议，这将有助于寻找、检验并选择合适的研究问题，判断其是否具有重要、新颖、有趣、范围适当及可实施等特征。

第二节　适合案例研究的问题

高质量的案例研究，其研究问题不仅需要具备上述五个特征，还需要注意案例研究本身特定的适用范围。案例研究者在寻找研究问题时，可以参照以下内容，判定自己的研究问题是否适合采用案例研究方法。

第一，适用于探讨缺乏已有理论的新研究问题。案例研究方法通常基于归纳逻辑①，适于创造新观点，以解决或解释"How"和"Why"式的研究问题。与演绎方法不同，案例研究常采用归纳方法，从一个研究问题开始，没有预先设定构念与理论关系，通过分析质性数据产生新观点。这是因为案例研究常采用意想不到的视角，探索不同寻常的情境，并不受先前假设的约束，采用更为开放的设计与归纳推理，以便提出新颖的想法，构建新理论。例如，在 20 世纪 80 年代，微型电脑行业处在快速变化的环境中，管理者需要快速地制定决策，当时的管理理论体系还没有探讨如何快速决策，Eisenhardt（1989b）运用案例研究进行了探讨。

第二，适用于现有理论不能充分回答或者现有理论存在缺口的研究问题。高质量的案例研究，经常基于现有理论不能充分回答或现有文献存在缺口，寻找"How"和"Why"式的研究问题，进而针对这些研究问题，给出有意义的解释。

---

① 正如第一章脚注所言，溯因推理在实证研究（尤其是案例研究）中同样具有重要的作用。不过，我们在这里采用 Eisenhardt 的提法，将案例研究视为一种归纳式的理论构建方法（Eisenhardt，1989a；Eisenhardt & Graebner，2007；Eisenhardt et al.，2016）。

例如，研究者发现关于企业家获取合作伙伴的文献都是从大企业或者知名企业家的角度，缺乏对年轻企业家或是小企业如何获取合作伙伴的探讨，采用案例研究填补了相关文献的缺口（Ozcan & Eisenhardt，2009）。

第三，适用于探讨复杂的管理问题与构建过程理论的研究问题。案例研究方法常采用归纳逻辑，具有"凸显情境，呈现过程，解释规律"的优势（黄江明等，2011），擅长探讨复杂的过程问题，有利于研究人员使用混合数据，深入分析一个或多个案例，进而探明演变过程，解释变量间的关系与机制。如果研究问题是要探讨某一管理现象随时间展开的过程，那么案例研究很适合构建过程模型。这里的过程模型包括纯过程模型（process model），即探讨管理现象的具体流程机制；也包括过程—因素模型（process-variance model），即探讨管理现象发展过程中不同因素变异水平（level of variance）相互之间的影响（毛基业、陈诚，2017）。例如，Heinze & Weber（2016）探究了两家医院中药和西药结合进行疾病治疗中的政治和社会过程；而 Davis & Eisenhardt（2011）则构建了一个过程—因素模型来探讨大型企业之间，如亚马逊（Amazon）和思科（Cisco），如何进行研发合作。

第四，适用于核心构念难以测量的研究问题。例如，研究问题涉及悖论或身份认同等难以测量的构念，研究者采用案例或质性研究就较为合适。案例研究的目标是构建理论（Eisenhardt，1989a），所构建的理论是由构念及其间的关系所形成的命题，以及命题背后的理论依据这三个要素组成的。然而，许多构念是新提出的，没有有效的测量，难以采用演绎方法研究相关问题，致使构念测量阻碍许多推理演绎研究的顺利开展。然而，案例研究需要深度沉浸于现象中（deep immersion in phenomena），它是从数据到理论的归纳过程，适于解构并测量新构念，进而分析构念的形成及构念间的相互关系。

第五，适用于需要深入挖掘极端现象的研究问题。极端现象提供了研究的机会。因为极端现象具有独特性，样本量小且不具备代表性，传统的演绎方法难以对其进行解释。然而，极端现象就像是"会说话的猪"，具有自身独特的价值，能够对已有研究提出挑战，使人们对这些案例与问题具有更广泛的认识。

总的来说，案例研究适用于探讨过程即"How"和"Why"式的研究问题，而并不适合于探讨因素作用强度、调节变量作用大小等"What"和"How Much"式的问题。

第三节 案例研究的问题来源

尽管案例研究适用于"How"和"Why"式的研究问题，但案例研究的问题来源可能会有不同。有的研究问题始于理论文献，有的始于实践现象（Eisenhardt & Graebner, 2007），在理论文献与实践现象的共同作用下形成了案例研究的问题。

一、以理论驱动构建研究问题

理论驱动的研究问题，是指研究者根据现有研究，在现有理论框架下提出研究问题（Lee et al., 1999）。理论驱动的研究问题受到现有理论框架的严格限定，其拓展依赖于质性数据提供的对复杂社会化过程的洞察，而定量数据很难揭示复杂的过程。例如，研究者运用质性数据，研究会计专业领域的精英企业，探讨核心人员如何推动制度变革，通过质性数据展示核心人员推动变革的复杂过程，以扩展制度理论（Greenwood & Suddaby, 2006）。

高质量的实证研究往往以坚实的文献作为基础，从中发现研究缺口，并提出研究问题，以弥补研究不足。研究者可以通过阅读文献，发现其中相互矛盾或是研究空白之处，从而得到研究问题。例如，在关于合成染料工业进化的研究中，研究者通过阅读文献发现：关于产业进化的研究，都只是在一个国家内部收集统计数据；然而，在不同的国家中，产业是否都有相同的进化模式？制度因素是否是造成差异的原因？基于此，研究者提出了理论驱动的研究问题，并应用质性数据开展研究（Murmann, 2013）。此外，需要研究者重点注意的是，理论驱动的研究问题可能由于受到严格的限定，拥有理论意义而丧失现实意义，研究者需要重点考察以理论驱动为主的研究问题是否具有实践价值。

二、以现象驱动构建研究问题

现象驱动的研究问题，是指研究者需要根据现象的重要性与现有理论的不足来构建研究框架。基于现象驱动的研究问题范围较宽广，这给予研究者更多的灵活性。例如，研究者通过观察发现，在国际化发展中，企业的学习是一个无处不在的过程；然而，已有文献却忽视了学习的内容，而使用案例进行理论构建研究能够更好地回答企业的学习过程与学习内容（Bingham & Eisenhardt，2011）；Siggelkow 追踪调查一家大型组织 20 年的发展（Siggelkow，2002），之所以选择这家组织是因为它符合"会说话的猪"这样的标准（Siggelkow，2007）。当第一次对这家组织进行观察时，Siggelkow 就发现它关于什么要素能成为其核心的决策非常独特。

尽管现象驱动的研究问题，能够给研究者带来更多的灵活性，但相关的研究问题范围较为宽广，一些研究者难以从中提炼出具体明确的研究问题，这是案例研究者需要特别注意的，研究者需要不断聚焦，再聚焦，需要不断在"沙里淘金"。此外，案例研究者通常能够从现象中，发现有趣且理论研究未探讨的研究问题，但需要注意这些现象或问题未必具有重要的理论研究价值，研究者还必须思考这些研究问题所具备的理论意义。

拓展阅读 2-1

不拘一格发展理论

应对"重大挑战（grand challenges）"需要采用新观点和新方法，处理技术与社会因素的复杂变幻与相互交织。对研究者来说，应对重大挑战，为揭示组织的新概念、关系和逻辑以及推动社会进步，提供了广泛的理论机会。在 Eisenhardt 等（2016）的这篇评论中，我们可以学习到：案例研究、解释学和民族志等归纳性研究方法，如何能够强有力地应对重大挑战，发展出强大而富有洞察力的理论。为应对重大挑战，研究者需要灵活应用这些研究方法，要严谨，但不能僵化。

- Eisenhardt, K. M., Graebner, M. E., & Sonenshein, S. (2016). Grand challenges and inductive methods: Rigor without rigor mortis. *Academy of Management Journal*, 59 (4), 1113-1123.

第四节 识别研究机会的三种策略

文献是案例研究者识别研究机会,总结提炼研究问题的重要来源。然而,学术文献浩如烟海,研究者需要"提纲挈领"式地切入其中。基于我们实际开展案例研究的经验,本小节将介绍三种从文献中识别研究机会,进而提炼研究问题的策略(见图2-1)。需要强调的是,研究者不管采用哪种策略,都应该在此基础上开展扎实的文献综述工作,并通过有说服力的方式进行写作(关于文献综述的写作,参见第九章第二节的第二部分)。

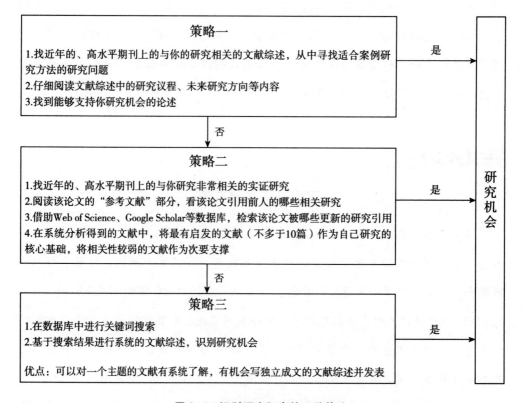

图2-1 识别研究机会的三种策略

一、从高水平综述性文章切入

要想快速了解一个研究主题，最好的方式之一就是阅读与其相关的综述性文章，这也可以帮助研究者快速识别研究机会。研究者可以根据自己感兴趣的研究主题，在高水平期刊上搜索近几年发表的综述性文章，并仔细阅读其中的研究议程（research agenda）、未来研究方向（future directions）等内容。如果能够找到与案例现象相契合的论述，那就可以以此为线索快速聚焦研究机会，并提出研究问题。

这种策略的优点是简单直接，工作量较小，不需要花费太多时间和精力。不过在应用这种策略时，研究者需要注意以下几点：①如果找到的综述性文章过于陈旧，那么其中指出的研究缺口可能已经不复存在；因此，我们建议多关注近三年发表的综述性文章，尽量不要超过五年。②如果综述性文章的质量不高，那么关于未来研究方向的论述就会缺乏说服力；因此，我们建议多关注发表在高水平期刊上的综述性文章。③研究者应该把通过这种方式识别的研究机会作为提出研究问题的"线索"，并在此基础上进行扎实的文献梳理工作，而不能拿已发表的综述性文章来代替自己的文献综述工作。

在我们实际开展案例研究的过程中，就曾多次运用这种策略。例如，在 Li et al.（2018）这篇案例研究中，我们首先以"digital transformation"为关键词，在数据库中搜索近三年的国际高水平期刊上是否有关于数字化转型的综述性文章。我们找到了 Besson & Rowe（2012）这篇文章，其中作者基于对数字化转型文献的回顾和梳理，指出了已有文献中 10 个方面的研究缺口。我们发现，案例现象与其中 2 个方面的研究缺口极为契合。因此，通过这样的文献对话，我们得以快速识别研究机会，并进行了更有针对性的文献梳理工作。关于这篇研究的过程和更多细节，请参见第十章"一篇案例研究的历程：从问题提出到文章发表"中的论文四。

二、从高水平的标杆文献切入

如果研究者未能找到有帮助的综述性文章，那么还可以尝试从高水平的标杆文献切入。这里的"标杆文献"是指近年发表在高水平期刊上的、与所关注的案例现象最为相关的一两篇文献（尤其是实证研究）。研究者首先可以阅读标杆文献的"参考文献"部分，看该论文引用了前人的哪些相关研究（go backward），追根溯源，找到该论文中的核心文献，并仔细阅读，了解以往学者都做了哪些研究（Webster & Watson, 2002）；与此同时，研究者可以利用 Web of Science、Google Scholar 等数据库，查询标杆文献被哪些最新的研究引用（go forward），并仔细阅读这些论文，从而找到该主题现有研究的前沿问题。通过这样的脉络梳理，案例研究者可以将最有启发的文献（不多于 10 篇）作为自己研究的核心基础，并将相关性较弱的文献作为次要支撑；研究者对这些文献进行阅读、整理与分析，或做成叙述性文献综述，从中寻找研究机会。

这种策略的优点是需要一定的工作量，但相对于第三种策略工作量相对较小，初学者也容易掌握，可以较为迅速地梳理该主题的主要文献，进而寻找"How"或"Why"式的问题，开展案例研究。然而，这种策略也有一定的局限性，初学者有时很难找准近年来发表在高水平期刊上的标杆文献，因为相关的文章可能会很多，相互交织一时间难以准确定位。这时候研究者可以稍微多研究 2—3 篇该主题的高水平论文，从而对该主题有更为全面的了解。

三、自己开展文献综述切入

研究者自己做文献综述，并从中寻找研究机会，需要较大的工作量。研究者可以在数据库中进行关键词检索，并基于检索结果进行系统的文献综述，识别研究机会。研究者在自己做文献综述时，可以通过构建理论故事线（theorized storyline），从中开展缺口发现（gap spotting），或开展问题化（problematization）以质疑假定（Sandberg & Alvesson, 2011）。

这种方法的优点在于研究者能够较为全面、深入地掌握该主题的相关研究，能够书写出相关主题的文献综述，并寻求发表或应用到学位论文中，有助于研究者开展案例研究。文献综述能为增加新知识、发展理论打下基础（Webster & Watson, 2002）；同时，这种方法有助于作者寻找并创造研究缺口，开展一系列的研究，有助于研究者紧跟并引用相关研究前沿，并有利于研究者申请相关的基金支持。此外，这种方法还能帮助研究者建立"护城河"与"壁垒"，使其他研究者难以与之竞争。这种方法的缺陷是投入与付出较高，初学者难以写出特别高质量的文献综述，需要长时间的积累，不断修改完善。

拓展阅读2-2

做文献综述的方法

对案例研究的初学者而言，掌握一种做文献综述的方法，对开展相关研究至关重要；对经验较丰富的研究者，系统学习并熟练掌握文献综述的方法看似"亦步亦趋，削足适履"，令人排斥与质疑，带来痛苦与折磨，但当研究者熟练掌握某个文献综述方法后，会很快体会到由此带来的流程优化与效率提升。变革并优化已经固化的流程，应对学术研究的快速发展，需要我们熟练掌握做文献综述的方法。

目前，许多书籍及论文都有介绍做文献综述的方法与步骤，例如《如何做好文献综述》《怎样做文献综述——六步走向成功》等书籍，详细介绍了做文献综述的方法与步骤。然而，目前没有一种专门适用于案例研究的文献综述方法，好在我们可以借鉴一些研究者的文献综述方法，做出较高质量的文献综述，服务于案例研究。

- Webster, J., & Watson, R. T. (2002). Analyzing the past to prepare for the future: Writing a literature review. *MIS Quarterly*, 26 (2), xiii-xxiii.
- Torraco, R. J. (2005). Writing integrative literature reviews: Guidelines and examples. *Human Resource Development Review*, 4 (3), 356-367.
- Wolfswinkel, J. F., Furtmueller, E., & Wilderom, C. P. (2013). Using grounded theory as a method for rigorously reviewing literature. *European Journal of Information Systems*, 22 (1), 45-55.

第五节 提炼研究问题的思维过程

文献综述是研究者总结提炼研究问题的重要来源。上一节我们介绍了三种识别研究机会的策略,但是要想提炼具有重要意义的研究问题,需要在文献阅读和梳理过程中保持敏感性,敏锐地洞察具有潜在理论贡献的研究问题。这种敏感性离不开对文献的深入理解,但更重要的是一种思维能力。本小节我们首先介绍定位研究缺口的一般原则,然后介绍思维方式。

一、定位研究缺口的思维原则

(一)细化聚焦

研究者提炼研究问题,是一个从研究领域(research area)到研究主题(research topic),再到研究问题的逐渐细化聚焦过程,这可以用图2-2来表示。

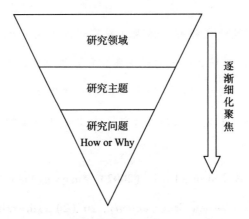

图 2-2 逐渐细化聚焦以提炼研究问题

研究领域一般是指研究课题所在的学术领域;研究主题是对研究领域的进一步收敛;研究问题是在研究主题的范围内,确定自己需要研究的具体问题。尽管多种因素会影响初学者研究领域与研究主题的选择,但在提炼研究问题的过程中,我们可以通过相关文献或现象,分析出:我们想要研究的理论文献或现象属于哪一领域;哪些学者关注该现象;该领域下有哪些研究主题;每个主题下都有哪些值得研究的问题。基于此，我们再选择那些适合采用案例研究方法的"How"或"Why"式的问题进行分析研究。

例如，我们通过企业调研发现，中国企业国际化过程中，许多企业在海外履行了大量的企业社会责任，期望获得当地认同、降低投资风险，以便在国际社会中树立负责任的企业形象，提升国际影响力和竞争力。然而，现实却是许多身在国内的中国人，知道中国企业在海外履行了许多社会责任，而东道国当地民众却不知道；东道国政府与媒体也没有责任与动力，对中资企业履行的社会责任进行广泛宣扬，致使当地许多民众误以为这些社会责任是东道国政府或企业履行的。这表明：许多中国企业树立海外形象的能力较弱，存在严重的"只会做，不会说"的问题。当我们关注"中国企业在国际市场中的形象塑造"现象后，通过文献梳理我们发现，社会科学领域的学者更关注该现象；其中，新闻传播学的研究者对这一现象的研究较为充分，并将其纳入传播学的研究领域，基于传播学视角给出了许多对策与建议；而管理学领域的研究者则对这一现象的关注较少，但该现象也适合采用管理学视角进行研究。因此，作为一个管理学领域的研究者，自然应想到基于管理学理论视角，从中提炼研究问题，但每个管理学者的学科背景、知识储备和研究方向各不相同，学者们则可以从战略管理、组织行为学、市场营销、信息系统等具体方向对此现象进行研究，而且每个研究方向都能总结提炼出多个研究问题，进而在这些问题中寻找到那些适合采用案例研究方法的"How"或"Why"式的问题。在此过程中，研究者需要不断细化聚焦，并结合自己的实际情况，选择适合自己的研究问题。

小贴士 2-3　团队沟通与共同协作

许多研究生在学习期间，会面临个人研究兴趣与导师课题及其兴趣相矛盾冲突的问题，也可能会面临自己感兴趣且熟悉的研究方法与导师的建议不一致的情形，还可能面临导师难以指导或"爱瞎指导"的情形，此处还有团队个别成员"工于心计"抢夺研究资源，或导师研究资源分配不公等，致使许多团队内的矛盾频发。此类问题本不属于本书所要解决的范畴，但以上问题已经影响到许多研究生的学习生涯与研究问题的提炼，是具有重要现实意义的问题，是需要各个研究团队重点关注并应对解决的问题。

同样，许多案例研究的初学者也面临类似情境，导师与学生在研究领域、研究主题、研究问题以及研究方法的选择聚焦上，双方的兴趣、目标与资源可能不匹配，团队成员间难以沟通与合作。尽管此类问题，没有放之四海而皆准的解决方案，但我们呼吁研究团队内要充分沟通与共同协作，采用平等、开放与包容的态度对待彼此。因为从文献综述到研究问题的提炼，是一个逐渐细化聚焦的过程，这需要大量的沟通与讨论，需要团队的共同协作，淘汰一些不合适的研究主题与研究问题。此外，学生与导师都要清楚自己在团队内的角色与作用，彼此间要充分沟通与共同协作，共同营造出平等、自由的学术研究氛围。

（二）反复对比

找研究缺口本质上是一个反复对比的过程。案例研究的研究问题可能来自文献研读（即文献和文献的反复对比），也可能来自实际管理现象（即现象和文献的反复对比）（毛基业、李高勇，2014）。如果是前者，研究者需要通过文献研究，发现针对某个有趣管理现象有哪些已知和未知，进而提出研究问题；再根据理论抽样原则，选取案例进行研究。如果研究问题来自实践，那么研究过程则表现为，研究者发现一个有趣的实践现象（比如持续而深入地对某个行业、典型企业进行跟踪调研，长期阅读行业报道、媒体杂志，与企业家和高管交流等），检索和研读相关文献，得出文献中关于这一现象有哪些已知（现有理论）和未知；再通过现象与文献的反复比较，进而聚焦到某一具体研究问题。需要注意的是，为了能够获得高质量的研究问题，我们有必要进行研究问题的评估，检验该研究问题可能的理论贡献与实践贡献，并对多个研究问题进行分析与比较，反复迭代，进而明确聚焦研究问题（见图 2-3）。

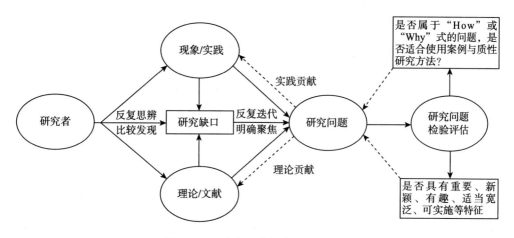

图 2-3 研究问题的提出与检验评估

小贴士 2-4 研究的空白点未必有研究意义

许多研究者发现"研究空白点",并提出研究问题,指出现有研究没有提供可行的答案。然而,仅仅做到这点是不够的,许多"研究问题"是"伪问题",没有研究价值(理论价值与实践价值)。有些问题似乎也是从社会矛盾中提炼出来的,但这些问题要么属于"假问题",没有价值去回答;要么问题本身并不蕴涵深刻的理论问题,没有必要去回答;要么受制于当下的条件,没有可能去回答。研究者需要让读者相信研究问题对组织和/或理论是至关重要的,并论证现有的研究要么根本没有解决研究问题,要么以一种不充分或可能不真实的方式解决问题,这一点至关重要。为什么这个研究问题是重要的,现有理论并没有提供合理的解释?还必须让读者相信这个研究问题对组织和理论发展是至关重要的,并证明现有研究没有解释或者没有充分解释该研究问题。

(三) 思辨批判

尽管许多案例研究的研究问题是实践与理论结合产生的,但也有许多研究问题是从文献综述中提炼的。然而,从文献中提炼出研究问题,特别需要研究者具有批判性思维。研究者在研读文献时，需要不断进行思辨，从中找到可能的研究问题。一方面，研究者在思辨过程中，需要思考并寻找哪些是空白点、薄弱点、矛盾点等，哪些是值得深入研究的"理论缺口"，进而基于新研究问题，开展研究创新；另一方面，研究者还需要"刻意"挑战那些貌似已被大家公认，或早已达成共识的观点，因为这些貌似不可能突破的点中，往往蕴藏着潜在的研究问题，其研究价值更高，值得研究者进一步深入思考与研究。

研究者提炼研究问题的思辨过程中，有时要像《亮剑》中李云龙突破日军包围时那样，善于动脑筋，运用逆向思维，选择从"正面"突围，直接跳出敌人包围圈，而不是选择从薄弱点突围。因为每个研究领域或研究主题，都有核心问题，是研究者需要解决的主要矛盾，前人已经在"正面"做了许多工作，突围难度大，任务尤为艰巨，许多人不愿从正面寻求突破；然而，从正面突围，容易抓住主要矛盾，找到大家关心的核心问题，进而开展案例研究，重塑或革新已有观点的贡献是巨大的。研究者要敢于"反其道而思之"，让思维向对立面的方向发展，从问题的相反面深入地进行探索，树立新思想。

小贴士 2-5　批判性思维

批判性思维，在英语中的表达是 critical thinking，直译成中文是严谨的思考方式。中文里的"批判"，则更有批评、判断的意思，但"批判性思维"远不止批判，从原意出发，它更是一种建立再推翻，从迷雾中寻找真理的思考方式；在公正公平的态度基础上，对事件进行客观剖析的能力。学会"批判性思维"，你会拥有一个新的价值观，发掘一个新的世界，遇到一些和现实相悖的问题时，想一下鲁迅先生的一句话——"从来如此，便对吗？"

"批判"是人文社会科学研究的根本特点之一。人文社会科学研究，通过拷问科学上和日常生活上所使用的那些原则，不断"拷问"时代的问题，深度挖掘问题产生的现实根源，直指问题产生的前提，在理论上和思维上予以澄清；同时，确立新的解释框架，并依此重新阐释已有问题，使问题能够在批判中获得新的生命活力。由此，批判不是简单地驳斥，不是一味地否定，批判是克服也是保留，是继承也是发展，批判意味着扬弃。人文社会科学研究的目的不在于知识的传承，而在于思想的获得；不在于破坏性的摧毁，而在于建设性的重构，批判意味着合理重建和再塑传统。

二、定位研究缺口的思维方式

案例研究者常通过文献综述，发现缺口或挑战假定，寻找或创造适合案例研究方法的研究问题，进而发展已有理论或构建新理论，以做出理论贡献。

（一）发现缺口

研究者通常会采用问题化方式构建研究问题，探寻现有研究中是否存在不完全（incomplete）、不充分（inadequacy）、不成立（incommensurability）等缺口（Locke & Golden-Biddle, 1997），从而提炼出那些被忽视的或令人困惑的研究问题，以创造新知识。

第一，不完全。现有文献不完整，本研究将进一步深化现有问题。例如，Elsbach & Kramer（2003）在引言中写道，尽管现有文献关于组织决策者评价别人创造力潜力已经认识到会使用主观的印象，但是这些评价背后的核心基础没有被组织研究者给予系统关注。

第二，不充分。现有文献忽略了一些重要的视角，这些视角能够帮助我们更好地理解和解释现有现象。通过指出所忽略的点，引出新的视角或框架进而做出贡献。Corley & Gioia（2004）在引言中写道："对大多数企业分拆的研究采用了绝对的财务和经济视角……对诸如公司分立等缩减性组织变革过程的实证理论研究并不充分。因此，我们通过质性和诠释性的研究方法……"

第三，不成立。现有文献不只是忽略了不同的视角，更重要的是文献是错的，贡献点在于指出这些错误并且纠正它。例如，在急速变化的环境下高层管理团队怎样制定战略决策？以往研究（例如：Cyert & March, 1963；Mintzberg, 1973；Fredrickson & Mitchell, 1984）认为，在急速变化的环境下，高绩效的公司会采用渐进式的方法制定战略决策，而且在不确定和信息缺乏的条件下，决策者制订战略计划时，不能应用系统化的考虑和分析方法。然而，Eisenhardt（1989b）的研究则发现，随着环境变化的速度加快，有效的高层管理团队会通过系统化的分析，应对其所面临的极不确定的环境。

此外，有研究者将研究缺口归纳为 3 个类别，共 5 种模式（Sandberg & Alvesson，2011）。

第一，困惑式缺口（confusion spotting）。这通常是指现有研究中存在矛盾（或"悖论"）；通过文献综述，研究者可以发现这些矛盾，并设法解决这些矛盾，以做出理论贡献。已有研究中对某一问题或现象可能存在"竞争性解释"（Sandberg & Alvesson，2011），这为案例研究者提供了研究机会，可以探讨为何存在竞争性解释，如何化解该矛盾。

例如：通过回顾以往文献，研究者发现对于制造商开发并提供服务解决方案所带来的结果，现有研究存在明显分歧（Forkmann et al.，2017；Valtakoski，2017；Böhm et al.，2017）。为有效解决研究中的"服务化悖论"问题，研究者需要清晰界定解决方案创造的价值及创造价值的层次，也需要通过长期追踪，探讨制造商与客户如何实现价值共创。基于此，研究者就可以采用案例研究方法，通过理论抽样，分析制造企业服务化所创造的不同层次的价值，探讨并解决为何出现服务化悖论问题（见图 2-4）。

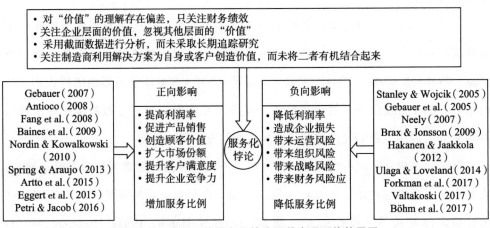

图 2-4　制造企业的服务化悖论及其出现可能的原因

资料来源：本研究整理。

第二，忽略式缺口（neglect spotting）。这主要是指识别出一个没有（好的）研究成果的主题或领域，这是知识地图中的空白地，主要包括被忽视的领域（overlooked area）、研究不充分的领域（under-researched area）以及缺乏实证支撑的领域（lack of empirical support）（Sandberg & Alvesson，2011）。

例如，Graebner（2009）发现一个被忽视的领域——组织间信任（interorganizational trust）是组织和管理领域学者研究的重点领域。以往研究主要关注的是在长期联盟情境下的信任，尤其是买方和供应商之间的长期关系。已经有学者研究信任是怎么在联盟伙伴之间产生的，如何影响联盟伙伴选择，如何影响治理结构、信息共享、伙伴关系满意度和财务绩效。然而，并购情境下的组织间信任一直没有得到多少关注，但并购是一种重要的组织间交易。在信任相关的文献中，研究者极少关注并购情境；在并购相关的文献中，信任也极少受到关注。基于此，Graebner（2009）发现了一个被忽视的研究领域，进而开展案例研究，发现并购双方间的信任可能是不对称的。

同样，研究者还可以在文献综述中发现研究不充分和缺乏实证支撑的领域，例如，Siggelkow（2002）发现在组织研究的文献中，虽然核心和非核心要素的划分已经很普遍，但对于这些要素的系统性辨认至今还没有多少进展，并利用该未充分研究的领域开展案例研究。通过文献综述，Huang（2018）发现，尽管已有研究者提出投资者会利用直觉进行投资，但却没有实证支撑，故研究者开展案例调研打开了投资人如何利用直觉进行投资的"黑箱"。

第三，申请式缺口（application spotting）。这是针对某个特定领域，提出存在的问题，而后提供一个新视角来增加我们对该领域的理解（Sandberg & Alvesson，2011）。研究者通过提供另一种观点，进一步了解相关主题。例如，Watson（2004）通过文献回顾发现，以往的人力资源管理文献主要是规范性的，缺乏一个更批判性的视角，故研究者申请采用批判性理论视角来研究人力资源管理。尽管案例研究者较少采用申请式缺口探讨相关的研究问题，但申请式缺口却能够帮助研究者采用更新的视角分析特定领域内的研究问题。

在寻找缺口的过程中，有两个重要问题需要关注：

第一，寻找缺口是一个极具挑战和需要创造力的过程，这是因为发现缺口是建立在对文献进行创造性整合的基础上的。具体而言，在文献综述的基础上，研究者需要针对研究问题给读者一个清晰的"现有研究进展的文献网络"：或通过整合不同流派的方式，或通过阐述进程的方式。整合不同流派的方式重点需要研究者识别关于研究问题有几个主要的观点，并详细分析不同流派背后所持有的共同假设。阐述进程则重点关注某些理论视角的研究是如何逐步进展的，重点需要展示知识累积和增长的过程以及这些研究者共识形成的过程。这两种横向和纵向的文献阐述是寻找缺口的根基，同时要求研究者在对文献深入理解的基础上进行重新诠释而形成文献网络（Locke & Golden-Biddle，1997）。

第二，尽管发现缺口的方式是现在文献中的主流，也对理论发展有很大的帮助，但学者们（如：Sandberg & Alvesson，2011；Alvesson & Sandberg，2011）同时在质疑这种方式是否阻碍了有趣理论的诞生。这是因为这种方式是以渐进式创新的方式进行，并未挑战现有文献的核心假设。

（二）挑战假定

挑战假定的方式是指某个理论视角或者研究领域的范式假定存在问题，为此研究者通过质疑假定，提出新的假定以做出贡献（Alvesson & Sandberg，2011；Sandberg & Alvesson，2011）。由于挑战了现有文献特别是核心理论的基本假定——尽管极具挑战性——这种方式更有可能构建出有趣且重要的新理论。目前，研究者常采用理论演绎方法，挑战原有理论的基本假定，重新定义或解构原有概念（如：Feldman & Pentland，2003），但对案例研究者而言，在熟练掌握理论文献或实际调研到与理论不相符的现象时，也可以利用归纳逻辑，基于理论文献与实践现象，挑战原有理论的基本假定，进而开展案例研究并构建新理论。案例研究者需要学会如何利用挑战假定，开展案例研究，进而构建高价值的新理论。

那么如何做呢？研究者首先需要确定有哪些假定可以被质疑：

(1) 内部假定是指特定思想流派内部的假定，如并购的研究中有一个流派的学者假定资源互补是并购成功的前提。

(2) 根隐喻假定是指现有文献特定主题的广泛映像，如组织文化这一主题的研究可能有一个广泛的隐含假设，即组织文化是相对稳定的。

(3) 范式假定是指支撑现有文献的本体论、认识论和方法论假定，如实证主义范式和诠释主义范式。

(4) 意识形态假定是指现有文献有关政治、道德和性别的假定。

(5) 场域假定是指特定主题的跨理论流派假定。

根据 Alvesson & Sandberg（2011）的建议，我们常对前三类的假定进行质疑与挑战，即挑战内部假定、根隐喻假定和范式假定。质疑与挑战假定的过程为：

第一步，明确文献的领域，并识别关键文献，深入阅读。

第二步，识别和阐述这一文献领域的核心假定。具体而言：

(1) 内部假定可以通过仔细审查内部争论以及经常被提及的特定作者和相邻研究领域的作者之间的相同点和差异点。例如，Graebner & Eisenhardt（2004）发现并购文献有一流派的学者是基于买方的视角进行产出的，并识别出了这些学者背后隐含的假设：出售方处于弱势且不重要。

(2) 根隐喻假定可以通过两种方式被识别和阐述，一是识别一个流派认为的社会事实中的基本映像或隐喻；二是识别或者产生其他可能有相反意义（对抗意义）的隐喻。

(3) 范式假定的识别需要研究者对另一个（可替代）的世界观有所了解。例如，Gioia & Chittipeddi（1991）中讲道："研究这些变革流程的方法必须是非侵入式、长期的且能追踪逐渐显现的变化……这样的研究本质上必须是诠释性的，这就暗含了另一种战略变革研究的范式。"因此，这篇文章挑战了实证主义视角下研究战略变革的范式，而从诠释主义的角度出发探究了战略变革的起始阶段。

第三步，评估这些假定，并在质疑的基础上提出新的假定。质疑假定的研究者必须通过问自己"挑战这个特定假定的理论潜力是什么"，来判断被识别出的假定是否值得挑战。总之，质疑假定的方式有利于做出更新颖的理论但却充满挑战。

也许案例研究学者应该更多地去考虑这种方式,因为案例研究本身的优势就在于更适合于构建有趣的新理论。

> **拓展阅读 2-3**
>
> ### 发现缺口 vs. 挑战假定
>
> 有研究者认为与挑战假定相比,发现缺口常不能构建更有趣的理论(Sandberg & Alvesson, 2011)。因为发现缺口式的研究,是在认同以往研究的基础上开展的,并没有尝试挑战现有研究中蕴含的假定(Sandberg & Alvesson, 2011);而挑战假定则是基于质疑假定,提出新观点,构建新理论,从而做出理论贡献(Alvesson & Sandberg, 2011; Sandberg & Alvesson, 2011)。
>
> - Alvesson, M., & Sandberg, J. (2011). Generating research questions through problematization. *Academy of Management Review*, 36 (2), 247-271.
> - Sandberg, J., & Alvesson, M. (2011). Ways of constructing research questions: Gap-spotting or problematization?. *Organization*, 18 (1), 23-44.

第六节 结 语

研究问题的确定是一个复杂的思维过程,是一个由研究领域到研究主题,再到研究问题,逐步细化聚焦的思维过程,这个过程往往是非线性的,经常出现"意外"。同样,案例研究的过程往往也是非线性的,有些时候研究问题可能是自然涌现的,甚至是在"意外"中偶然发现的。研究问题是一个开放的或者别人暂未涉及的问题,其来源可以是现象,也可以是文献。然而,研究问题的提炼,更多是在理论与现象的交互作用下形成的,通过文献与现象的对话与反复对比,研究者能够发现现有研究的缺口,进而提炼出研究问题。案例研究的问题往往是一个较为开放的主题,在进入企业和阅读文献后逐步打磨,使之聚焦。

> **训练卡片**
>
> 1. 请尝试提炼一个研究问题,并做出对应的文献综述。
> 2. 与导师或授课教师讨论该研究问题是否有潜在的理论贡献。

参考文献

[1] 黄江明,李亮,王伟(2011). 案例研究:从好的故事到好的理论——中国企业管理案例与理论构建研究论坛(2010)综述. 管理世界,(2):118-126。

[2] 李高勇,毛基业(2015). 案例选择与研究策略——中国企业管理案例与质性研究论坛(2014)综述. 管理世界,(2):133-136,169。

[3] 毛基业,陈诚(2017). 案例研究的理论构建:艾森哈特的新洞见——第十届"中国企业管理案例与质性研究论坛(2016)"会议综述. 管理世界,(2):135-141。

[4] 毛基业,李高勇(2014). 案例研究的"术"与"道"的反思——中国企业管理案例与质性研究论坛(2013)综述. 管理世界,(2):111-117。

[5] Alvesson, M., & Sandberg, J. (2011). Generating research questions through problematization. *Academy of Management Review*, 36(2), 247-271.

[6] Besson, P., & Rowe, F. (2012). Strategizing information systems-enabled organizational transformation: A transdisciplinary review and new directions. *Journal of Strategic Information Systems*, 21(2), 103-124.

[7] Bingham, C. B., & Eisenhardt, K. M. (2011). Rational heuristics: the 'simple rules' that strategists learn from process experience. *Strategic Management Journal*, 32(13), 1437-1464.

[8] Böhm, E., Eggert, A., & Thiesbrummel, C. (2017). Service transition: A viable option for manufacturing companies with deteriorating financial performance?. *Industrial Marketing Management*, 60, 101-111.

[9] Colquitt, J. A., & George, G. (2011). Publishing in AMJ-part 1: Topic choice. *Academy of Management Journal*, 54(3), 432-435.

[10] Corley, K. G., & Gioia, D. A. (2004). Identity ambiguity and change in the wake of a corporate spin-off. *Administrative Science Quarterly*, 49(2), 173-208.

[11] Cui, L., Su, S. I. I., Feng, Y., & Hertz, S. (2019). Causal or effectual? Dynamics of decision making logics in servitization. *Industrial Marketing Management*, 82, 15-26.

[12] Cyert, R. M., & March, J. G. (1963). *A behavioral theory of the firm*. Englewood Cliffs, NJ, 2(4), 169-187.

[13] Davis, J. P., & Eisenhardt, K. M. (2011). Rotating leadership and collaborative innovation: Recombination processes in symbiotic relationships. *Administrative Science Quarterly*, 56(2),

159-201.

[14] Eisenhardt, K. M. (1989a). Building theories from case study research. *Academy of Management Review*, 14 (4), 532-550.

[15] Eisenhardt, K. M. (1989b). Making fast strategic decisions in high-velocity environments. *Academy of Management Journal*, 32 (3), 543-576.

[16] Eisenhardt, K. M., & Graebner, M. E. (2007). Theory building from cases: Opportunities and challenges. *Academy of Management Journal*, 50 (1), 25-32.

[17] Eisenhardt, K. M., Graebner, M. E., & Sonenshein, S. (2016). Grand challenges and inductive methods: Rigor without rigor mortis. *Academy of Management Journal*, 59 (4), 1113-1123.

[18] Elsbach, K. D. & Kramer, E. R. (2003). Assessing creativity in Hollywood pitch meetings: Evidence for a dual-process model of creativity judgments. *Academy of Management Journal*, 46 (3), 283-301.

[19] Feldman, M. S., & Pentland, B. T. (2003). Reconceptualizing organizational routines as a source of flexibility and change. *Administrative Science Quarterly*, 48 (1), 94-118.

[20] Ferlie, E., Fitzgerald, L., Wood, M., & Hawkins, C. (2005). The nonspread of innovations: The mediating role of professionals. *Academy of Management Journal*, 48 (1), 117-134.

[21] Forkmann, S., Henneberg, S. C., Witell, L., & Kindström, D. (2017). Driver configurations for successful service infusion. *Journal of Service Research*, 20 (3), 275-291.

[22] Fredrickson, J. W., & Mitchell, T. R. (1984). Strategic decision processes: Comprehensiveness and performance in an industry with an unstable environment. *Academy of Management Journal*, 27 (2), 399-423.

[23] George, G., Kotha, R., & Zheng, Y. (2007). The puzzle of insular domains: A longitudinal study of knowledge structuration and innovation in biotechnology firms. *Frontiers of Entrepreneurship Research*, 27 (4), 1-15.

[24] Gioia, D. A., & Chittipeddi, K. (1991). Sensemaking and sensegiving in strategic change initiation. *Strategic Management Journal*, 12 (6), 433-448.

[25] Graebner, M. E. (2009). Caveat venditor: Trust asymmetries in acquisitions of entrepreneurial firms. *Academy of Management Journal*, 52 (3), 435-472.

[26] Graebner, M. E., & Eisenhardt, K. M. (2004). The seller's side of the story: Acquisition as courtship and governance as syndicate in entrepreneurial firms. *Administrative Science Quarterly*, 49 (3), 366-403.

[27] Greenwood, R., & Suddaby, R. (2006). Institutional entrepreneurship in mature fields: The big five accounting firms. *Academy of Management Journal*, 49 (1), 27-48.

[28] Heinze, K. L., & Weber, K. (2016). Toward organizational pluralism: Institutional intrapreneurship in integrative medicine. *Organization Science*, 27 (1), 157-172.

[29] Huang, L. (2018). The role of investor gut feel in managing complexity and extreme risk. *Academy of Management Journal*, 61 (5), 1821-1847.

[30] Kashdan, T. B., & Silvia, P. J. (2009). Curiosity and interest: The benefits of thriving on novelty

and challenge. *Oxford Handbook of Positive Psychology*, 2, 367–374.

[31] Lee, T. W., Mitchell, T. R., & Sablynski, C. J. (1999). Qualitative research in organizational and vocational psychology, 1979–1999. *Journal of Vocational Behavior*, 55 (2), 161–187.

[32] Li, L., Su, F., Zhang, W., & Mao, J. Y. (2018). Digital transformation by SME entrepreneurs: A capability perspective. *Information Systems Journal*, 28 (6), 1129–1157.

[33] Locke, K., & Golden-Biddle, K. (1997). Constructing opportunities for contribution: Structuring intertextual coherence and "problematizing" in organizational studies. *Academy of Management Journal*, 40 (5), 1023–1062.

[34] McGahan, A. M. (2007). Academic research that matters to managers: On zebras, dogs, lemmings, hammers, and turnips. *Academy of Management Journal*, 50 (4), 748–753.

[35] Mintzberg, H. (1973). Strategy-making in three modes. *California Management Review*, 16 (2), 44–53.

[36] Murmann, J. P. (2013). The coevolution of industries and important features of their environments. *Organization Science*, 24 (1), 58–78.

[37] Ozcan, P., & Eisenhardt, K. M. (2009). Origin of alliance portfolios: Entrepreneurs, network strategies, and firm performance. *Academy of Management Journal*, 52 (2), 246–279.

[38] Sandberg, J., & Alvesson, M. (2011). Ways of constructing research questions: Gap-spotting or problematization?. *Organization*, 18 (1), 23–44.

[39] Sarasvathy, S. D. (2001). Causation and effectuation: Toward a theoretical shift from economic inevitability to entrepreneurial contingency. *Academy of Management Review*, 26 (2), 243–263.

[40] Siggelkow, N. (2002). Evolution toward fit. *Administrative Science Quarterly*, 47 (1), 125–159.

[41] Siggelkow, N. (2007). Persuasion with case studies. *Academy of Management Journal*, 50 (1), 20–24.

[42] Valtakoski, A. (2017). Explaining servitization failure and deservitization: A knowledge-based perspective. *Industrial Marketing Management*, 60, 138–150.

[43] Vermeulen, F. (2007). "I shall not remain insignificant": Adding a second loop to matter more. *Academy of Management Journal*, 50 (4), 754–761.

[44] Watson, T. J. (2004). HRM and critical social science analysis. *Journal of Management Studies*, 41 (3), 447–467.

[45] Webster, J., & Watson, R. T. (2002). Analyzing the past to prepare for the future: Writing a literature review. *MIS Quarterly*, 26 (2), xiii–xxiii.

[46] Yang, M., & Gabrielsson, P. (2017). Entrepreneurial marketing of international high-tech business-to-business new ventures: A decision-making process perspective. *Industrial Marketing Management*, 64, 147–160.

[47] Yin, R. K. (1994). *Case study research: Design and methods* (2nd ed.). Newbury Park, CA: Sage.

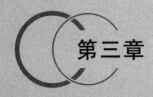

第三章

案例研究中理论的角色

刘洋

浙江大学

本章大纲

第一节 什么是理论 / 069

　　一、理论及其分类 / 069

　　二、研究过程与理论的角色 / 073

第二节 参照理论 / 076

　　一、什么是参照理论？ / 076

　　二、如何选择参照理论？ / 077

　　三、如何应用参照理论开展案例研究？ / 081

　　四、案例研究是否一定要有参照理论？ / 082

第三节 目标理论及理论贡献 / 084

　　一、从理论构成要素角度出发的观点 / 085

　　二、从对文献启示的角度出发的观点 / 086

第四节 结　语 / 088

参考文献 / 089

理论在案例研究过程中扮演了重要的角色：一方面，案例研究一个最大的优势就是十分有利于构建理论（是案例研究的产品）；另一方面，理论能够指导案例研究设计、数据收集、数据分析等过程（是案例研究过程的参照）。换句话说，"没有数据的理论是空洞的，没有理论的数据是盲目的"（Sarker et al.，2013）。那么什么是理论？作为案例研究的产品，目标理论与文献里的现有理论有何关系？参照理论又如何拿来指引案例研究过程以构建目标理论？本章试图为解决这些问题提供思路。事实上，这几个问题之间相互关联：参照理论的使用可以帮助案例研究过程获得同行的认可（合法性），而目标理论要找到和现有文献差异的地方（差异性），整个案例研究过程就是在寻求合法性和差异性之间的战略平衡。基于这一逻辑，本章将首先简要介绍理论的概念，而后分别阐述参考理论如何帮助案例研究获得合法性，以及如何寻找目标理论的差异性，最后总结如何实现二者的平衡（见图 3-1）。

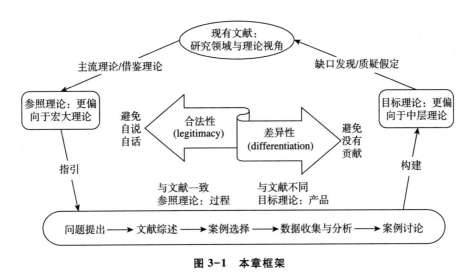

图 3-1　本章框架

第一节　什么是理论

一、理论及其分类

在阐述理论在案例研究过程中扮演的角色前，我们首先简要回顾一下什么是理论。总体上来讲，理论意味着逻辑相关、没有矛盾的，与一个实在领域相关的陈述、思想、概念，按照能够进行检验的方式组合在一起的系统集合（de Groot, 1969）。我们以 Eisenhardt（1989a）关于在快速变化环境中进行快速战略决策这篇案例研究文章中的第一个研究问题为例。该文的第一个研究问题是：快速的战略决策是怎样制定出来的？围绕这个问题，Eisenhardt（1989a）以微型计算机行业的 8 个企业为案例进行了归纳分析，并得出了如图 3-2 所示的理论。

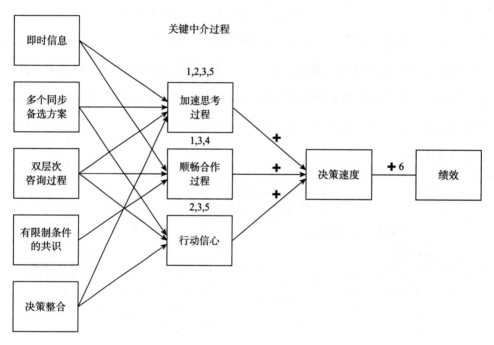

图 3-2　快速变化环境下战略决策速度模型

注：数字对应文中的命题。

资料来源：Eisenhardt（1989a），稍作修改。

接下来，我们按照 Whetten（1989）对理论的理解，去拆解一个完整理论应该包含的内容：

（1）有关概念（what）——哪些因素逻辑上应该被考虑进来当作解释这个现象的一部分。要解决"快速的战略决策是怎样制定出来的"这个问题，Eisenhardt（1989a）通过演绎逻辑和归纳逻辑得出决策速度，以及即时信息、多个同步备选方案、双层次咨询过程、有限制条件的共识、决策整合等这些概念是关键要素。

(2) 命题和假设 (how) ——这些要素之间是怎么相关的。Eisenhardt (1989a) 提出的这些概念间是什么关系呢？她发现即时信息、多个同步备选方案、双层次咨询过程、有限制条件的共识、决策整合等正向影响决策速度（原文命题 1—5）。在图 3-2 中，"+"就是表征了概念间的关系模式。

(3) 机制和原理 (why) ——这些要素的选择以及之间的因果关系背后的心理、经济或社会动态性是什么。更为重要的是需要去解释为什么是这种关系，Eisenhardt (1989a) 提出加速思考过程、顺畅合作过程和行动信心是命题 1—5 能够成立的中间过程和关键原因（图 3-2 中的关键中介过程）。

(4) 边界条件 (who、where、when) ——这个理论模型的限制条件。Eisenhardt (1989a) 的文章的一个关键边界条件是"快速变化环境"，换句话说，这个理论在相对稳定环境中的适用性可能需要进一步检验。

这里特别要强调的是，机制和原理至关重要，因为理论本身就是对于人类行为、组织现象或过程提供根本性解释，而这些解释必须建立在可靠的逻辑推理基础之上。我们在第一章介绍了逻辑推理的两种模式：归纳推理和演绎推理。而作为一种归纳推理的典型代表，案例研究最大的优势在于能够深入发掘机制和原理的内容。

基于这一定义，我们这里重点强调一种根据理论能够解释和预测的范围对理论进行的分类。根据 Merton (1968) 的定义，解释和预测范围非常广泛的理论是宏大理论 (grand theory)，而解释和预测范围非常小的理论称为微小理论 (trivial theory)，连接二者的理论称为中层理论 (middle-range theory)。这种理论的分类方法有两个很有意思的点值得讨论：其一，我们当然希望建立的理论能够解释和预测的范围越大越好，如果能建立宏大理论，那么研究者的影响力是巨大的，但考虑到管理学（乃至一般社会学）现象的复杂性，宏大理论的建立异常困难且越抽象越容易牺牲对现象的准确认识（陈昭全、张志学，2008）。其二，解释和预测范围是一个相对的概念，比如在一般企业管理领域（包括组织行为与人力资源、战略、会计、营销等具体领域），代理理论能解释和预测的范围是相对较小的（可以视为管理学领域的一个中层理论）；但在公司治理这个细分领域，代理理论能解释和预测的现象就非常广泛了（可以算作公司治理领域的一个宏大理论）。

这两个有趣的点非常值得讨论，因为在案例研究过程中，我们往往会陷入一个困境：特殊的一个或者几个案例中抽象出的理论，其能够解释和预测的范围有多大？这就需要研究者平衡好精确性和全面性（例如，Osigweh，1989）。比如，最常用的做法是：抽象出的理论要与案例数据严格匹配，保障提出的理论是精确的；抽象出的理论要能和宏大理论进行对话，通过二者建立联系以确定在所抽象出理论的适用边界。

拓展阅读 3-1

理论的是与非

1995 年，*Administrative Science Quarterly*（第 3 期）中有三篇文章从探讨什么不是理论出发，进行了详细的阐述和讨论，各位读者可以进行详细研讨。

（1）Robert I. Sutton 和 Barry M. Staw 在"What theory is not"一文中展开讨论为什么参考文献、数据、变量或构念列表及框图不是理论。

（2）Karl E. Weick 在"What theory is not, theorizing is"的评论中强调了理论化过程是一个"持续接近""完美理论"的迭代过程，进而分析参考文献、数据、变量或构念列表及框图如何帮助"持续接近"理论。

（3）Paul J. DiMaggio 在"Comments on 'What theory is not'"的评论中从什么是"好"理论和理论构建的社会性角度进行了评论。

- Sutton, R. I., & Staw, B. M. (1995). What theory is not. *Administrative Science Quarterly*, 40 (3), 371-384.
- Weick, K. E. (1995). What theory is not, theorizing is. *Administrative Science Quarterly*, 40 (3), 385-390.
- DiMaggio, P. J. (1995). Comments on "What theory is not". *Administrative Science Quarterly*, 40 (3), 391-397.

二、研究过程与理论的角色

在对理论是什么有了一个共同的理解基础上，我们回到本章的核心议题上来：理论在案例研究过程中扮演什么角色？我们在这章的引言中提出理论在案例研究过程中主要有两个角色：目标理论和参照理论。前者是案例研究的"产品"，需要寻求"差异性"；后者是指引案例研究的"过程"，帮助案例研究获取"合法性"。在开始阐述具体怎么操作之前，这一小节将回到研究的基本过程中去，来分析为什么案例研究需要在参照理论的指引下"合法地"构建"有差异"的目标理论。

（一）知识创造及其社会建构过程

新理论是案例研究的产出，这个产出只有与现有文献有差异才有意义。事实上，我们如果回到研究的本身目的上来，这个问题答案则更为清晰。研究是寻求真知（truth）以解释、预测和控制一个特定现象。科学研究要求通过逻辑（logic）和数据（data）的严格匹配以获取严谨（rigor）和有用的（relevance）知识，最终解决疑惑和改善人类生活。马克斯·韦伯在《以学术为业》的著名演讲中对研究的目的做了生动而有趣的阐述（2005）："科学的进步是理智化过程的一部分，当然也是它最重要的一部分，这一过程我们已经经历了数千年之久……而这就意味着为世界祛魅。人们不必再像相信这种神秘力量存在的野蛮人那样，为了控制或祈求神灵而求助于魔法。技术和计算在发挥着这样的功效，而这比任何其他事情更明确地意味着理智化。""创造知识"，就是"理智化""祛魅"的过程，要求研究的产出（即目标理论）与现有对世界的认知（即现有文献）有所差别。

为什么要强调（案例）研究过程的合法性，这其实需要回到知识的社会属性上来。事实上，社会建构主义（social constructionism）的观点认为不论是管理学知识还是其他学科的知识，本质上都是基于对现实的共享假定（shared assumptions）由人类建构出关于世界的共同理解（例如，Cunliffe，2008）。因此，知识创造的过程必然会受到社会文化情境因素的影响，正如迈克尔·马尔凯（2006）所言："科学研究从来都不只是记录一个客观的世界。它总是包含科学家关于物质世界的研究所产生的复杂线索的意义属性;而且此类意义属性不是在由一套严格的道德规定所维持的社会真空中产生的。相反,技术意义的属性总是无可避免地与那些社会互动的过程捆绑在一起,在这一过程中参与者的社会属性与他们的主张得以磋商。"

我们因此在这里特别强调建立理论过程中涉及的互动过程,特别是与学术社区的互动。学者首先会有一个特定研究领域(如创新管理),该研究领域的研究者共同形成了一个相对稳定的学术社区,拥有系列学术期刊(甚至不同期刊有不同的等级),关于主流研究方法、热点方向等有一个相对共同的理解。学者在做一个具体研究的过程中要对社区内共同的知识有一个基础的理解(对领域内已发表的核心文献),并符合领域内的共同规范;同时,这一研究需要与领域内现有知识进行对话以增加对特定现象的理解甚至改变社区内的一些观点。参照理论的使用,本质上就是体现了建立理论过程中与文献的互动过程。

(二)理论在案例研究过程中的角色

不论知识创造的互动过程有多复杂,总体而言,构建理论的过程可以由以下四大类重要的活动组成:研究问题、文献综述、理论构建、数据分析。研究问题是统领整个研究的核心,发现并选择研究问题一定程度上决定了整个理论构建过程的成败。文献综述则是建立本研究与现有研究对话的基础(参见本书第二章)。最为核心的理论构建和数据分析活动则是一个不断循环的过程。

本书第一章介绍了归纳研究过程和演绎研究过程的基本逻辑。其实,任何一个研究中归纳式方法和演绎式方法常常同时存在且相互交织。图3-3展示了一种更为接近我们实际进行案例研究具体步骤的所谓自上而下的归纳式理论构建过程(Shepherd & Sutcliffe, 2011)。

(1)整个研究起始于现有文献(从实践中提炼的研究问题也需回归文献),而对文献的理解受限于每个研究者的先验知识和学术背景。

(2)以现有文献为指引(显性或隐性)对现象进行感知和分析,并提出概念性表示。这一过程需要数据、概念、研究者的理解和文献之间的持续比较。

（3）基于概念性表示提出新的理论，并与现有文献进行比较，总结理论的潜在贡献。

这一更为接近我们实际操作的归纳式案例过程事实上展现了归纳和演绎逻辑在一个研究过程中的相互交织使用：提出研究问题的过程有意无意地均需要归纳和演绎逻辑的同时使用；提出概念及其关系的过程往往同时依赖于研究者的现有知识基础和经验观察；提出新理论后与文献比较讨论理论贡献的过程依赖于基于现有文献的演绎推理。

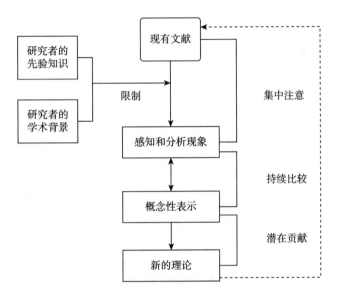

图 3-3　自上而下的归纳式理论构建过程

资料来源：Shepherd & Sutcliffe（2011）。

图 3-3 较为清晰地展现了"理论"在一个具体的实际案例研究过程中扮演的角色。首先，目标理论，即案例研究所构建的新理论，是整个研究的产出，这个理论要"新"，也就是和现有文献有差异。其次，参照理论——现有文献中关于研究主题的特定理论——可以指引案例研究过程。表 3-1 总结了参照理论和目标理论的定义，并以 Dattée et al.（2018）和 Backhouse et al.（2006）为例进行说明。最后，我们特别强调一点，从案例中构建理论常常被归为典型的归纳研究，即新理论是从数据中"浮现"（emergent，也译为涌现）（Van Maanen et al., 2007），但"归纳过程"并不意味着研究者可以忽略现有文献中的相关知识。

表 3-1　参照理论与目标理论的定义和举例

	定义	Dattée et al. (2018) 的例子	Backhouse et al. (2006) 的例子
参照理论	现有文献中关于研究主题的特定理论，可以指引案例研究过程	第469页图1中，作者总结了现有文献关于设计生态系统蓝图行为策略（behavioral maneuvering）的理论	第416页图1中，作者总结了现有文献关于权力路径（circuits of power）的理论作为研究的理论框架，指引数据收集和分析
目标理论	案例研究所构建的新理论，是整个研究的产品	第487页图8中，作者通过多案例研究构建了一个新的生态系统创建过程理论框架	第428页表3中，作者总结了通过案例研究所得出的核心理论发现

第二节　参照理论

要想让各类读者（特别是编辑和同行评审人）认可目标理论具有的差异性，构建理论过程本身就需要具有严谨性。寻求参照理论的帮助是让构建理论过程获得合法性的最重要方式之一。那么，什么是参照理论？如何选择参照理论？如何应用参照理论开展案例研究？案例研究是否一定要有参照理论？本节将围绕这四个问题展开。

一、什么是参照理论？

如果我们把参照理论定义为"理论背景"或"理论框架"，读者可能更好理解一些。但"理论框架"这种定义又会使读者产生误解：归纳式案例研究不是不需要（甚至不能）事前预设理论吗（例如，Eisenhardt, 1989b）？"理论背景"又会被理解为文献综述：文献综述不是已经讲过了吗，为何还要专列一节来阐述？

那么，到底什么是参照理论？我们用两个隐喻来进行形象的说明。参照理论像暗夜里的一个光源，它可以照亮研究者需要观察的对象，让研究者聚焦于特定的事件或现象上，发现被文献所误解或忽略的点。参照理论像一个衣橱，数据就像衣服，衣橱的作用是分门别类地放置裤子、上衣、袜子等，借由这个放置过程，你可能发现冬天到了却没有冬天的衣服，甚至发现衣橱不合理，需要重新再定做一个更合适的衣橱（这个隐喻借鉴自 Maxwell，2008）。基于这两个隐喻，我们可以得出参照理论的几个特征：

（1）参照理论在案例研究过程中有利有弊：它可以帮助你聚焦，也可以让你聚焦于特定数据而忽略了更为有趣的发现。一个光源不可能照亮所有黑暗的地方，一个衣橱不可能装下所有衣服。所以，在研究过程中研究者需要多找几个参照理论，同时更为重要的是研究者需要知道参照理论本身的局限性，知道它能照到哪里，照不到哪里。

（2）参照理论在案例研究过程中需要不停地重新审视，甚至更换新的参照理论。如果起初寻找的参照理论没有照到研究者想要关注的现象，一个办法是换个光源。也许读者会说看到最终发表的案例研究文章中只采用了特定的一个参照理论。这里需要注意的是，研究过程和写作过程是两个环节（参见第九章案例研究的写作），最终呈现的是研究者通过案例分析发现对于构建新理论最有帮助而由此胜出的参照理论。

（3）参照理论的核心逻辑其实更倾向于溯因逻辑：开始于事实的集合，并推导出其最佳解释的推理过程。因此研究者多会选取可解释和预测现象范围更广的理论（如特定领域内的宏大理论）作为参照理论。例如，关注企业的竞争优势，选择资源基础观（resource-based view）可以为你照亮更多的黑暗地方。同时要注意的是，照亮范围越广，参照理论的作用力可能就会越弱。

二、如何选择参照理论？

当我们厘清了什么是参照理论后，接下来面临的问题是如何选择参照理论。首先，我们给出一个参照理论选择的基本步骤供读者参考。

（1）构建"理论池"。在平时的文献积累和理论积累中，针对自己所关注的研究领域和研究主题，构建"理论池"。也就是说，至少积累几个重要的理论并熟知于心（参见第（一）部分构建"理论池"）。

（2）选择参照理论。当有机会开展案例研究时，针对案例，首先在"理论池"中进行搜索，看自己熟知的理论是否适合作为参照理论（判断标准参见第（二）部分选择参照理论）。如果"理论池"中的理论不是特别适合，意味着"理论池"需要进行拓展，那么再回到第一步。

这个过程中可通过与其他学者讨论、在学术研讨会上报告论文等方式，听取其他学者的建议。接下来，我们将分别从参照理论从哪里来（构建"理论池"）和参照理论如何选（选择参照理论）两个方面展开。

（一）构建"理论池"

参照理论从哪里来？这个问题的答案非常简单：参照理论来自文献。这看似一句废话，但确是实情：多读文献并深入理解文献是寻找参照理论的不二法门。与同行（特别是领域内资深学者）交流是弥补自身文献阅读不足的一条捷径，但仍需要研究者对领域内甚至领域外各种文献有着深入的理解。尽管很难，本节接下来试图给出启发读者寻找参照理论的几种来源。

第一种来源是关注本领域的常见主流理论（往往是宏大理论）。这也是博士生培养课程中相关理论课程的主要目的。每位研究者应该至少对本领域内的一个主流理论有非常深入的理解（熟读理论的缘起经典著作，掌握理论的发展脉络，可参考《管理学中的伟大思想：经典理论的开发历程》等），并对本领域内的其他主流理论有较为全面的理解。如何快速了解特定领域内的主要理论核心脉络，常见的思路有以下三种：

（1）阅读特定领域内的理论综述文章，特别是发表在顶级学术期刊上的理论综述。常见的专门（或定期）发表综述文章的期刊包括 *Academy of Management Review*、*Academy of Management Annuls*、*Journal of Management*、*International Journal of Management Reviews* 等。

（2）寻找领域内知名学者开设的博士生课程的教学大纲（syllabus），并从中定位。例如，"Mainstream Theories in Organization and Management""Theories and Research on Emerging Economies"等。

（3）与这一领域内的资深学者交流。他们不仅对本领域内的主流理论十分熟悉，甚至可以根据你的研究问题和数据给出有针对性的建议。

第二种来源是新颖的中层理论。这些理论往往来自领域内学者的最新研究进展。这就要求研究者跟进现有研究，与研究者们保持持续交互。具体常见的了解和获取新颖中层理论的方式包括：

（1）跟踪和广泛涉猎领域内核心期刊最近发表的论文。例如，*Academy of Management Review* 现在作为专门发表理论文章的阵地，多数文章均有一定的新颖性和启发性，是组织与管理领域的研究者需要持续跟进阅读的期刊之一。

（2）适当关注发表工作论文的网站，关注领域内研究者正在做的研究。由于组织与管理研究论文的发表周期较长，等到论文发表已经有一定的滞后，研究者会适当考虑把部分工作论文提前上传至互联网，如 SSRN（社会科学研究网络）。

（3）积极参加领域内的核心国际会议，与同行们进行深入交流。

第三种来源是关注借鉴理论（travelling theory）。所谓借鉴理论是指从其他领域中"旅行"过来的理论（Oswick et al., 2011）。获取这种理论要求研究者们涉猎广泛，不只关注自己所在领域的文章，还需适当关注相关领域或者不相关领域的最新研究进展。这当然是一个大挑战，但是借鉴其他领域的理论可能会引起本领域学者讨论方向的转化，会做出重大理论贡献。

（二）选择参照理论

如何选择参照理论是一个非常难以回答的问题。我们将尝试提出一套程序供读者参考。我们认为，参照理论的选择实际上经历了案例研究的全过程：案例研究设计阶段、案例研究执行阶段、案例研究写作阶段。在每个阶段都需要参照理论、研究问题、目标理论、数据的不断互动来确定参照理论是否合适。

案例研究设计阶段：绘制概念地图。绘制概念地图是指把初步了解的研究现象所涉及的关键概念及其关系用图示的形式展现出来。这些关键概念可以来自文献，可以来自研究者的理解，也可以来自初步的访谈等。概念间关系也可以是抽象的因果关系网络图、事件之间关系的流程图、概念定义的树形图等，还可以由多张图组成。这个概念地图的目的是帮助研究者进行思考，例如，哪些参照理论可能很重要？哪些角度在研究设计过程中可能需要特别关注和可能会被忽略？等等。图 3-4 展示了一个比较简单的概念地图。笔者在 2011 年左右尝试探究组织二元性得以实现的前因和过程，通过文献梳理得出了一些关键概念和可能的参照理论视角。该概念框架的目的在于厘清可能的研究对象和研究内容，当然这个图里的所有内容都可能在后续研究过程中继续调整。Miles & Huberman（1994）、Maxwell（2008）、Strauss & Corbin（1990）等均提出了类似的方法以帮助研究者设计案例研究过程，感兴趣的读者可以参阅。

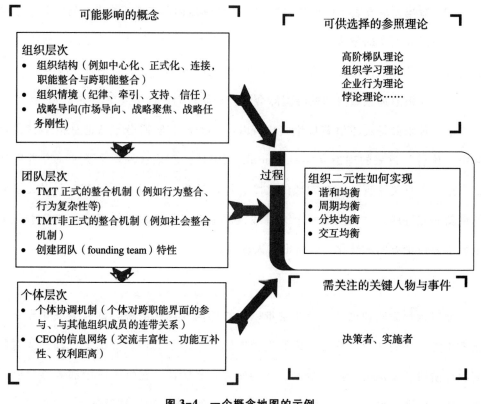

图 3-4　一个概念地图的示例

案例研究执行阶段：思想实验。在案例研究设计阶段，会有几个可能的参照理论涌现出来，在数据收集和分析的过程中，通过思想实验的方式多次转换参照理论，是一个有用的策略。思想实验是指按照"如果……会……"的思路思考各种可能性。如果从这一参照理论的视角切入，会如何解释数据，发现什么结论，这些结论有何理论贡献；如果换一种参照理论的视角切入，会如何解释数据，发现什么结论，这些结论有何理论贡献；以此类推。正如本节开始"暗夜中光源"的隐喻，转换参照理论可以帮助研究者看清不同的数据。思想实验一方面帮助研究者分析数据；另一方面帮助研究者确定参照理论，对整个案例研究过程帮助最大的理论，即可确定为参照理论。

案例研究写作阶段：确定参考理论并写出逻辑一致的论文。当做完案例研究之后，事实上，前两个阶段的绘制概念地图、思想实验等都无须展示。确定哪个参照理论可以帮助研究实现"最优独特性"，然后专注于该参照理论，并写出逻辑一致且清晰的研究报告（论文）。

三、如何应用参照理论开展案例研究？

要回答"如何应用参照理论开展案例研究"，我们需要再次回到案例研究的基本流程中来，探讨参照理论在帮助案例研究获取合法性过程中的作用。

第一，参照理论可以指导数据收集。如果没有参照理论的初步指引，收集案例研究的数据很容易陷入"数据的海洋"中。例如，如果关注权力不对等的联盟双方之间的创新合作过程，资源依赖理论可以作为其中一个参照理论，能够帮助研究者明确数据收集的方向，避免收集数据的过程像个无头苍蝇一样。当然，如本节第一部分所强调的，参照理论仅供参照，不要让参照理论操控你！甚至有部分案例研究学者强调不要在进入现场之前有理论预设，保持开放心态。这其实是一个平衡：归纳研究不是忽略文献的借口，文献也不是忽略可疑数据的借口。任何一个研究不可能完全不受现有理论的影响，关键在于研究者需要认清参照理论的利弊以及研究本身的目的。

第二，参照理论可以帮助数据分析。大量数据收集完善后（或过程中）就开始数据分析。质性数据的分析是一个贴标签的过程，参照理论在贴标签过程中可以起到很大的帮助作用。不论何种质性数据分析的策略（如诠释取向、内容分析、行动研究等），现有理论、数据、涌现理论之间的互动都是最核心的内容。从资料的描述到寻求解释（资料的深层结构）是一个逐步理论化的过程，参照理论可以帮助这个过程进展得更为顺畅（具体参见第六章单案例研究中的数据分析）。

第三，参照理论可以帮助案例研究的发现从特殊到普适。案例研究经常被诟病的一个问题是从个案中如何得出在一定范围内普适性的结论。这个问题一定程度上可以通过参照理论来解决：通过参照理论、数据和涌现理论之间不断比对得出的新理论，而后再与参照理论进行比对，通过演绎推理找到新理论和现有理论之间的差别与联系，进而拓展新理论的概化边界。

此外，参照理论还有其他作用：①可以帮助研究者提供研究方法的思路：参照理论在构建和发展过程中采用了哪些研究方法？在本研究中哪些方法可以借鉴？②可以帮助研究者进行思想实验：所有可能的参照理论能否完全解释你的数据？自己提出的理论的解释力如何？与参照理论之间的核心差别是什么？这个核心差别真的成立吗？

最后，再次提醒研究者，在参照理论的使用过程中需要特别关注：认清参照理论的好处与弊端，找到参照理论起作用的关键节点。参照理论是一把"双刃剑"，有如上所述的各项好处，但也有着极大的"破坏力"：受限于参照理论的框架中很容易让研究者忽略可能做出贡献的重要方面。研究者需要参照理论的辅助，但更为重要的是跳出参照理论的束缚。事实上，找到参照理论的使用不足与过度使用之间的平衡点至关重要。参照理论使用不足容易陷入数据的海洋，过度使用容易陷入文献的海洋。记住本章开始所强调的，任何一个研究都是寻求"最优独特性"的点，参照理论是帮助你寻求这个点的工具，而研究者不能沦为参照理论的工具。

四、案例研究是否一定要有参照理论？

在厘清了什么是参照理论，如何应用参照理论开展案例研究后，让我们重新回到一个根本问题上来：案例研究是否一定要有参照理论？总体而言，我们的建议是：如果你是案例研究的初学者，请尽可能找到一个参照理论来指导你的案例研究过程；如果你是一个案例研究的资深学者（也大概率不会是本书的读者），请随意。为什么这么建议，让我们回到经典文献中来。实际上，案例研究方法可能是所有研究方法里面最没有公认流程标准的一种研究方法，不同的人关于是否需要参照理论都有自己的见解。

首先，Yin（2009）强调先提出理论框架，然后在理论的引导下开展案例研究。Yin（2009）强调："在收集任何资料之前建构理论假设，是案例研究与其他方法，如民族志和扎根方法的不同点之一……对于案例研究方法来说，在研究设计阶段进行理论构建是极为重要的。""理论或理论假设不仅有助于设计案例研究，还有利于归纳、概括个案研究的结果。"

其次，Eisenhardt（1989b）则强调，先做好可能重要的构念方面的相关准备，但不要预设理论命题。然后再开展案例研究，逐步形成理论命题。事实上，Eisenhardt（1989b）提出："根据推测事先确定构念有助于形成理论构建的最初研究设计……（这一做法）带有试验性。任何构念都不一定会被保留到最后的理论中……理论构建研究应该尽可能地在没有任何构思的理论和有待检验的假设的理想状况下展开。诚然，完全没有任何理论的理想状态几乎不可能达到。即使如此，努力接近这种理想状态非常重要，因为预设的理论观点或命题会给研究者带来偏见或限制新结论的发现。"

最后，扎根理论这一方法关于是否需要参照理论其实存在很多争论，如果我们回到扎根理论的经典著作，可以发现 Glaser & Strauss（1967）提出了一个所谓实质理论（substantive theory）的概念。扎根理论更为关注于理解行动者基于主观经验建构意义的过程，实质理论则指代研究领域内的成熟理论。基于这一观点，Glaser & Strauss（1967）认为："实质理论和正式扎根理论的产生具有策略性关联。我们相信正式理论可以直接从数据中产生，但是从实质理论中发展出正式理论，却更可取，也更有必要。实质理论不仅激发好的想法，也为发展相关的理论类别和属性以及选择可能的理论整合模型指明了最初的方向。没有实质理论的启发而发现一个正式扎根理论确实是比较困难的。"Suddaby（2006）也强调，扎根理论不是忽略文献的借口："扎根理论研究的实质就是在'理论强加'的世界观和'无所束缚'的经验主义之间取得一种平衡。一个简单的方法是将注意力放在现有理论上，但同时不断提醒自己，'你是个活生生的人，你的研究发现既取决于你是谁，还取决于你到底想看到什么'。"

以上三种关于参照理论的作用的常见观点看似冲突，实则均指向一个问题：如何严谨地产生有差异性的目标理论。换句话说，只要能合法地构建出有趣的理论，用不用参照理论其实不重要，但是"合法性"在任何领域都是新进入者急需的东西。最后，笔者推荐一篇个人非常喜欢的文章供大家参考：Elsbach & Kramer（2003）在数据分析部分详细描述了目标理论和参照理论之间的互动过程，展现了一个实际案例研究中较为"混沌"的过程，而非"理想状态"。

第三节 目标理论及理论贡献

案例研究，或者任何一个研究最终能够发表的核心条件之一是这个研究的发现具有理论贡献。换句话说，论文所构建的目标理论是与现有文献有差异的。Bergh（2003）借鉴资源基础观的核心逻辑，提出"战略性"思考理论贡献的思路：研究是否有价值（valuable，作者这里主要是指对现有理论特别是管理实践是否有价值）、是否不可模仿（imitation，作者主要是指构建的理论和现有的竞争理论之间的关系）、是否稀缺（rareness，作者这里主要是指研究的新颖性）。这一观点与我们的理解不谋而合，所谓的目标理论的差异性就是寻找你的研究必须得去做或者做好论文必须得发表的核心理由：这个研究到底做了现有研究还没做的哪些事情。这个点在做研究之前就应该胸有成竹：我们的这个研究的价值到底在哪里，与现有理论的区别在哪里，新颖在哪里。

道理似乎很简单，但如何做到呢？如何寻找目标理论的差异性呢？事实上，差异性实际上是一个相对比较的概念，寻找你所构建的新理论和现有文献的差异主要包括以下两个步骤：第一，质疑现有文献的不足，这是理论贡献的前提；第二，阐述你所构建的理论对现有文献的启示意义（理论贡献），即目标理论是如何填补该缺口的，比如是引入了新概念还是发现了新关系等。关于第一步，本书第二章第五节有详细介绍，这里不再赘述；本节将进一步阐述如何做出理论贡献。

一、从理论构成要素角度出发的观点

对于如何做出理论贡献，常见的思路有两类：第一类是从理论本身构成要素的角度出发，探究新理论（即目标理论）是否引入了新构念、新关系、新机制、新情境（Colquitt & Zapata-Phelan，2011）。

（1）新构念。构念是理论的核心构成要素之一，引入新构念或者修正现有构念是常见的做出贡献的方式。例如，Bingham & Eisenhardt（2011）通过案例研究把启发式规则（rational heuristics）这一概念引入了战略管理领域，后续引发了系列相关研究。

（2）新关系。新关系是指本研究关注了现有研究没关注的关系或过程，通过建立关系和展示过程进而做出理论贡献。例如，Eisenhardt（2004）发现现有并购的文献重点关注买方的视角，而忽略了从卖方的视角看并购过程，因此提出：从卖方视角来看，并购过程是一个"求爱过程"而非"强行管制"的过程。

（3）新机制与新情境。现有构念间的关系已经有人研究了，本研究发现了新的过程机制（如中介变量），进而对理解这一关系提供竞争性/补充性的思路；或者发现了新的情境（如调节变量），会使得现有关系发生改变，进而划定现有构念间的边界条件。

值得注意的是，讨论具体做出何种贡献的基础是第二章第五节中所阐述的发现缺口和挑战假定。例如，研究者可以通过文献评述发现对现有两个构念间关系的研究不充分：忽略了一些重要的视角。而后通过引入这一视角发现构念间的新机制进而做出理论贡献。再如，研究者通过文献述评发现现有某个流派的基本假定有问题，通过质疑假定，提供新的假定并建立新关系进而做出理论贡献。

拓展阅读 3-2

情境化与理论贡献

近几年，关于"管理的中国理论"和"中国管理理论"成为国内管理学者乃至华人学者关注的热点（例如，Barney & Zhang, 2009）。实际上，普适理论和情境化理论一直是管理学研究领域争论的一个焦点，而案例研究可能对于构建情境化理论更有帮助，这是因为情境化意味着将情境纳入描述现象、理解现象以及将现象理论化的过程中。以下列出一些近年来的相关文章，供读者展开讨论：

- Barney, J. B., & Zhang, S. (2009). The future of Chinese management research: A theory of Chinese management versus a Chinese theory of management. *Management and Organization Review*, 5 (1), 15-28.

- Tsui, A. S. (2006). Contextualization in Chinese management research. *Management and Organization Review*, 2 (1), 1-13.

- Jia, L., You, S., & Du, Y. (2012). Chinese context and theoretical contributions to management and organization research: A three-decade review. *Management and Organization Review*, 8 (1), 173-209.

- Bamberger, P. (2008). From the editors beyond contextualization: Using context theories to narrow the micro-macro gap in management research. *Academy of Management Journal*, 51 (5).

- Tsang, E. W. (2013). Case study methodology: Causal explanation, contextualization, and theorizing. *Journal of international management*, 19 (2), 195-202.

- Welter, F. (2011). Contextualizing entrepreneurship—conceptual challenges and ways forward. *Entrepreneurship theory and Practice*, 35 (1), 165-184.

- Zahra, S. A. (2007). Contextualizing theory building in entrepreneurship research. *Journal of Business Venturing*, 22 (3), 443-452.

- Zahra, S. A., Wright, M., & Abdelgawad, S. G. (2014). Contextualization and the advancement of entrepreneurship research. *International Small Business Journal*, 32 (5), 479-500.

二、从对文献启示的角度出发的观点

另一种总结和展现理论贡献的常见方式是从对文献启示的角度出发（Wagner &

Berger，1985；陈昭全、张志学，2008）：深化（elaboration）、繁衍（proliferation）、竞争（competition）、整合（integration）。

（1）深化是指在现有理论的基础上增加新的成分（如中介变量、调节变量、前因变量、结果变量等），让现有理论更加完整。例如，Dattée al.（2018）通过案例研究对企业构建生态系统的过程提供了一个更为全面、深入和符合实际的理论模型。

（2）繁衍是指其他领域中的理论可以借鉴到新的领域中来，进而增加我们对新领域的理解。管理学研究中的许多理论都来自其他领域的借鉴，这种做出贡献的方法要求研究者对两个领域的文献均有深刻的理解。例如，前文提及 Bingham & Eisenhardt（2011）通过案例研究把启发式规则这一概念引入了战略管理领域，做出了重大贡献。

（3）竞争是指针对一个已经完全建立起来的理论，提出竞争性的理论。这种思路需要研究者指出现有理论的问题，进而弥补这些问题。例如，Davis & Eisenhardt（2011）通过案例研究试图强调，与文献中关注共识领导和主导领导相比，交替领导对合作创新更为有益。

（4）整合是指在两个或多个理论的基础上，创造出一个新的理论模型。这种方式可以通过深化整合、繁衍整合和竞争整合做出。例如，Hallen & Eisenhardt（2012）整合了资源依赖视角和战略视角下关系形成的文献，并通过案例研究发现，除了已经存在的强关系可以使"富者更富"，催化战略（catalyzing strategies）也有助于提升新关系的高效形成，进而形成了一个更为全面的关于关系形成的理论框架。

这种分类实际上与第三节的第一小节的分类并不矛盾，只是出发点不同。同样，具体做出何种理论贡献的基础是第二章第五节中所阐述的发现缺口和挑战假定。最后，我们这里需要强调一点，本书虽然是案例研究的教材，但目标理论如何做出理论贡献的做法和非案例研究的做法没有什么大的差异，换句话说本节所展现的这些方法适用于所有研究（当然包括案例研究）。

拓展阅读 3-3

That's interesting! That's classic!

关于什么是理论贡献，如何做出有趣的研究，如何做出经典的研究，Murray S. Davis 曾写过两篇非常有影响力的论文，其中第一篇"That's interesting! Towards a phenomenology of sociology and a sociology of phenomenology"几乎已经成为当今社会科学领域研究者入门必读的文献，现罗列参考文献如下，供读者展开讨论：

- Davis, M. S. (1971). That's interesting! Towards a phenomenology of sociology and a sociology of phenomenology. *Philosophy of the Social Sciences*, 1 (2), 309-344.
- Davis, M. S. (1986). That's classic! The phenomenology and rhetoric of successful social theories. *Philosophy of the Social Sciences*, 16 (3), 285-301.

第四节 结 语

至此，本章阐述了什么是理论、参照理论的作用和选择、目标理论做出差异性的方式等核心内容。同管理学其他研究方法一样，案例研究的重要目的在于构建和推进理论。所构建的目标理论的价值或贡献是衡量一项案例研究的关键所在；而构建目标理论过程的严谨则是前提。然而，尽管本章似乎通篇都在强调合法性，但是"一个有趣的新理论往往开始时看起来是荒诞不合理的（DiMaggio，1995）"。本章以这句话作结，请读者们深思每个"荒诞不合理"的合理性。

训练卡片

1. 绘制自己研究问题的概念地图，并与三个及以上的人进行讨论，而后修改完善。
2. 请分析自己研究的潜在理论贡献包括哪些方面？是如何做出的？

参考文献

[1] 陈昭全,张志学(2008). 管理研究中的理论建构. 载于徐淑英,陈晓萍,樊景立主编. 组织与管理研究的实证方法. 北京:北京大学出版社.

[2] 肯·史密斯,迈克尔·希特主编,徐飞,路琳,苏依依译(2016). 管理学中的伟大思想:经典理论的开发历程. 北京:北京大学出版社.

[3] 马克思·韦伯著,冯克利译(2005). 学术与政治:韦伯的两篇演说. 北京:生活·读书·新知三联书店.

[4] 迈克尔·马尔凯著,林聚任等译(2006). 科学社会学理论与方法. 北京:商务印书馆.

[5] Backhouse, J., Hsu, C. W., & Silva, L. (2006). Circuits of power in creating de jure standards: Shaping an international information systems security standard. *MIS Quarterly*, 30 (S1), 413-438.

[6] Bergh, D. D. (2003). From the editors: Thinking strategically about contribution. *Academy of Management Journal*, 46 (2), 135-136.

[7] Bingham, C. B., & Eisenhardt, K. M. (2011). Rational heuristics: The 'simple rules' that strategists learn from process experience. *Strategic Management Journal*, 32 (13), 1437-1464.

[8] Colquitt, J. A., & Zapata-Phelan, C. P. (2007). Trends in theory building and theory testing: A five-decade study of the *Academy of Management Journal*. *Academy of Management Journal*, 50 (6), 1281-1303.

[9] Cunliffe, A. L. (2008). Orientations to social constructionism: Relationally responsive social constructionismanditsimplications for knowledge and learning. *Management Learning*, 39 (2), 123-139.

[10] Dattée, B., Alexy, O., & Autio, E. (2018). Maneuvering in poor visibility: How firms play the ecosystem game when uncertainty is high. *Academy of Management Journal*, 61 (2), 466-498.

[11] Davis, J. P., & Eisenhardt, K. M. (2011). Rotating leadership and collaborative innovation: Recombinationprocesses in symbiotic relationships. *Administrative Science Quarterly*, 56 (2), 159-201.

[12] de Groot, A. D. (1969). *Methodology: Foundations of inference and research in the behavioral sciences*. The Hague: Mouton.

[13] DiMaggio, P. J. (1995). Comments on" What theory is not". *Administrative Science Quarterly*, 40 (3), 391-397.

[14] Eisenhardt, K. M. (1989a). Making fast strategic decisions in high-velocity environments. *Academy of Management Journal*, 32 (3), 543-576.

[15] Eisenhardt, K. M. (1989b). Building theories from case study research. *Academy of Management Review*, 14 (4), 532-550.

[16] Elsbach, K. D. & Kramer, E. R. (2003). Assessing creativity in Hollywood pitch meetings: Evi-

dence for a dual-process model of creativity judgments. *Academy of Management Journal*, 46 (3), 283–301.

[17] Glaser, B. G., & Strauss, A. (1967). *The discovery of grounded theory: Strategies for qualitative research*, Chicago: Aldine Publishing.

[18] Hallen, B. L., & Eisenhardt, K. M. (2012). Catalyzing strategies and efficient tie formation: How entrepreneurial firms obtain investment ties. *Academy of Management Journal*, 55 (1), 35–70.

[19] Maxwell, J. A. (2008). Designing a qualitative study. In Bickman, L. & Rog, D. J. (Ed.), *The SAGE handbook of applied social research methods* (pp. 214–253). Thousand Oaks, CA, Sage Publications.

[20] Merton, R. K. (1968). *Social theory and social structure*. New York: Free Press.

[21] Miles, M. B., & Huberman, M. (1994). *Qualitative data analysis: An expanded sourcebook*. Thousand Oaks, CA, Sage Publications.

[22] Osigwen, C. A. B. (1989). Conceptual fallibility in organizational science. *Acadamy of Management Review*, 14 (4), 579–594.

[23] Oswick, C., Fleming, P., & Hanlon, G. (2011). From borrowing to blending: Rethinking the processes of organizational theory building. *Academy of Management Review*, 36 (2), 318–337.

[24] Sarker, S., Xiao, X., & Beaulieu, T. (2013). Guest editorial: Qualitative studies in Information Systems: A critical review and some guiding principles. *MIS Quarterly*, 37 (4), iii–xviii.

[25] Shepherd, D. A., & Sutcliffe, K. M. (2011). Inductive top-down theorizing: A source of new theories of organization. *Academy of Management Review*, 36 (2), 361–380.

[26] Strauss, A., & Corbin, J. (1990). *Basics of qualitative research: Grounded theory procedures and techniques*. Thousand Oaks, CA, Sage Publications.

[27] Suddaby, R. (2006). From the editors: What grounded theory is not. *Academy of Management Journal*, 49 (4), 633–642.

[28] Sutton, R. I., & Staw, B. M. (1995). What theory is not. *Administrative Science Quarterly*, 40 (3), 371–384.

[29] Van Maanen, J., Sørensen, J. B., & Mitchell, T. R. (2007). The interplay between theory and method. *Academy of Management Review*, 32 (4), 1145–1154.

[30] Wagner, D. G., & Berger, J. (1985). Do sociological theories grow?. *American Journal of Sociology*, 90 (4), 697–728.

[31] Weick, K. E. (1995). What theory is not, theorizing is. *Administrative Science Quarterly*, 40 (3), 385–390.

[32] Whetten, D. A. (1989). What constitutes a theoretical contribution?. *Academy of Management Review*, 14 (4), 490–495.

[33] Yin, R. K. (2009). *Case Study Research: Design and Methods*, Thousand Oaks, CA, Sage Publications.

第四章

案例研究设计与研究计划书撰写

李彬

北京第二外国语学院

单宇

东北财经大学

本章大纲

第一节 什么是案例研究设计 / 093

一、案例研究设计概述 / 093

二、案例研究设计的特征 / 093

第二节 案例研究严谨性的评估标准 / 094

第三节 案例研究设计的核心环节 / 097

一、案例选择 / 097

二、确定分析单位 / 101

第四节 单案例研究设计与多案例研究设计 / 102

一、单案例研究设计 / 102

二、多案例研究设计 / 105

第五节 撰写案例研究计划书 / 107

参考文献 / 109

研究者在初步确定了研究问题、进行了文献综述并初步确定了理论基础和理论视角（详见第二章、第三章）后，接下来要完成案例研究设计以及撰写研究计划书的工作。研究设计是对整个研究工作进行规划，制定探索特定社会现象或事物的具体策略，确定研究的最佳途径，选择恰当的研究方法，制定详细的操作步骤及研究方案等方面的工作。Yin（2009）认为，研究设计是用收集的资料把准备研究的问题与最终结论连接起来的逻辑纽带，是从研究需要回答的一系列问题到研究所得出的结论（答案）的逻辑步骤。研究设计是"纲"、是指南，对于厘清研究过程中的关键问题、明确研究思路有重要的作用。本章正是聚焦于这一主题，阐述案例研究设计的主要步骤，讨论设计过程中理论抽样与案例选择、单案例与多案例研究设计等核心环节，并尝试提出撰写案例研究计划书的具体步骤。

第一节　什么是案例研究设计

一、案例研究设计概述

案例研究设计是围绕案例分析工作而进行的规划或指南，其目的就是要初步规划案例研究工作如何开展。具体来看：

第一，案例研究过程中，经常会出现案例调研过程中需要调整调研思路、改变案例调研对象、增加调研案例个数甚至改变部分研究问题等情况。此时更加凸显案例研究设计的重要性，由此，案例研究设计可以提升研究质量，也会使研究更加有章可循。

第二，案例研究中最为重要的理论抽样部分，需要对案例研究模式（如单案例还是多案例）、案例企业、案例个数、分析单位等进行确定，这是案例研究设计最为关键的部分，决定了案例研究的质量。

二、案例研究设计的特征

案例研究设计的特征主要体现为灵活性、非线性、开放性，这些特征是与定量研究设计相比较而言的。

灵活性是指案例研究设计在案例研究的过程之中会出现调整和变化。这是因为案例研究过程中会出现新资料，涌现出与原有构想不一样的新问题、新构念，这时需要重新调整原有研究设计，进而对新的问题进行分析和解决。

非线性是指案例研究设计中的各个步骤之间是一个不断循环和往复的过程，特别是在案例研究过程中，资料收集与资料分析两个步骤经常同时进行，不像定量研究设计中是收集到资料后再进行资料分析。因此，在资料收集与分析的并行过程中，很可能会产生新的问题，需要回到起点的最初步骤重新完成各步骤，如图4-1所示。

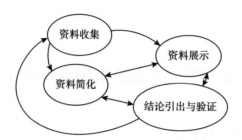

图 4-1　案例研究设计中的非线性循环过程

资料来源：Miles & Huberman（1994）。

开放性是指案例研究设计更加包容，不仅在数据来源方面要求更加多样和丰富，而且也可以采用更多的数据分析方法（如定量分析、定性比较分析等）、更加多元化的理论构建过程（如诠释主义范式、扎根理论范式等）。

第二节　案例研究严谨性的评估标准

为了确保案例研究的严谨性，一项关键工作是对接下来即将开展的研究（如数据收集、数据分析等）进行精心的、符合方法论原则的研究设计。有多项指标可以帮助学者们评估案例研究的严谨性。例如，在实证主义案例研究中，这些指标借鉴了定量研究设计中的效度和信度两种指标，主要包括构念效度（construct validity）、内在效度（internal validity）、外在效度（external validity）和信度（reliability）。

(一) 构念效度

构念效度是指对所要研究的概念形成的一套正确的、具有可操作性的且成体系的研究指标,即相关概念的概念化和操作化的质量,主要体现在数据收集阶段。Gibbert et al.(2008)认为构念效度是指"一个研究对其所想要研究内容达成的程度,即研究精确观察到现实的程度"。提高构念效度的主要措施包括:采用多元的证据来源,通过采用不同的数据收集策略和不同的数据来源,从不同的角度看待同一个现象;形成逻辑清晰的证据链条,以便读者能够重现研究者是如何从最初的研究问题到最终结论的;要求证据的主要提供者对案例研究报告或论文的初稿进行检查和核实。

(二) 内在效度

内在效度是指从各种纷乱的现象中找出因果联系,即证明某一特定的条件将引起另一特定的结果。Gibbert et al.(2008)认为关键在于研究者是否为研究结论提供了足够有力且令人信服的因果论证和逻辑推理。内在效度一般体现在证据分析阶段增强内在效度的措施,根据 Yin(2009)和 Gibbert 等(2008)的建议,包括模式匹配(pattern matching)、构建解释(explanation building)、分析竞争性解释(address rival explanation)、逻辑模型(logicmodel)和时序分析(time-series analysis)等方法。

(三) 外在效度

外在效度是指理论不仅能解释研究情境中的现象,还能解释其他情境中的现象。一些学者认为,案例研究均不具有统计学上的普遍性,不能由个案推导出对整体的结论,案例研究缺乏普遍性。然而,也有学者指出,普遍性不仅是统计学上的普遍性,也有分析上的普遍性,是指从实证观察到理论上的普遍性而非整体的普遍性。例如,Eisenhardt(1989)就提出,案例研究可以作为理论发展的起点,基于4—10个案例的跨案例分析可能会为分析上的普遍性奠定良好的基础。

上述三者是具有联系的。如果没有清晰的理论和因果逻辑(内部效度),没有理论假设和实证观察之间的密切关联(构念效度),也就不存在外部效度。

（四）信度

信度是指案例研究的每一个步骤，例如资料收集过程，都具有可重复性，并且如果重复这一研究，就能得到相同的结果。信度的关键指标在于透明度和可重复性。透明度可以通过采取诸如谨慎选取文档资料和阐明研究过程（如案例研究设计），建立案例研究数据库，包括案例研究笔记、案例研究文档及研究过程中收集的资料，后续研究者可以较为方便地参阅并尝试进行案例研究的重复操作，从而实现科学研究的可重复性。

一篇严谨的案例研究文章在研究方法部分会明确提到针对方法严谨性的措施，以及详述所采取的具体研究措施（Gibbert et al., 2008）。如何衡量一个案例研究设计的严谨性，可以参考 Gibbert et al.（2008）给出的衡量指标，如表 4-1 所示。

表 4-1　衡量案例研究设计严谨性的几个标准及其指标

构念效度	内在效度	外在效度	信度
√ 进行数据三角验证 • 档案数据（内部报告、会议记录或档案、年度报告、出版物或其他） • 访谈数据（研究者进行的直接访谈） • 参与观察数据（研究者的参与式观察） • 直接观察数据（研究者的直接观察） √ 由同行检查文稿（同行是指非文章合作者的作者） √ 由关键信息提供者检查文稿（关键信息提供者是指正在或曾经在被调研的组织中工作的人） √ 用清晰的证据链来说明数据收集的环境（解释如何对数据的获取） √ 检查数据收集环境和实际过程（反思研究的实际过程如何影响数据收集的过程） √ 解释数据分析过程（清楚说明数据分析的过程）	√ 研究框架清晰地来源于文献（用图表或清晰的文字来描述变量和结果之间的因果关系） √ 进行模式匹配（把发现的模式与其他文章中作者报告的模式进行匹配） √ 进行理论三角验证（使用不同的理论视角和文献资料，或者作为研究框架，或者作为解释研究发现的工具）	√ 进行跨案例分析 • 多案例研究（不同组织的案例研究） • 嵌入性方法（同一组织内的不同案例研究） √ 选择案例的理由（解释为什么选择该案例是适合本研究问题的） √ 介绍案例的情境信息（例如行业背景、业务周期、财务数据等）	√ 介绍案例研究计划（要报告本研究制订的研究计划，以及整个研究的开展过程） √ 介绍案例研究数据库（数据库包括所有可获得的文档、访谈文本、档案数据等） √ 注意组织的实际名称（可以明确提到的实际名称，与匿名相反）

资料来源：Gibbert et al.（2008）。

第三节　案例研究设计的核心环节

一个完整的案例研究设计需要给出从研究问题到研究结论的若干重要步骤。这包括确定案例研究问题、准备理论视角和研究假设、理论抽样和确定分析单位、单案例与多案例设计、数据收集设计、数据分析设计等步骤。其中，理论抽样和确定分析单位、单案例与多案例设计这两个步骤是案例研究设计的核心环节，本章将重点分析这两方面的内容，其他步骤的详细内容请参考本书其他部分：确定研究问题请见第二章、准备理论视角请见第三章、数据收集请见第五章、数据分析请见第六章和第七章。

一、案例选择

（一）案例选择的总体原则：理论抽样

案例研究设计中，如何选择案例是一个重要的环节。案例研究中案例样本的选择采用的是理论抽样方法（theoretical sampling），也称为目的性抽样（purposive sampling）。理论抽样方法是所选案例出于理论的需要，而不是统计抽样（或概率性抽样）的需要（Glaser & Strauss, 1967）。Eisenhardt（1989）认为所选案例要能复制先前案例的发现，或者能拓展新兴的理论，或者为了填补某一个理论中提到的分类而为两种截然不同的分类提供案例。因为所选的案例数量有限，因此去选择那些有极端性或典型性案例，就像放大镜甚至显微镜一样，可以清晰地发现那些更为细微、错综复杂的作用关系和过程机制。

从原理上说，理论抽样与统计抽样有较大的区别。理论抽样的目标是要选择那些可能补充、修正现有理论或者拓展新兴理论的案例，就是要有意识地选择那些能够为构建理论服务的案例。从管理学案例研究的现实来说，也并不是等到理论确定好后再去抽样案例，而是事先通过一定的社会关系和资源、难得的案例企业进入机会等，开始准备进入或初步进入一些企业，形成一个初步的"案例库"。

理论抽样就是在研究者或研究团队已经掌握的这个"案例库"中进行有意识、有目的的选取案例,为发展理论服务。因此我们建议,可以选择国内外各行业中知名的大型企业(如海尔、格力、阿里巴巴等),或者选择聚焦在具有某些极端性、典型性的管理现象与特征的企业(如服务管理方面的海底捞、共享经济平台方面的爱彼迎等),以及选择一些较难获得进入权限进行访谈和调研的企业(如华为、与"国之重器"相关的大型央企等)。当然,研究者如果是较为资深的研究者,或者具有较为敏锐的学术洞察力,那么很多企业都会是理论抽样备选的样本。

小贴士 4-1 理论抽样和统计抽样的区别

统计抽样是统计学研究中最为核心的抽样方法,通过采用随机或非随机(如便利抽样等)的抽样方式从"母体"中抽取"样本",进而对样本特征进行分析来估计"母体"的特征。统计抽样的目的是检验理论,因而要求采用统计抽样后续的假设检验等步骤。

理论抽样则是有意识、有目的地选择可以拓展、修正和构建理论的样本,这些样本能够提供与研究问题有关的丰富、足够的信息,同时能够更好地为阐明理论、提供新视角等服务。

在 AMJ、ASQ 等国际顶级管理学期刊的案例研究论文中,绝大多数论文都采用理论抽样的方法。理论抽样已经成为当前案例研究的"标配"。

何时结束理论抽样?理想情况下,当理论到达饱和时研究者应该停止增加新的案例,理论饱和就是在某个时点上新获得的知识增量变得很小,不需要再增加新的案例(Glaser & Strauss, 1967; Eisenhardt, 1989)。这个思想颇似一篇手稿的修订,当进一步提高质量的空间达到最小时,就可以结束修订。实际中,理论饱和经常也是出于务实的考虑,例如案例数据收集时间和经费的限制。事实上研究者事先计划好要调研的案例数量也很常见(Eisenhardt, 1989);如果一个案例所蕴含的信息能够足以说明构念之间的相互关系和逻辑,那么就没有必要增加更多的案例重复佐证，除非增加的案例能够拓展更多的理论。

关于"理论抽样出的案例不具有代表性，理论如何能推广"以及"理论抽样的案例应该具有一定的总体代表性"这些较为普遍的质疑，Eisenhardt & Graebner（2007）进行了较好的回应，两位作者认为，案例研究的目的是发展理论、构建理论而不是检验理论，而理论抽样较为适合发展理论，选择的案例是因为非常适合说明和扩展不同构念间的关系和逻辑。正如实验室的实验有时也不是从一个实验总体中随机抽样而是抽取那些能够提供理论新意的样本一样，案例是根据理论原因来抽样的，如揭示一个不寻常的现象、重复验证其他案例的发现、对立重复、排除其他可能的解释、阐释新理论等。

（二）选择单案例研究还是多案例研究？

选择单案例研究还是多案例研究，是根据研究问题、预期的理论贡献、前期研究基础和研究者（团队）所具有的进入案例企业的资源等多种因素决定的。尽管单案例和多案例的研究各自具有不同的特点，特别是关于两者的优劣势，Eisenhardt（1991）和 Dyer & Wilkins（1991）曾在 *Aacademy of Management Review*（AMR）上有一场关于案例研究的"论战"（见"拓展阅读 4-1"）。但随着案例研究方法在管理学研究中的不断应用，学术共同体逐渐形成了一定的共识。

拓展阅读 4-1

管理学中单案例与多案例研究方法的"论战"

管理学中较为著名的单案例与多案例研究的论战是在 AMR 上展开的。论战发端于 1989 年 Eisenhardt 在 AMR 上发表的"Building theory from case study research"这篇案例研究方法论文章。文章提出了多案例研究方法可以成为构建理论的重要方法，实际上是在 AMR 这样的顶级期刊上确立了多案例研究方法的"合法性"。事实上，这篇文章也的确成为日后案例研究者必读与必引的"高引用"文献。同时，该篇文章不仅是具有里程碑意义的成果，还由于其提出的具有相对结构化、操作化特征的案例研究步骤而成为众多案例研究者竞相学习与采用的方法，成为案例研究方法的"指导手册"。

之后到了 1991 年，Dyer & Wilkins 发表了题为 "Better stories, not better constructs, to generate better theory: A rejoinder to Eisenhardt" 的文章，与 Eisenhardt 的观点进行商榷。该文认为好故事比好构念更重要，能够产生更好的理论，并进一步认为 Eisenhardt 的多案例研究方法过分强调构念及其测量从而忽视了案例情境。但在 AMR 的同一期，Eisenhardt 则以 "Better stories and better constructs: The case for rigor and comparative logic" 为题对上述商榷文章进行再商榷。该文认为，多案例研究的复制逻辑是案例研究的精髓，即使以往很多声称是单案例的研究事实上也采用了复制逻辑①，因此，以往经典的案例研究在构建理论方面的优势源于其严谨的研究设计和复制对比逻辑，而不是"讲好的故事"。

至此，关于单案例和多案例研究的论战告一段落。之后，Eisenhardt & Graebner 也曾在 2007 年的 AMJ 上发表过关于 "Theory building from cases: Opportunities and challenges" 这一主题的文章，指出对多案例研究方法的撰写和发表所面临的挑战和应对，并着重强调了构建理论的几个策略。事实上，这再次确立了其多案例研究方法范式的"合法性"。

具体来看，选择单案例是考虑到该案例所具有的非同寻常的启发性，如 Plowman et al.（2007）关注的教堂变革的案例；或者是具有极端情境的案例，如 Weick（1993）关于曼恩峡谷大火与消防队员这一极端情境案例；或者难得的案例企业进入机会、研究机会等。另外，单案例也可以考虑选择纵向案例，"纵向"是指引入时间维度，分析该案例的发展历史、发展阶段、模式演进和过程机制等。

选择多案例是考虑到，由于多个案例能够相互比较，因此可以通过复制逻辑对多案例进行分析，得到仅分析其中某一个单案例而无法得到的研究发现。Eisenhardt & Graebner（2007）等文献则强调多案例能创建更为坚实的理论，因为其中的命题更深植于多种实证性证据；多案例研究也能更准确地描述和测量构念，以

---

① 实际上是嵌入性的单案例研究，对分析单元仍然采用复制逻辑。

及分析构念间的相互关系,因为从多案例中更容易确定准确的定义和构念抽象的层次。多案例的选择同样是基于发展理论的需要,如可重复性、拓展、对立重复以及排除其他可能性的解释(Yin, 2009)。Eisenhardt & Graebner(2007)建议,多案例研究一个重要的理论抽样方法是"两极模式":研究者抽取极端的案例(如绩效非常高与非常低的情况),以便更容易地发现数据中对立的模式。虽然这种方法由于所得到的理论总能为其实证数据所支持而令论文审稿人惊诧,但是这种抽样方法确实能够清楚识别所研究对象中的核心构念、关系和逻辑的模式。本书的第七章将重点分析多案例选择的具体策略。

小贴士 4-2　为什么多案例研究不能用统计抽样?

Miles & Huberman(1994)指出,假如你已经发展出一个很好的因果网,可以解释某一个案例的过程,而现在你有 12 个此类案例,如果像量化的调查研究那样,将一些个别独立的案例累加在一起,结果可能会摧毁原本找到的因果网,使得所找到的原则"被平均"掉,以致该原则根本无法运用于这类案例里的任何一个,更别提运用到其他案例了。

二、确定分析单位

在确定好案例后,就要明确案例分析单位。案例与分析单位往往并不是完全重合一致的,如果重合一致,则认为是"整体性"设计;如果不重合,则一般认为是分析单位嵌入在案例中,即"嵌入性"设计(Yin, 2009)。例如,你要研究一个企业的组织变革与发展,那么此时所选择的案例与分析单位是重合的;如果要研究该企业的高管团队做出的战略决策,那么企业是案例,高管团队做出的战略决策就是分析单位。

在管理学研究中,案例分析单位的选择直接决定了调研过程中需要访谈的对象的角色性质(如职位)和数量,同时也与研究主题密切相关。例如你要研究一个企业的组织变革问题，如果是研究企业的组织变革对企业创新绩效的影响这一问题，案例和分析单位都是"企业"，则需要访谈调研该企业的最高决策者（如总经理）、直接负责该决策的负责人（如某个副总）以及若干具体负责此次组织变革工作的执行者；如果是研究该组织变革的决策过程问题，案例是"该企业"，分析单位是"该企业的高管团队成员"，则需要对主要高管团队成员进行访谈（未参加该变革的高管可能也要访谈，因为很可能有其他潜在的原因需要关注到，比如他是反对者，可能提前被"边缘化"了）。案例分析单位的大小和所要研究的问题，决定了所要访谈的个体的数量和特征。

如果你的研究问题使得你无法确定何种分析单位优于其他分析单位，那就表明你要研究的问题要么过于模糊，要么数量太多。随着资料收集过程中出现的新问题、新发现，分析单位可能会出现变化，这也是案例研究中灵活性原则的具体体现。

第四节 单案例研究设计与多案例研究设计

基于案例选择和确定分析单元这两个关键环节，总体的案例设计一般分为四种类型（见图4-2）：单案例研究设计与多案例研究设计，以及整体性研究设计与嵌入性研究设计（即考虑案例与分析单位的关系，或主分析单位与子分析单位的关系）（Yin，2009）。如果只是分析案例这一个单一的分析单位，那么称为整体性研究设计；如果包括多个子分析单位，那么称为嵌入性研究设计。在多案例研究中，无论是整体性研究设计还是嵌入性研究设计，选择案例必须遵循同一逻辑，进行理论抽样，而不是统计抽样。

一、单案例研究设计

单案例研究根据案例与分析单位的关系（即主分析单位与子分析单位的关系）可以分为整体性单案例研究与嵌入性单案例研究。

(一)整体性单案例研究设计

整体性单案例研究设计较为常见,其类型主要包括以下三种:

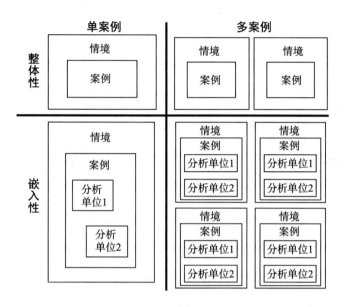

图4-2 案例研究设计分类

资料来源:Yin(2009)。

第一种是极端案例或不寻常的单案例。这种单案例类型较为常见,这类案例与现有的常识、规范或日常事件有较大差异。与此相类似的是临床医学中,经常会对那些不寻常的病例进行研究,可以进一步发现病症的特征、病因等,从而为后续进行大样本的调查研究起到重要的探索作用。例如,Plowman et al.(2007)研究的一家教会组织在"悄无声息"中的变革事件就是这一类型。该研究指出,既有理论认为,变革型组织变化是"不连续均衡"的、"有意为之"的,然而研究则发现这家教会组织为无家可归者提供早餐的"小"决策事件却导致了组织的变革性变化,发现无意识的、涌现的和缓慢的渐进性变化同样也会导致变革性变化,这对既有的理论和常识都是不寻常和有挑战性的。

第二种是启发性(revelatory)单案例。当研究者第一次有机会去观察和分析先前无法研究的现象或事件时,即有资源、有条件或机会关注、进入某个独特情境和该情境下的企业去研究,适宜采用单案例研究。例如,Gioia & Chittipeddi

(1991) 对美国一所公立大学的战略变革研究，他们有机会和资源进入该学校进行长达两年半的现场调查，通过民族志的方法，"每天与主要信息提供者如校长、执行副校长或教务长，以及一些高级行政人员进行直接接触"，进而通过诠释方式（interpretive approach）创造性地提出了意义建构和意义给赋等富有启发性的概念及其关系。另外，Eisenhardt et al.（2016）提出的现实中重大挑战性问题，如全球性的贫困问题、昆虫传播的疾病问题及全球饥饿等，因其暂时无解且牵涉技术和社会层面的因素而显得非常复杂，在管理学研究中还较少，如果有机会选择与上述问题相关的单案例进行研究，那么得出的研究命题或理论具有较好的启发性。

第三种是纵向单案例。纵向单案例研究是针对两个或多个不同时间点、时间段上的同一个案例进行研究，这些研究将能揭示所要研究的案例是如何随着时间的变化而发生变化的。特别是通过把时间段分成若干阶段，进而分析每个阶段案例的变化特征，对比各个阶段的特征及各个阶段之间的关系。在当前的管理学研究中，纵向单案例是单案例研究中较为普遍的类型。例如，许晖 et al.（2017）对云南白药品牌生态系统的形成过程及机理进行分析，选择的案例就是不同时期云南白药的品牌体系。

（二）嵌入性单案例研究设计

嵌入性单案例研究设计则相对复杂，主要是在同一案例中考察该案例（主分析单位）中的多个子分析单位，针对不同的子分析单位做进一步分析。通过对这些子分析单位的分析，可以聚焦到该案例的"内部细胞"，深入分析这些"内部细胞"的异质性和互动关系。当然，子分析单位的特征和互动关系，也会反过来影响案例（主分析单位），因此需要从"局部"回到"整体"，即在对子分析单位进行分析之后，还要抽象、归纳回归到案例（主分析单位）。事实上，这与定量研究的跨层分析方法中的"跨层次的构念"问题相类似，如研究组织氛围这一构念，对组织中的每个个体进行问卷调查所得到的组织氛围并不是真正的组织氛围，因为具有层次性。

以江鸿和吕铁（2019）这篇案例研究为例，该文在分析中国高速列车产业技术追赶中重要的基础——政府与企业的共演化问题时,在案例设计阶段提出采用"嵌入性纵向案例研究方法","本研究跨越了产业和行动主体(政府与集成商)两个层次,行动主体具有异质性,适宜采用此方法。为防止问题漂移,本文将产业定义为主分析单元,将政府和集成商定义为子分析单位"。而该文对政府与集成商之间的共演化关系从纵向各阶段进行分析,之后推演到中国高速列车产业的技术追赶。因此,嵌入性单案例研究,是从案例(主分析单位)出发提出研究问题,但不只是分析主分析单位的整体性质,还要进一步对子分析单位进行研究,最终回归主分析单位得出结论,适合探讨子分析单位具有较强异质性和互动关系,进而对案例(主分析单位)产生影响的现象和问题。

二、多案例研究设计

多案例研究设计的原理与多元实验的设计原理基本相同,依据的是复制逻辑(replication logic),即每一个案例视为一个独立的实验,多案例则是一系列相互关联的多元实验,通过这些不连续的实验对所要产生的理论进行重复、对比和扩展[①]。多个案例中所选择的每一个案例,或者能产生与前一案例所得出的推论相同的结果,被称为逐项复制(literal replication),或者产生与前一案例所得出的推论不同的结果,被称为差别复制(theoretical replication)。根据 Yin(2009)的建议,在一项多案例研究中,可以选择 6—10 个案例,其中 2—4 个案例可以逐项复制,另外的 4—6 个案例可以差别复制。如果得出的命题都与事前构想的理论假设相符合,那么认为这 6—10 个案例已经说明了最初提出的理论假设。如果某几个案例的结果呈现相互矛盾,那么就应对最初的理论假设进行修改,然后再用另外的案例进行逐项复制或差别复制,对修改后的理论做进一步测试。

然而,上述 Yin(2009)对多案例方法的设计在操作层面上有较高的难度,学者 Eisenhardt、Gilbert 等的多案例研究方法则更为简化和实用。以 Gilbert(2005)

---

① 不同的是,实验室研究要将研究现象从其背景隔离,而案例研究突出现象发生情境的丰富性和现实性(Eisenhardt & Graebner, 2007)。

这篇获奖论文为例，该文分析的是处于数字时代背景下的美国新闻报刊业，其惯性所导致变化的机制。文章共选择了8家设立在线新闻的报社，该8家报社又隶属于4家报业集团。在提出与测试各个假设时，作者通过"逐项复制"逻辑逐一进行分析。例如，在分析假设1时，发现7个案例的情况都符合假设1的推断；在分析假设2时，发现6个案例的情况符合，而另外2个不符合，其中的1个案例与假设1相关（实际上是逐项复制），另1个案例则引申出了假设3（实际上是差别复制），进而针对假设3再进行复制逻辑的分析。

可见，在进行多案例研究设计时，需要关注以下三个方面的问题：

第一，所选择的多案例要具有可以进行复制逻辑分析的特征，尽量减少或控制无关因素的干扰。例如，选择一个产业中的多个案例企业进行分析，这样"产业"这一因素被控制住，同时所选择的案例企业在成立时间、规模（如员工数）、业务等方面具有可对比性。如上述Gilbert（2005）选择的是新闻报刊业中的8家报社，这8家报社各个维度的特征也在文中详细给出。

第二，多案例的选择并不是一次性完成的，而是一个不断调整的过程。尽管很多多案例研究文章的"案例选择"部分会一次性地展示所选择的案例，并没有报告其选择这些案例的过程。但事实上，很多研究在实际的研究过程中，会有一个调整过程。因为在复制逻辑过程中，很可能出现新的研究问题或研究假设，此时需要补充新的案例或调整原有的案例。因此，可以说多案例选择是一个非线性的过程，只是在案例论文呈现时，并不一定要把这个完整过程展示出来。

第三，多案例选择与跨案例分析往往会交织在一起，因此，不能等到多案例全部选择完再去进行跨案例分析。事实上，很多研究先选择2—4个案例进行跨案例分析，然后看是否产生新的问题或假设，再决定是否选择另外的案例进行补充分析。

多案例研究也包括整体性多案例研究与嵌入性多案例研究。两者在案例选择、理论抽样环节的原理基本接近，只是嵌入性多案例研究设计更为复杂。例如在Martin & Eisenhardt（2011）的研究设计中，由于分析的是公司业务单位之间的协作问题，因此，其嵌入性设计包含公司、业务单位以及跨业务协作几个分析单位。

首先，该研究选择的是以软件行业为背景，其中选择了6家上市软件公司，而后分别在消费、企业和基础设施3个领域中各选择2家公司。每家公司选择2—6个业务单位，选择的依据是有对关键业务层面战略的决策权力、销售明确产品、有管理团队和利润中心等。最后分别从每个公司的2—6个业务单位中选择最近发生的一个高绩效和一个低绩效的跨业务单位协作，这样就形成了6×2个分析单位。之后，在文中数据分析部分的几个表格中，分别对这12个跨业务单位协作的案例从不同维度进行了复制逻辑分析。

第五节 撰写案例研究计划书

案例研究计划书是落实到纸面上的"案例研究设计"，通常以提议、开题报告等形式出现。因此，可以说案例研究计划书统领了整个案例研究的各个过程和步骤，但案例研究计划书不仅包括案例研究设计内容，还应包括工作计划。Yin（2009）认为，研究设计不同于研究工作计划，研究设计是避免出现证据与要研究的问题无关的情形。因此，研究设计解决的是逻辑（logical）问题，而研究工作计划则是后勤保障（logistical）问题。例如，如果要做一项关于某家企业创始人的领导力的案例研究，只是对这位创始人的领导风格进行深入访谈和分析显然还不够，还需要对其下属进行访谈，如果忽视了对下属的访谈，显然是研究设计不全面的问题；通过何种手段、方法等能够找到这位创始人及其下属，则属于研究工作计划问题。

因此，一份完整的案例研究计划书，既要包括案例设计内容，还要包括案例工作开展的内容。下面具体介绍案例研究计划书（开题报告）的内容。

（1）题目。案例研究的题目除具有新颖、有趣、重点突出等一般研究题目的特征，还要凸显案例研究的特征：一是要突出"How"和"Why"等问题的特征，二是可以体现案例的特征（如单案例企业具有极端性，经过企业许可，可以将企业名称放入案例研究题目中）。

（2）研究背景与研究目的。此部分与一般性研究计划书的内容较为类似，即围绕所要研究的问题，介绍相应的实践背景、理论背景、研究目的。需要注意的是，由于案例研究更加贴近实践，因此在研究背景部分需要结合案例所在的行业、案例所对应的情境，包括社会、经济、政治、文化等与选题相关且具有突出现实意义的方面进行论述，从而凸显该案例选择的重要现实意义和实践价值。

（3）研究问题。关于研究问题部分的论述，可参考本书第二章内容。再次强调，无论是单案例研究还是多案例研究，其"研究问题"必须凸显案例研究的特征，一是要突出"How"和"Why"等问题的特征，二是要充分体现案例的情境性。

（4）理论基础与文献综述。关于理论基础与文献回顾的论述，可参考本书第二章和第三章内容。再次强调，由于案例研究的目标是归纳逻辑下的理论构建，因此这里"理论基础与文献综述"有其独特性，如只给出"粗线条"的理论基础或理论框架，而不是直接给出具体的命题或假设。这是因为案例研究是构建理论，"亮点"是所提出的理论命题（假设）以及提出的过程。因此在理论基础部分，先要"埋下伏笔"，后面才是逐步展开理论构建与命题提出的过程。

（5）研究设计（研究方法）。本章对研究设计（研究方法）进行了详细论述，可参照本章介绍的主要内容来完成此步骤。这里主要强调以下三个方面：

第一，为什么选择案例研究方法。研究计划书要回答清楚为什么这个选题适合案例研究方法，而不是其他研究方法（如定量统计分析方法）。特别是，最好引用或给出与该文主题相关同时也采用案例研究方法的前人研究，以增加说服力。

第二，为什么选择单案例或多案例的研究方法。研究计划书要回答为什么选择单案例研究或者多案例研究，可以围绕与研究选题内容的关系、单案例和多案例研究各自的优劣势来分析。特别是，最好引用或给出与文章主题相关同时也采用案例研究方法的前人研究，以增加说服力。

第三，为什么选择这个（或这些）案例。研究计划书要回答文章采用理论抽样的标准和依据，尤其是对所选择的单案例在典型性、极端性、启发性等方面的特征进行充分论述，或者对多案例之间所具有的可对比性和可复制性等进行说明。此处需要注意不过度对案例（尤其是企业）的无关信息进行大量陈述，围绕选择案例的充分性和必要性介绍即可，尤其注意要使用中性、客观性的语气来论述，避免出现含有褒扬或批判等态度的语句。

（6）预期的数据收集与分析方法。此部分主要包括数据收集与分析的方法和可行性，数据收集包括介绍数据来源和渠道、准备访谈几家企业、如何进入企业或如何获取资料、确定访谈对象（被访者的职位）、初步的访谈问题、访谈人数、其他来源资料的获取等，并说明这些方法的可行性，如可以获取到哪几个来源的数据、如何来获取、获取的时效性等。同时，需要考虑采用何种数据分析策略，是否需要计算机软件进行辅助等。

（7）前期基础。主要包括：对文献的掌握情况介绍；对方法的掌握情况介绍；对数据收集的来源和方式、数据分析的具体策略等情况介绍；取得的相关成果情况介绍。

（8）参考文献。需要给出主要的参考文献，包括核心文献（该领域的经典文献、代表性学者的文献等）、前沿文献（近5年，不少于1/3）、有关质性与案例研究方法的相关文献等。

训练卡片

1. 根据第二章训练卡片中选择的案例研究话题，给出一个案例设计方案，包括采用单案例设计还是多案例设计、理论抽样的过程、数据收集过程、数据分析模式、效度和信度的保障等几个方面。

2. 进一步结合上述选题，完成一个"开题报告"。

参考文献

[1] 江鸿，吕铁（2019）.政企能力共演化与复杂产品系统集成能力提升——中国高速列车产业技术追赶的纵向案例研究.管理世界，35（5），106-125.

[2] 许晖，邓伟升，冯永春，雷晓凌（2017）.品牌生态圈成长路径及其机理研究——云南白药1999—2015年纵向研究.管理世界，（6）：122-140，188.

[3] Dyer Jr, W. G., & Wilkins, A. L. (1991). Better stories, not better constructs, to generate better theory: A rejoinder to Eisenhardt. *Academy of Management Review*, 16 (3), 613-619.

[4] Eisenhardt, K. M. (1989). Building theories from case study research. *Academy of Management Review*, 14 (4), 532-550.

[5] Eisenhardt, K. M. (1991). Better stories and better constructs: The case for rigor and comparative logic. *Academy of Management Review*, 16 (3), 620-627.

[6] Eisenhardt, K. M., & Graebner, M. E. (2007). Theory building from cases: Opportunities and challenges. *Academy of Management Journal*, 50 (1), 25-32.

[7] Eisenhardt, K. M., Graebner, M. E., & Sonenshein, S. (2016). Grand challenges and inductive methods: Rigor without rigor mortis. *Academy of Management Journal*, 59 (4), 1-11.

[8] Gibbert, M., Ruigrok, W., & Wicki, B. (2008). What passes as a rigorous case study?. *Strategic Management Journal*, 29 (13), 1465-1474.

[9] Gilbert, C. G. (2005). Unbundling the structure of inertia: Resource versus routine rigidity. *Academy of Management Journal*, 48 (5), 741-763.

[10] Gioia, D. A., & Chittipeddi, K. (1991). Sensemaking and sensegiving in strategic change initiation. *Strategic Management Journal*, 12 (6), 433-448.

[11] Glaser, B. G & Strauss, A. (1967). *The discovery of grounded theory: Strategies for qualitative research*, Chicago: Aldine Publishing.

[12] Martin, J. A., & Eisenhardt, K. M. (2010). Rewiring: Cross-business-unit collaborations in multibusiness organizations. *Academy of Management Journal*, 53 (2), 265-301.

[13] Miles, M. B., & Huberman, M. (1994). *Qualitative data analysis: An expanded sourcebook*. Thousand Oaks, CA, Sage Publications.

[14] Plowman, D. A., Baker, L. T., Beck, T. E., Kulkarni, M., Solansky, S. T., & Travis, D. V. (2007). Radical change accidentally: The emergence and amplification of small change. *Academy of Management Journal*, 50 (3), 515-543.

[15] Weick, K. E. (1993). The collapse of sensemaking in organizations: The Mann Gulch disaster. *Administrative Science Quarterly*, 38 (4), 628-652.

[16] Yin, R. K. (2009). *Case Study Research: Design and Methods*, Thousand Oaks, CA, Sage Publications.

第五章

案例研究的数据收集

应 瑛

浙江财经大学

刘 洋

浙江大学

本章大纲

第一节 数据收集的总体原则 / 113

　　一、原则一：以研究问题为引领，确定数据收集的焦点和范围 / 113

　　二、原则二：重视收集质性数据和定量数据 / 114

　　三、原则三：三角验证保障案例研究的信度和效度 / 115

　　四、原则四：数据收集和数据分析迭代直至理论饱和 / 116

第二节 数据收集方法 / 117

　　一、常见的数据收集策略 / 117

　　二、通过访谈收集数据 / 120

　　三、通过参与性观察收集数据 / 130

　　四、收集文件和档案资料 / 133

第三节 数据收集的挑战与应对 / 134

　　一、数据收集前的挑战及应对策略 / 134

　　二、数据收集过程中面临的挑战及应对策略 / 135

　　三、数据收集后面临的挑战及应对策略 / 139

第四节 结 语 / 141

参考文献 / 141

案例研究方法最大的优势在于能够展现现象的丰富性（richness）（Weick, 2007），通过对现象进行深描进而构建更接近真实情况的理论。这一优势依托于对丰富来源的质性和定量数据的收集。然而，正如 Gherardi & Turner（2002）关于定量数据与质性数据之争的论战中所提及的，定量数据被认为是硬数据（hard data），对应的质性数据被认为是软数据（soft data）；有一种刻板印象在定量研究者中广为流传："好汉不收集软数据（Real men don't collect soft data）。"面对这些质疑，如何通过严谨的程序收集各类数据（包括定量和质性数据），并严谨地分析它们，是案例研究者首要解决的问题。本章将首先介绍案例研究数据收集体原则，而后详细介绍案例研究的数据收集过程，最后就数据收集过程中面临的一些挑战进行讨论并提出可能的解决方案。

第一节　数据收集的总体原则

一、原则一：以研究问题为引领，确定数据收集的焦点和范围

尽管不同的研究者对案例研究数据收集的施行步骤存在不同的看法，但是总体上而言，大部分学者都建议在案例研究的数据收集真正开始之前，对研究问题进行初始的定义，也就是说数据收集需要以研究问题为引领（例如，Eisenhardt, 1989; Yin, 2009; Gioia et al., 2013）。事实上，研究问题的功能是清晰地说明研究想要尝试了解和回答的问题，帮助聚焦并指引研究完成（Maxwell, 2012）。

首先，一个相对明确的研究问题能够帮助研究者推测用于回答这一问题的潜在构念，进而指引数据收集过程（Eisenhardt, 1989）。例如，Bourgeois III & Eisenhardt（1988）在考察"快速变异的环境下，高管团队如何进行战略决策的制定？（How to make decision by TMT in fast changing environment?）"这一研究问题时，他们从现有的文献中识别出一些潜在的重要构念，例如冲突（conflict）、权力（power），可能是用于解释研究问题的答案，于是通过收集这些潜在构念的成熟测量量表，用于调查问卷或访谈提纲中，可以得到精准的测量数据。

其次，一个相对明确的研究问题能够帮助研究者通过进一步阅读和回顾文献中相关的理论基础，明晰研究焦点，从而让研究者更有针对性地收集数据。例如，Bingham & Eisenhardt（2011）想要考察"企业能从流程经验中学习到什么？（What do firms explicitly learn as they gain process experience?）"这一研究问题，他们从文献中了解到从流程经验中的学习大概包括组织知识、组织惯例及启示这三类视角，研究者通过了解组织知识、组织惯例、启示的内涵外延、基本分类、理论溯源并且带着这些知识背景进入调研现场，可以帮助研究者在实际调研的观察中更好地理解现象，且能够不断地与文献内容进行比对：实际观察到的数据是否与文献观点匹配？哪些数据可能是文献外新颖的发现？从而更好地明确数据收集的范围。

最后，我们要强调的是，实际操作中，在数据收集之初很难对研究问题有具体且明晰的界定，且研究问题会在后续的研究展开过程中进行持续的调整，但是有一个大概的研究方向和焦点加以依循是非常必要的，至少可以避免研究者淹没在海量的数据之中。

二、原则二：重视收集质性数据和定量数据

不可否认，我们想要了解这个世界，数字与文字都是必要的。案例研究的许多学者都建议将定量数据与质性数据融合使用（例如，Graebner，2009；Corley & Gioia，2004），因为融合使用能产生协同效应：质性数据擅长揭示那些定量数据关系背后的机理，而定量数据有助于揭示那些难以被研究者察觉的关系，帮助研究者避免为质性数据中那些生动形象但错误的表象所迷惑（Eisenhardt，1989）。Rossman & Wilson（1985）就为何融合使用定性数据与定量数据给出了三个理由：第一，两种数据来源相互印证相互巩固，提高数据质量；第二，为细究和推动资料的分析，获得更为丰富的细节；第三，当两种资料出现歧义与矛盾时，可启示研究者开创出新的思路，产生新的知识。

定量数据既可能来自封闭式问题的答案，例如组织各部门的人数、财务绩效表现、公司新产品数量等；也可能来自访谈现场的调查问卷，如Martin（2011）让被访者填写一份李克特量表；定量数据还可能来自某些数据库，例如Martin

（2011）就收集了 Compustat 数据库中被访企业的财务数据。

拓展阅读 5-1

如何融合使用质性数据和定量数据

如何融合使用质性数据和定量数据呢？常见的有三种做法：第一种，把质性数据转化为定量数据，并进行计量分析，典型的如内容分析法（如 Duriau et al., 2007）。所谓定性比较分析（Qualitative Comparative Analysis, QCA）的逻辑起点就是基于能够把质性数据转化为定量数据（Fiss, 2007; Schneider & Wagemann, 2012）。第二种，把质性数据和定量数据进行比较，例如 Ozcan & Eisenhardt（2009）中的表 3 和表 4 详细展示了关键概念（如联盟组合和公司绩效）测量时的典型质性数据和定量数据的证据。第三种为混合研究设计（mixed method design），例如 Vergne（2012）用质性数据发现理论关系，然后用定量数据检验和拓展理论。

在案例研究中，质性数据和定量数据的融合使用是一个总体的原则，但并不要求每个案例研究都要同时使用这两类数据。例如，Smets et al.（2015）在数据收集过程中提到收集的文档数据包含了"分析图表"等可能有定量数据的资料，但其作用是验证作者观察和访谈的数据，后续分析和展示的均为质性数据。

三、原则三：三角验证保障案例研究的信度和效度

Campbell & Fiske（1959）最早提出三角验证（triangulation）的概念，之后被许多案例研究学者作为案例数据收集和分析的一个重要原则（例如，Yin, 2009; Eisenhardt, 1989; Flick, 2004）。如今，越来越多的研究者开始运用多元方法来获得更为概化的结果（例如，Plowman et al., 2007; Corley & Gioia, 2004），这就强调同一个现象或研究问题需要从不同来源的数据进行探究，即三角验证。三角验证包含数据三角验证、方法三角验证、访谈者三角验证、理论视角三角验证等。本章为数据收集部分，重点阐述数据收集过程中的三角验证。事实上，案例研究

对多种数据来源的需求远远大于实验法、调查法等其他研究方法，Yin（2009）指出好的案例研究应尽量通过多种渠道采集资料。在一个案例研究里，研究者通过全方位地考察现象和行为，对各方证据相互印证形成真正的证据三角形（见图5-1）。通过多种证据来源对同一研究现象进行多重印证，可以提升所收集数据的可信度，基于此得出的研究结论或结果会更加准确，且具有说服力和解释力。如Corley & Gioia（2004）采用了三种数据收集来源，将访谈作为最重要的数据收集方法，辅以档案数据和非参与性观察（non-participantobservation）。

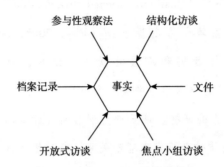

图5-1 多种数据来源的相互验证

资料来源：Yin（2009）。

四、原则四：数据收集和数据分析迭代直至理论饱和

案例研究中的数据收集和数据分析很难进行切割，在案例研究展开的过程中，数据收集与数据分析是重叠演进的。一方面，研究者在访谈、观察等方式开展的数据收集过程中伴随着大量基于现象的反思，例如，"我从中学到了什么？此现象与上个现象有什么异同？"在这些反思评述涌现之时，数据的初步分析其实已经开始了。此时，现场笔记（field note）是重要的工具，研究者会将收集到的数据和反思评述一并记录下来（详见访谈的第七步）。另一方面，研究者在数据分析的过程中若有新的思路涌现，可以通过灵活增加和调整数据收集方法来进一步深入挖掘案例素材，完善理论，直至收集更多的数据也不再有新的洞见涌现，实现饱和。

我们强调这一原则的重要目的在于提醒读者，数据收集工作不是一蹴而就的，而是伴随着整个研究过程,特别是数据分析的过程。这就要求读者善于把收集到的原始数据进行汇编和保存,并逐步完善。一个常见的做法是建立案例资料库,例如 Yin(2009)建议研究者设计一个文件夹,把案例研究中所有的资料进行单独、有序的汇编,这个资料库中包含了所有质性、定量等原始数据信息。建立资料库的好处在于:第一,可以随着数据收集和分析工作的进行,不断更新资料库,让资料库逐步完善;第二,有助于形成证据链,即从研究问题到研究结论各环节找到清晰的逻辑链条和证据支撑;第三,有利于快速检索到原始资料,特别是在案例写作过程中。

第二节 数据收集方法

一、常见的数据收集策略

那么,具体怎么收集数据呢?回顾顶级期刊的案例研究论文,清晰描述和界定数据是每个案例研究的基础。常见的案例研究的数据来源包括访谈、直接观察、参与性观察、档案、文件、问卷、实物证据、电影和照片、民族志、举止神态学(kinesics)等。总体而言,每一种来源都有对应的一系列数据或资源,没有哪种来源完全优于其他来源,所有来源各有优缺点,将各类来源互补应用可能是较为推荐的做法(参见上一节的原则二和原则三)。

在众多来源中,案例研究中最常用到的数据来源主要包括访谈、文档与观察这三大类。访谈数据针对性较强,可以根据案例研究的课题进行直截了当的提问,且能获得较为深刻的见解,呈现因果推断的过程,但是在访谈过程中会因为提问方式、回答者理解偏差等造成数据的误差。而文档数据相对更为稳定、确切且更容易量化,但同时存在可检索性低、存在潜在记录误差等缺点。观察非常耗时耗力,但是却能让研究者置身其中,获得更好的真实性与前后连贯性。表 5-1 总结了案例研究中常见的三种数据来源的优缺点。

表 5-1 案例研究中常见的三种数据来源的优缺点

数据来源	优点	缺点
访谈	有针对性、见解深刻	设计不当的提问会造成回答误差；记录不当会影响精确度；受访者可能会有意识地按照研究者的意图回答
文档	稳定（可反复阅读）、非干涉性、确切、覆盖面广、精确且更容易量化	可检索性低（难找到）；如果资料不完整，会产生误差；报道本身的误差；隐私性和保密性影响某些资料的使用
观察	真实性、涵盖事件发生的情境、能深入理解个人行为与动机	费时耗力；选择时易出现偏差；被观察者察觉有人在观察时，会调整、掩饰自己的行为；成本较高；参与性观察可能由于研究者的控制而造成误差

资料来源：基于 Yin（2009）修改而得。

如前所述，实际案例研究的数据收集策略往往是多种数据来源的混合。我们回顾了 ASQ、AMJ 等管理学顶级期刊上发表的案例研究论文，发现研究者在数据收集方面一般会采取"主要策略+次要策略"的组合方式，主要分为以下两类：

（1）访谈作为主要策略，文档和观察作为次要策略，具体体现为访谈+文档、访谈+观察、访谈+文档+观察三种。举例来说，在探究企业能从"国际化"这个过程中学习到什么的文章中，Bingham & Eisenhardt（2011）选择了"以访谈为主，文档与观察为辅"的策略：首先，研究者对公司管理层进行了 50 次时长 60—90 分钟的半结构化访谈，内容包含公司进入不同国家的事件时间表，以及每一次国际化拓展所涉及的与学习相关的问题；此外，研究者对公司文件、新闻稿、年报等信息进行了查阅与归类整理；同时，研究者进入公司现场（field），对正在进行中的国际拓展过程进行了观察。这样的组合策略一方面能通过三角验证提高信度（Flick，2004）；另一方面可以同时对三种数据来源的优势进行整合，通过访谈与文档获得的回溯型历史数据能够更有效地收集多个观察的学习过程（提升外部效度），而通过访谈与观察获得当下正在发生的实时数据，可以使研究者对事件的演变发展有更为深入的理解（提升内部效度）。

（2）以文档作为主要策略，辅以访谈、观察，甚至没有其他辅助策略。Weick（1993）的文章是一篇典型的仅采用文档作为唯一数据来源的案例文章，该文基于Maclean 1992年撰写的书籍《年轻人与大火》所描述的美国蒙大拿州曼恩峡谷火灾事件，将事故中的空降消防员团队视为一个组织，探讨了"组织为什么会解散"以及"组织如何能变得更加有韧性"的问题。在这篇案例文章中，尽管 Maclean 撰写的书籍是 Weick（1993）的主要数据来源，但是 Weick 在方法部分详细介绍了 Maclean 在撰写书籍时所用到的包括访谈、观察、文档在内的多种数据采集方法，以论证证据来源的充分性。Hargadon & Douglas（2001）对于爱迪生发明电灯的历史案例数据进行分析是另一个典型案例。

随着互联网时代的到来，网站、论坛、自媒体等新媒体兴起，关于组织或事件的报道越来越丰富，因而不少学者认为根据二手资料进行加工、整理作为案例数据来源有一定的可行性和科学性。例如，时任 AMJ 的质性研究论文专任副主编 Pratima Bansal 教授与其同事在对质性研究方法的评述性文章中也提及，对更多来源数据产生的洞见持开放态度，比如叙事、影像等（Bansal & Corley，2011）。

这里我们需要提醒读者的是，尽管当代电子媒体和电子档案为研究者提供了更多的可能性，但是对于研究者而言需要格外小心。其一，面对电子材料的丰富性和无边界性，研究者需要设置限制条件，尽量将投入和花费的精力控制在一定范围之内。例如，Weick（1993）选择一本书作为分析对象，因为"对于组织研究的人来说，（这本书）能在证据来源方面做到如此充分，已经足以令人欣慰了"。Bishop et al.（2019）尽管收集了非常广泛的数据资料，但文章最重要的内容是聚焦于事件爆发后五天之内的新闻报道。其二，交叉检查所用资料的来源以及所获得的资料，以避免不完整观点、偏见等陷阱。比如，Bishop et al.（2019）对不同来源的新闻报道等资料之间进行了比对，并辅以访谈 13 个媒体人以确认是否可靠。

以上介绍了常用的数据收集策略，接下来，我们将详细介绍通过访谈收集数据、通过参与性观察收集数据、收集文件和档案资料这三种常见数据收集的具体步骤和关键问题。

二、通过访谈收集数据

（一）访谈的概念及基本类型

访谈，简而言之，就是提问与回答，就是对话，对研究者而言，是一种提问和倾听的艺术。访谈是人们理解他人最普遍、最有效的方法之一。在当今社会中，运用访谈获取信息的现象越来越普遍，无论是质性研究者还是定量研究者都倾向于将访谈视作资料收集的基本方法之一。在开始阐述访谈的基本流程之前，我们首先来确定一个前提：访谈不是中立的资料收集工具，而是两个人或多个人在具体情境中的商谈。这个前提暗指两个问题：第一，访谈当然可以获取"是什么"这类问题的答案，但要注意获得的答案会受到提问方式和具体情境的影响。第二，访谈也可以获得"怎么样"这类问题的答案，这个答案是访谈对象基于具体情境的一个建构。例如，Bingham & Eisenhardt（2011）在访谈过程中采用"法庭式询问"的访谈步骤，即要求访谈者尽量避免自己的主观偏见，按照时间顺序，逐步陈述行为细节、时间和事实，这是典型的通过访谈试图获得"是什么"这类问题答案的步骤。通过"法庭式询问"，研究者试图避免提问方式和具体情境的影响。而 Corley & Gioria（2004）则"让所有被访谈者以集体代表的身份来接受访谈（即为自己公司发声）"，问题包括"在公司的经历……对公司历史发展的想法，对于即将发生/正在发生/近期发生的事件的看法，以及关于组织身份认同和代表组织形象的表现指标和对它们的理解"。这一类访谈试图理解被访谈者对事件的诠释和判断，而非仅仅"是什么"。

在理解什么是访谈之后，我们接下来看看具体访谈的形式。在顶级管理学期刊上发表的案例研究论文中，涉及的访谈方法包括一对一面对面访谈、面对面群体访谈、电话访谈等。这些访谈形式可以是结构化访谈，也可以是非结构化访谈。结构化访谈是指无弹性的、标准化的、预先设计好了的访谈。在结构化访谈中，访谈者对被访谈者都询问同样的、事先设计好的问题，除了极少数的开放式问题，答案里的类别也是十分有限，在回答时一般没什么变动的余地。在访谈开展的过程中，会根据设计好的问题控制访谈的节奏，以标准化、直线性的方式一步步处理，不要对问题做过多的解释，不要让别人打断访谈，不要临场发挥，并且以设计好的编码方案记录被访谈者的答案。与此同时，访谈者需要对每一次的访谈情境一视同仁，以同样的顺序、问题甚至语态询问所有的被访谈者。总之，在结构化访谈中，提问与回答均无灵活性可言。

非结构化访谈与结构化访谈的区别在于，结构化访谈的目的是获得精准的定量资料以便在预设的范畴中解释行为，而非结构化访谈的目的是理解社会成员复杂的行为，并不将这些行为纳入有限的预先分类之中。非结构化访谈的主要形式包括开放式的、民族志的访谈等。虽然以往的一些学者将民族志访谈与参与性观察做了区分，然而，参与性观察中收集的很多资料都来自非结构化访谈，因而两者是密不可分的。基于此，本章将不详细单独展开非结构化访谈，相应内容请参照参与性观察法（三、通过参与性观察收集数据）。

AMJ 和 ASQ 等管理学顶级期刊上的许多案例研究论文声称自己是半结构化访谈，即介于结构化访谈和非结构化访谈之间：按照一定的大纲和事先准备好的问题进行提问，但在访谈进行中会即兴表达，进而就具体的点进行深入讨论。例如，Curchod et al. (2019) 在论文的附件中附录了访谈提纲（interview protocol），并说明这些问题只是引导，实际访谈过程中问了更多具体的问题。

（二）访谈的一般执行步骤

在厘清访谈的基本概念和初步分类后，我们接下来将介绍访谈的一般执行步骤。在我们看来，访谈的一般执行步骤大概分为确定被访谈对象、初始收集调研对象的背景信息、调研提纲的准备与事先发放、调研团队的默契建立与内容熟知、进入现场与启动访谈、多个访谈者策略及角色分配、多个被访谈者策略及相互验证、记录和收集完整的数据八个方面（见图5-2）。值得说明的是，该访谈的步骤是本章作者结合文献和研究团队经验总结出来的实际步骤，仅供读者参考，在实际执行过程中研究者需要根据自己的实际情况进行适当调整。

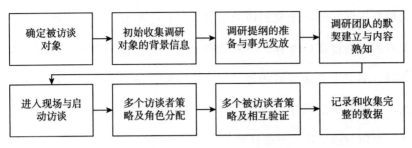

图 5-2 访谈的一般步骤

第一步，确定被访谈对象。找到"知情人"，确定要访谈的对象是开始执行访谈的第一步。这一步往往被忽略，但是却非常重要，若你未访谈到最掌握真实情况的对象，则不仅会浪费时间，还有可能误导整个研究过程。确定访谈对象常见的做法是通过二手资料和基本管理学理论及知识确定被访谈对象的名单。在访谈对象无法确定的情况下，可以采用访谈的方式和"滚雪球"的策略。比如Graebner & Eisenhardt（2004）对15名管理人员进行了初步访谈，通过访谈知悉研究关注焦点（并购）的重要决策人，并确定最终访谈名单。进一步，作者采用了"滚雪球"的策略，即在进行访谈时，由现有被访谈对象来提供对并购有重大影响的人作为进一步访谈的对象。

第二步，初始收集调研对象的背景信息。在确定了访谈对象之后，进入现场展开访谈之前，需要做一系列的准备，尤其是在当下访谈资源较难获得的情况下，更是要准备充分以高效率、高质量地完成访谈数据的收集工作。在开展访谈之前的一段时间，调研者可以事先从调研对象的官方网站、书籍专著、新闻报道、年报披露等二手资料渠道了解企业所从事的行业背景信息、竞争格局及主要竞争对手、主营业务相关的基础知识等背景信息，这既是对调研对象的尊重，又是提高调研效率、提升数据收集精准度的前提要求。因为在具体展开访谈的过程中，被访谈者可能会因为职业的关系提到一些行业术语或者属于该行业的独特缩写表达，而访谈者若没有提前做好功课，在访谈现场将无法充分意会被访谈者所表达的观点，也无法与其进行深入的交谈。虽然此时访谈者可以打断访谈就某些不理解的信息进行咨询，但是这会非常影响访谈效率，且打乱访谈逻辑的连贯性。举例来说，笔者在2013年对南京先声药业集团有限公司进行访谈的时候，被访谈者多次提到"原生药""仿制药"等行业术语，这需要访谈者事先对行业主营业务有相应的知识储备才可以更好地与被访谈者沟通对话，进而准确收集信息。

第三步，调研提纲的准备与事先发放。在进入现场前至少两天的时间，调研者需要将调研目的及调研提纲递交给调研对象，调研对象需要根据调研提纲所列内容进行访谈人员的提前安排，如果焦点访谈人员在时间上受限无法参与访谈或者只能参与很短时间的访谈，得到这些信息反馈可以使调研团队根据实际情况做出及时的调整。

第四步，调研团队的默契建立与内容熟知。在正式访谈的前一二天，调研团队的每一位成员都需要将所需要访谈的内容烂熟于心，并且事先构思好怎样的访谈顺序在逻辑上更为自洽，更有利于沟通的良好展开，最好能做到不看访谈提纲心里便知悉访谈的内容及访谈的逻辑。另外，调研团队的成员之间需要有良好的默契，这可能需要前期的磨合。

拓展阅读 5-2

访谈问题的类型

我们在具体访谈过程中，经常会问及的访谈问题大概有以下六大类：

（1）介绍性问题：让被访谈对象初步介绍以引出后续更为具体的问题，比如，"您能介绍一下在贵公司的经历吗？"

（2）探索性问题：让被访谈对象就未进行准备的点进行阐述。例如，"除了您提及的……您能再举一个例子来说明吗？"

（3）一般式问题：就一个具体主题请被访谈者进行一般阐述以理解被访谈者的观点及引出具体问题。比如，"您认为一个企业愿意出售的原因是什么？"

（4）循证性问题：从被访谈对象处确认某些证据。比如，"您当时具体做了什么事情？事情发生的时候您具体是负责哪个环节？"

（5）转换话题式问题：当访谈进行不下去（比如已经获得足够信息，或者被访谈者回答偏误的时候），进行话题转化。比如，"您之前提及了……我们想要了解更多，具体……""据我们理解，您也参与了……我们想了解一下……"。

（6）确认式问题：通过重述、总结或评论的方式进行提问以避免误解或者引导话题。比如，"您的意思是不是……"。

这里特别需要强调的一点是，要尽量避免"导向性问题"，即避免设计的访谈问题会引导回答者的答案。比如，"您认为，平台如何帮助上面的企业进行连通？"这个问题可能带有明显的导向性：第一，对方可能并不认为平台提供了连通的功能；第二，对方可能认为还有其他更重要的作用，如果直接限定在连通，就有可能浪费了一次发现不同回答的机会。

第五步，进入现场与启动访谈。首先，决定如何出场是一个重要的问题。访谈者应该以谦虚的"学习者"的身份出场吗？访谈者的穿着是否应该与被访谈者相像？因为访谈者呈现的自我形象在进入现场时就会被被访谈者捕捉，给被访谈者留下印象，并且对访谈的成功与否产生巨大的影响。在管理学领域的一般访谈中，我们会建议访谈者着装相对正式，并且携带名片，在开始正式访谈之前与被访谈者进行名片交换，这一方面是尊重被访谈者的表现，另一方面可以借此收集被访谈者的名片，名片上所记录的被访谈者的工作职位可以帮助访谈者更清晰地了解被访谈者熟悉的领域，从而进行更有针对性的提问，同时名片上所记录的联系方式可以帮助访谈者事后进行补充调研。

此外，在开始访谈前建议简单介绍访谈主题和目的，特别强调以学术研究为目的，如果需要的话所有资料将匿名处理，如果有不方便回答的问题可以说明等。最后，理解被访谈者的语言与文化。尽管我们在访谈前的准备阶段中，建议访谈者对调研对象的背景知识做初始的了解，以方便交流的顺利展开，但是在实际操作过程中，我们会遇到各种各样的访谈对象，他们可能来自不同的文化背景、语言体系。比如，以笔者针对浙江省多个地区企业调研的实际经验来看，很多地方企业的被访谈者尤其是年龄较长的被访谈者只能进行方言的沟通，在这种情况下，一般的研究者会倾向于依赖翻译，但是这容易使得原有的意思、偏见、解释受到影响进而带来误解；还有一种策略就是寻找知情人，知情人是被研究群体中的一员，他愿意提供信息，愿意充当向导和翻译，解释当地的习俗、术语和语言，知情人能帮助访谈者节省大量的时间和避免错误；再有一种策略是笔者亲试过可能效果更佳的，即在组建调研团队时事先考虑到这个因素，将一名懂得本地方言与文化的研究者纳入团队。

拓展阅读 5-3

访谈过程的挑战及应对策略

我们在正文中提及，访谈不是中立的资料收集工具，而是两个人或多个人在具体情境中的商谈。这就意味着访谈过程会受到访谈者的特征、被访谈者的特征、访谈者和被访谈者之间的互动过程及访谈进行的情境这四个要素的影响。因此，在访谈过程中会有非常多的挑战和问题，这里列举四篇相关文献供读者们深入学习和讨论。

- Merton, R. K., & Kendall, P. L. (1946). The focused interview. *American Journal of Sociology*, 51 (6), 541-557.

- Myers, M. D., & Newman, M. (2007). The qualitative interview in IS research：Examining the craft. *Information and Organization*, 17 (1), 2-26.

- Schultze, U., & Avital, M. (2011). Designing interviews to generate rich data for information systems research. *Information and Organization*, 21 (1), 1-16.

- Turner III, D. W. (2010). Qualitative interview design：A practical guide for novice investigators. *The Qualitative Report*, 15 (3), 754.

第六步，多个访谈者策略及角色分配。 多个访谈者策略是指由多个成员组成团队进入案例现场（如，Pettigrew, 1990）。Eisenhardt（1989）的建议是对每个成员进行角色分配，例如访谈可以由三人小组进行，一个成员负责主要提问，一个成员负责辅助提问，一个成员负责主要记录和观察。我们知道"边访谈、边记录"

是一件非常消耗脑力和体力的事情，因为访谈者需要一边去理解被访谈者所述的故事，一边基于收悉的数据不断地思考和反问"我从中学到了什么？这个故事与前一个故事有什么相同或者不同的地方？"进而抉择是否对该故事进行详细的追问，与此同时需要在内心计划下一个访谈问题使被访谈者的访谈逻辑比较顺利地展开，因此在实际操作过程中，负责主要提问的访谈者时常会发生"断片"的状况，那么在这个时候，负责辅助提问的访谈者需要立刻承接上对话，以防止访谈逻辑中断。由此可见，每一位访谈者在全程访谈中都需要聚精会神且高默契配合。

进一步，多个访谈者策略以及对访谈成员进行角色分配为访谈者和被访谈者提供了不同远近距离互动的视角，可以从两方面提高数据收集的质量（Eisenhardt，1989）：一方面，不同的访谈者从不同角度对数据进行收集，通过相互补充增加了从数据中捕捉到新观点的概率，提高了所收集数据的丰富性；另一方面，多个访谈者站在不同角度得出的结论产生不同观点的可能性较高，可以避免研究团队过早结束调查，而且从众多访谈者中得到的收敛趋同的观察结果增强了结论的可信度。这种策略的一种极端做法是在团队内部设立一个专门"唱反调"的角色（例如，Sutton & Callahan，1987）。

第七步，多个被访谈者策略及相互验证。对多个针对"焦点现场"有不同立场的被访谈者进行访谈尤为重要，这种策略可以避免单个被访谈者的个人原因而带来数据不准确这类同源偏差，因此在数据收集时，应尽可能放大被访谈者的背景差异，挑选来自不同组织层面、工作岗位、团队、地理位置，甚至是组织外部的人员，比如市场分析员（单独约谈）。例如，Graebner & Eisenhardt（2004）在从卖方视角考察收购的案例研究里，分别访谈了来自卖方企业的两个层次的管理者、来自买方企业的两个层次的管理者、买卖双方的董事会，以及相关的投资银行人士。

第八步，记录和收集完整的数据。记录下访谈所得数据的一个关键点在于记录现场收集的完整的数据，而不是只记录那些访谈者当下认为似乎是重要的事情，因为当下认为不重要的数据在之后研究的推进过程中并不一定是真的不重要。在记录时研究者应该做到：①定期和及时做笔记；②记录所有的事情，不管它当时多么的不重要；③做笔记的时候尽量不惹人注意；④经常思考、分析笔记的内容。在对访谈资料进行记录时，笔者所在的研究团队有一个经验模板，如图5-3所示，模板内容包括时间、地点、访谈人员、被访谈人员、访谈内容等基本信息，其中还用（【】）写出当下从访谈中涌现出的反思评注。这些记录有助于数据分析的溯源，完善数据收集过程的证据链。另外，现在科技的进步使得录音甚至录像变得非常容易，在征得被访谈对象的同意之后，录音或录像可以让记录过程变得稍加轻松。

```
××企业第×次访谈记录

时间：
地点：
访谈人员：
被访谈人员（注明职务）：
问题1：＊＊＊
回答：
＊＊＊
（【反思：＊＊＊＊】）
```

图5-3　访谈记录模板

拓展阅读5-4

一篇以访谈为主要数据来源的案例研究示例

Bingham & Eisenhardt（2011）在探讨企业能从国际化流程中学习到什么的多案例研究中，采用了以半结构化访谈为主，辅以档案、观察、电子邮件等数据来源。在半结构化访谈中，设计了大约50次时长为60—90分钟的访谈，被访谈对象分为公司级高管（如CEO、国际业务副总裁，问题聚焦于公司的国际化拓展历史、进入多个国家学习到什么等问题)、国家级高管（如所在东道国的经理以及直接涉及进入某一特定东道国的管理者等，问题聚焦于进入某个特定国家的过程），两种类型的高管站在不同的角度能够实现对同一事件所提供信息的互相补充。进一步地，在半结构化访谈内容的设计上包括三方面内容：

(1) 公司的背景信息。

(2) 公司进入一个具体国家的事件序列。例如，你是怎样做出第一笔销售的？公司学习到了什么？

(3) 直接涉及学习的问题。例如，①在进入一个国家的流程中，是否学到了一些经验教训？如果有，是什么？②在进入这个国家时，是否用到了在进入别的国家中学到的经验教训？如果有，是什么？

以上，研究者针对不同的访谈内容采用了两类不同的询问方式，在被访谈者描述公司进入一个具体国家的事件历程时，采用开放式、非引导式的方式，重点关注进入国家的一些经历，以避免没有根据的猜测；在询问涉及学习内容的问题时，采用直接询问的方式。当两个或多个被访谈者相互独立地描述同一个经验教训时，组织学习就产生了。

（三）焦点小组访谈

以上我们介绍了访谈的一般执行步骤。在具体访谈过程中，我们经常会采取焦点小组（focus group）访谈的形式进行。焦点小组是指由一个经过训练的主持人以一种半结构化访谈的形式同时与多个被访谈者交谈。焦点小组这种访谈形式由于具有相对经济（同时对多个人进行访谈），获取资料相对丰富、详尽，能刺激被访谈者回忆，以及同时进行三角验证（不同被访谈者之间对不确定的消息直接进行反馈）等优势，在案例研究过程中经常被使用。总体而言，焦点小组访谈的基本步骤包含以下三个环节：

第一步，招募焦点小组成员。小组成员的招募是一项困难的工作，为了确保焦点小组访谈数据的质量，Lee（2014）给出了几点实操性的建议：①焦点小组成员的选择应该基于理论抽样原则，而不是统计上的随机抽样；②尽可能缩小焦点小组的组内差异，如选择相仿年龄、管理层次的人员，从而增加组内人员在认知上趋同的可能性；③尽可能放大焦点小组的组间差异，以帮助获得更丰富、深入的数据；④避免招募成员之间交往特别密切的关系，因为熟人之间会就某些想法心照不宣，使得研究者很难理解与评估小组成员的讨论内容。

第二步，确定焦点小组的规模与数量。小组规模的大小会在很大程度上影响成员的参与度，一般情况下，相较于规模较大的小组而言，小规模小组中的成员会有更高的参与度。而在规模较大的小组中，容易产生因观点不一致而形成的小团体，这会使得讨论质量下降。焦点小组的数量根据前文中探讨的"理论是否达到饱和"的标准来决定，当增加一个新的小组不再有新的洞见出现时，即可以停止增加焦点小组。一般情况下，针对一个研究主题，需要建立至少三个焦点小组。数量过少的焦点小组会让研究结果的可信度受到质疑。

第三步，进行焦点小组讨论。在小组讨论开始之前，参与小组讨论的成员需要对讨论的目的有一个良好的理解，此时，访谈者/主持人需要就研究目的与主题做一个基本的介绍。与此同时，为了讨论良好地展开，访谈者需要制定讨论的一般规则，确定一个有助于后续讨论的基调。例如，指定每个成员都要参与讨论，但是不能主导他人讨论；一段时间内只能一个成员发言，等等。在真正进入小组讨论之际，访谈者/主持人需要引导性地让小组成员做一个基本介绍来打破冷场，这些基本介绍可以是介绍自己的姓名、职位、工作经历等，也可以是说明参加此次主题讨论的原因等。如果介绍能添加趣味性是非常推荐的，因为这有助于小组成员快速进入与他人交流的状态，从而逐渐过渡到后续的主题问题之中。在进入实质性主题讨论之后，访谈者/主持人需要时刻关注讨论的走势，维持与促进小组的讨论围绕主题展开：当遇到讨论在某个重点上停留过久时，访谈者可以及时总结观点并将讨论从该重点转移至下个重点；当某个重点讨论不够深入时，访谈者可以要求某个成员就某个特殊观点进行展开解释，吸引成员注意力，从而对这些问题进行深入探讨。

讨论质量的提升可以通过多方面努力而实现：①有经验的访谈者/主持人起到

关键作用，当小组讨论中出现小群体现象，或者小组成员的参与度受到极个别成员的影响时，访谈者需要及时采取措施进行干预，并进行刻意的引导。对于在焦点小组讨论方面缺少经验的访谈者/主持人员，最好先通过观察与参与讨论小组来学习掌握技巧。②规划访谈结构。访谈结构的良好设计有助于收集到高质量的访谈数据。没有经过预先设计的、松散的结构会使得探讨问题没有被很好地理解，而过于规范的结构又会阻碍成员参与的活跃度。因而，介于松散设计与规范设计之间的半结构化访谈结构可能更为合适，即在讨论开始时内容相对松散，随着时间的推移，访谈者/主持人将讨论引入特定的主题。

三、通过参与性观察收集数据

如果要研究的案例的某种现象仍在进行中，那么研究者就可以置身于与之相关的环境条件下去观察，作为另一种数据收集的来源。参与性观察在社会科学中是应用非常广泛的一种数据收集方式，在管理学的案例研究中应用得也越来越多。参与性观察可以作为主要的数据来源（例如，Ashforth & Reingen, 2014; Smets et al., 2015），也可以作为辅助的数据来源（例如，Corley & Gioia, 2004）。

以参与性观察为主要数据来源的一个前提假设是，局内人（insider）和局外人（outsider）之间存在差异，研究问题需要从局内人的角度去看。基于此，参与性观察主要适用于以下研究现象：①涉及人际关系的相互作用与相互诠释；②具有争议；③远离公众视野；④不能被很好地理论化（Waddington, 1994）。

基于这个定义，参与性观察要求一个或多个学者进行角色扮演，建立和维持与"局内人"之间的关系；同时，整个参与性观察过程中要保持开放、灵活、随机应变，并根据具体场景获取资料，不断重新定义研究问题；这往往要求研究者除进行参与性观察，还要不断使用其他手段辅助收集资料（Spradley, 2016）。

观察法根据研究人员参与到观察中角色的不同可以分为四类（Creswell, 1994）：①完全参与者，即不公开身份参与到组织中的研究者。这种情况下，研究者需要在日常中注重培养与他人的关系，并且需要小心隐藏研究目的与身份。②作为观察者的参与者，即表明身份参与到组织的研究之中。这种情况下，研究者也需要在日常注重培养与组织中他人的关系，但是不需要隐藏其研究目的与身份。③作为参与者的观察者，即研究者把自己当作组织中的一员，无须隐藏其研究目的、身份与观察行为。④完全观察者，即研究者在幕后观察组织成员的行动、对话、举动等。

参与性观察法的一般步骤是从无焦点式（unfocused）观察过渡到焦点较集中（focusing）的观察（Jorgensen，2015）。无焦点式观察是指在刚刚进入一个新的环境或现场时，保持开放的态度，全面考察这个环境的主要特征。例如，这是一个什么类型的空间？这个空间有特别之处吗？这个空间里有哪些类型的事物？这个空间是如何被利用的？这个空间里有多少人？他们的年龄、性别、样貌、社会地位？这个空间里的人们是如何被安排和组织起来的？你在这个现场有怎样的感受？这些一般性的提问模式帮助研究者初步熟悉了研究现场，学者们的建议是在研究者对现场发生的事情形成初步印象之前，应该限制研究者的直接参与。在熟悉研究现场之后，研究者可以对感兴趣的具体事物进行聚焦式观察。聚焦的策略是从范围最大的现象开始，逐渐将注意力集中到一个特定的现象上。也就是说，你从先前观察到的现象中获得了什么知识？这个知识可以用来指导你对感兴趣的事物进行更加具体的下一步系统探索。在这个阶段，研究者可以在现场更多地参与其中，开展非结构化访谈与交流。总之，在对研究问题进行探索与提炼的过程中，"观察、分析、聚焦、再观察"的过程被多次重复。

观察尤其是参与性观察为收集案例研究资料提供了难得的机会，可以让研究者深入某些事情和群体的内部，以局内人而不是局外人的视角进行观察，甚至可以为研究者提供机会去控制和调动某一些群体行为，虽然这种控制不可能像实验研究方法一样精准，但是比采用其他质性数据收集方式中处于被动地位的研究者提供了更多的灵活空间。然而，对于观察这种方法而言，研究者很容易因群体普遍接受的现象而趋同，以及以外来观察者的身份参与其中通常是不方便的，会带来研究结论的偏见（Becker，1958），因而 Yin（2009）建议，在资源允许的情况下，安排几个而不是一个研究者进行观察，可以提高观察所得数据的信度。

拓展阅读 5-5

一篇以参与性观察为主要数据来源的案例研究论文示例

Ashforth & Reingen（2014）在探讨组织二元性的动态管理这一研究中，采用了参与性观察作为主要数据来源，辅以档案资料、半结构化访谈、问卷调查等数据（这些数据均来自参与性观察的过程中）。具体而言，该研究团队中有一位学者进入这一研究情境始于他在这个合作社（研究情境）附近闲逛、观察及与其他常客交谈。最初的谈话让合作社的社员们感到满意，并受到社员们的邀请去参加合作社的会议、集会甚至私人家庭聚会。几个月后，这位研究者交了一些费用，成为这个合作社的会员。接下来的 23 个月，这位研究者通过参与性观察、档案资料、半结构化访谈、问卷调查收集了翔实的数据。在正式研究结束后的一年里，他依然在参与合作社的活动。

23 个月里，这位学者花了超过 300 小时进行参与性观察、实地记录和写理论备忘录。他把自己想象成为主导参与型的成员，几乎每个星期都按照日程去商店买东西、与他人交谈、参加活动和会议。他记录下了谁与谁有关系，不同的个体和团队如何看待其他个体或团队，在成员中存在哪些问题等。在研究早期，这位学者重复观察到社员大会中聚集起来两类社员，他们有时甚至会相对坐在桌子或者房间的两端。研究者开始跟踪不同社员所提供的决策，谁在讨论或选举中支持谁等。之后，这位研究者进行了 20 个半结构化访谈并进行了 24 个问卷调查。

以上是对 Ashforth & Reingen（2014）参与性观察过程的一个简要概述，感兴趣的读者可以阅读原文和进一步阅读 Jorgensen（1989）进行学习和讨论。

- Ashforth, B. E., & Reingen, P. H. (2014). Functions of dysfunction: Managing the dynamics of an organizational duality in a natural food cooperative. *Administrative Science Quarterly*, 59 (3), 474-516.

- Jorgensen, D. L., (1989). *The methodology of participant observation*. Thousand Oaks: Sage.

四、收集文件和档案资料

文件和档案资料（以下简称"文档资料"）首先是属于二手资料，即不是为了研究目的而准备的材料，一定程度上能保证真实。进一步，对比其他来源的数据，文档资料会非常确切，对事件确切的名称和细节会有很准确的描述，特别是与回溯性访谈相比。最后，文档资料还能覆盖更长时间、更广范围的内容等。基于以上优势，收集文档资料在案例研究过程中被广泛采用。大部分发表在 ASQ 和 AMJ 等管理学顶级期刊的案例研究论文都会或多或少地把文档资料作为数据来源的一种（例如前文提及的 Bingham & Eisenhardt, 2011; Smets et al., 2015），甚至有研究以文档资料作为主要的数据来源进行案例研究（例如，Weick, 1993; Hargadon & Douglas, 2001; Bishop et al., 2019）。

从具体执行来看，文档资料的收集在时间上比其他数据来源更为灵活。对于案例研究而言，文档资料可能是每一次研究开始进行数据收集的第一个来源。正如前文所述，在研究者开始进行实地访谈之前，就会利用一些网络渠道搜索可能获得的关于案例的重要初始资料；在实地访谈进行期间或者访谈之后，文档资料可以帮助验证访谈中提到的某些组织、名称书写是否正确，以及可以提供一些具体的细节检验其他资料的准确性，当文档资料与其他资料来源的数据存在歧异而无法相互印证时，研究者需要进一步地深入研究。总体而言，对于任何一次案例研究的展开，文档资料都是非常重要的（邓津、林肯，2007）。

在使用文档资料的过程中，有几个问题一定要注意：

第一，文档资料必须被置于其产生的背景中去理解。例如，研究者需要去关心一个文本是一手资料的结果还是来自二手资料，它是否经过编辑、匿名与否等。文档资料都是为某些特定的事情而写的，为特定读者群（非案例研究者）而服务的，因此，为了更精准地诠释资料传递的信息，需要充分考虑且细致核实文本产生的背景与准确性。

第二，文档资料的可靠性值得怀疑，特别是现阶段信息技术的快速发展，使得在互联网上可以找到许多文档资料的原始版本，但里面可能充斥着大量的虚假信息。例如,我们在访谈过程中曾碰到企业的管理人员称某份世界知名报纸上关于其企业的一篇报道中,80%以上的信息都是虚假信息。这就要求研究者们需要认真审视文档资料的可靠性,一个常见的策略是与其他类型的数据来源(如访谈)相结合使用,进行相互印证来提高数据的可靠性。

拓展阅读 5-6

一篇以文档资料为主要数据来源的案例研究论文示例

Bishop et al.(2019)这篇文章以收集二手数据作为分析的主要数据来源,具体包括:超过 700 份在线或印刷版本的文章;YouTube 上相关的视频;90 多条 Facebook 上的评论;有关电影或纪录片;相关的出版物、信件、评论等;关注这一事件的网站、Facebook 主页等;演讲稿;简历;118 份信件;超过 50 个政治漫画(political cartoon);以及 13 个媒体人的访谈作为辅助。

- Bishop, D. G., Treviño, L. K., Gioia, D., & Kreiner, G. E. (2019). Leveraging a Recessive Narrative to Transform Joe Paterno's Image: Media Sensebreaking, Sensemaking, and Sensegiving During Scandal. *Academy of Management Discoveries*, Doi: doi. org/10. 5465/amd. 2019. 0108.

第三节 数据收集的挑战与应对

至此,我们阐述了数据收集策略以及案例研究中常见的数据收集方法和基本流程。在数据收集过程中其实面临诸多挑战,这些挑战应对不好,可能会大大影响收集到数据的质量。本章最后一节将尝试按照数据收集的流程,罗列一些常见的挑战(不完全),并尝试给出一些可行的应对策略,以供读者参考。

一、数据收集前的挑战及应对策略

在数据收集前,最常碰到的挑战包括:第一,设定资料收集的边界——要多开放。本章提出的第一个原则就是要以研究问题为引领,确定数据收集的焦点和范围。在这一原则之下,我们常见的做法是设定一个研究草案来统领整个数据收集过程。这个研究草案中可能包含具体数据收集的时间、地点、人物、流程、注意事项等。这个设计越具体、详细,越能使得整个数据收集过程执行得更为顺畅。但越具体、详细可能会导致研究者只能收集到"想要收集的数据",而忽略了那些可能很重要但却不是研究者"想要"的数据。解决这一挑战的核心策略是保持开放心态和在收集资料过程中保持灵活性(例如,Eisenhardt, 1989;Yin, 2009;Gioia et al., 2013)。这在参与性观察过程中可能更为重要(Jorgensen, 1989)。

第二,不要混淆案例的分析单元和数据收集的单元。如第四章所述,案例分析的单元可以是产业层次、组织层次、团队层次、个人层次,也可以是嵌入性案例研究。数据资料收集的来源则更多地为个人层面(如对个体的访谈),当然也可能收集到其他层次的数据(如公司层面的文档资料等)(Yin, 2009)。例如,本章作者研究的主题多为企业层面的研究问题,分析单元多为企业,数据收集过程多以访谈为主要数据来源。这就为我们带来一个重要挑战:如何通过访谈个人获得全面的企业层面的数据。我们的应对策略是两个:一方面,访谈能够代表组织的个体(如CEO、董事长或高管团队成员)关于组织层面的问题,如组织如何运行;另一方面,访谈多个不能够代表组织的个体(如中层管理者或员工)关于个人层面的问题,然后进行聚合处理。例如,单个访谈参与某个公司事件的所有关键人物,询问每个人在事件中扮演的角色,做的主要工作;把这些关键人物的所有个人访谈聚合起来就得到了一个公司层面的事件全貌的描述。

二、数据收集过程中面临的挑战及应对策略

在数据收集过程中面临的挑战非常多,在这里我们尝试罗列一些我们认为比较重要/比较容易忽视的点,并提出一些可能的应对策略以供读者参考。

第一,研究者的偏见。 克服"研究者的偏见"是案例研究各环节中,特别是数据收集和数据分析过程中面临的重要挑战。这个挑战至关重要,我们觉得怎么强调都不为过。事实上,所有的数据收集策略不可避免地是由研究者基于自身知

识所做出的选择,各个环节均有可能会存在研究者的偏见。比如,访谈过程中,访谈提纲是由研究者设计的,那么如果研究者对事件非常重要的方面没有设计相关问题,就有可能收集不到相关数据,进而得出的结论存在较大偏差。甚至于,研究者经常自觉或者不自觉地进行选择性观察和记录相关资料。这一挑战常见的应对策略包括:①批评与自我批评。在整个数据收集过程中,研究者可以与合作团队之间展开详细讨论,特别对每个人可能持有的偏见和倾向进行批判性反思,以尽量减少研究者的偏见。②研究团队纳入挑刺者的角色。在整个数据收集过程中,研究团队中可以指定一位研究者主要负责挑刺工作,对数据收集过程中的任何问题均可以提出反对意见,这有助于整个研究团队避免研究者偏见(例如,Sutton & Callahan, 1987)。③刻意选择反向案例。数据收集过程中可以刻意去挑选一些与研究问题相关但是与已经收集数据完全相反的个案。通过比较可以帮助研究者认识到现有数据收集过程中存在的偏差。④高度地、长期地投入于观察。长时间的重复观察、访谈以及研究者持续参与到情境中,不仅可以获得关于具体情境的或事件的更为完整的数据,也有助于避免产生假的联系和不成熟的理论(Becker & Geer, 1957)。比如,我们研究团队对吉利和万向等企业每隔一段时间会进行一次深入的数据收集,保障了对这些企业实践的深入理解,一定程度上克服了研究者偏见的影响。

拓展阅读 5-7

研究伦理问题

案例研究过程中的伦理问题一直为大家所忽略,但至关重要,我们的建议是研究者需要坚守"知情同意""隐私管理和控制""保护弱小者"等伦理问题底线。一个常见做法是咨询所在单位的"科学研究伦理委员会",并接受他们的审查(如果没有,可以参考其他单位的科研伦理审查清单)。以下罗列 *Management and Organization Review* 这个期刊 2011 年所组织的一期"研究与发表的伦理"特刊,尽管不是以案例研究为特定目标的讨论,但对读者应该有所帮助。

- Tsui, A. S., & Galaskiewicz, J. (2011). Commitment to excellence: Upholding research integrity at Management and Organization Review. *Management and Organization Review*, 7 (3), 389-395.

- Schminke, M., & Ambrose, M. L. (2011). RETRACTED-Ethics and integrity in the publishing process: Myths, facts, and a roadmap. *Management and Organization Review*, 7 (3), 397-406. （该文因为学术道德的争论被撤销，但一方面文章内容值得讨论，另一方面被撤销的原因也值得讨论）

- Aguinis, H., & Vaschetto, S. J. (2011). Editorial responsibility: Managing the publishing process to do good and do well. *Management and Organization Review*, 7 (3), 407-422.

- Chen, X. P. (2011). Author ethical dilemmas in the research publication process. *Management and Organization Review*, 7 (3), 423-432.

- Kirkman, B. L., & Chen, G. (2011). Maximizing your data or data slicing? Recommendations for managing multiple submissions from the same dataset. *Management and Organization Review*, 7 (3), 433-446.

- Kulik, C. T. (2011). Climbing the higher mountain: The challenges of multilevel, multisource, and longitudinal research designs. *Management and Organization Review*, 7 (3), 447-460.

- Lee, T. W., & Mitchell, T. R. (2011). Working in research teams: Lessons from personal experiences. *Management and Organization Review*, 7 (3), 461-469.

- Leung, K. (2011). Presenting post hoc hypotheses as a priori: Ethical and theoretical issues. *Management and Organization Review*, 7 (3), 471-479.

- Rupp, D. E. (2011). Ethical issues faced by editors and reviewers. *Management and Organization Review*, 7 (3), 481-493.

- Wright, T. A. (2011). And justice for all: Our research participants considered as valued stakeholders. *Management and Organization Review*, 7 (3), 495-503.

- Mowday, R. T. (2011). Elevating the dialogue on professional ethics to the next level: Reflections on the experience of the Academy of Management. *Management and Organization Review*, 7（3），505-509.

第二，信任和互惠关系的建立。在案例研究的数据收集过程中，建立信任和互惠关系是保障数据质量的关键所在。撒谎、夸张、有意无意的欺骗，人与人之间的表面应酬和造作，缺乏知识或者知识具有很大局限，误解等均会成为数据收集可靠性的重要障碍，特别是在访谈和参与性观察过程中（例如，Jorgensen，1989）。应对这一挑战的核心在于引入经验丰富的研究者、"真诚、坦率"地交流和建立互惠的关系。首先，经验丰富的研究者作为研究团队成员可以快速获得对方的信任，并规避非常多的潜在问题，比如缺乏知识或者知识局限的问题。其次，所有人都愿意和真诚、坦率的人交流，一个常见的策略是"自我暴露"，即有意无意地展示自己的缺点和内心世界，这将帮助研究者快速获取信任。最后，互惠关系的建立也可以获取对方信任，最常见的是金钱或者小礼物发放，但更多的是非物质的和象征性的。比如，我们研究团队曾经以"为企业写作企业史"的方式进入企业，这对企业以及被访谈对象均有好处，企业人员均倾向于十分认真地提供准确的信息。

第三，被访谈者的"偏见"：回溯性偏差。在通过访谈收集数据的过程中，最常碰到的挑战在于回溯性偏差。实际上回溯性偏差影响质性数据的信度问题，但因为这个问题太过普遍，所以单独列出来做一个小的讨论。事实上，"人人都是事后诸葛亮"。即使每个人注意到这个问题，尽量去回忆细节，仍不可避免受到"印象管理"的影响，进而导致无法准确还原事实真相。这就使得在访谈历史性事件时往往很难还原事实真相。应对这一挑战的常见策略包括：一方面，进行三角验证，通过访谈多个知情人，收集多种数据之间不断交叉比对以还原真相。这一策略在前文中已详细叙述，这里不再赘述。另一方面，回顾性数据和实时性数据相结合。如有可能，参与到要研究事件的全过程中，实时收集事件发生各环节的具体数据，以收集到"新鲜"的、未被印象管理等"污染"过的数据。

第四，质性数据的解释方式对数据收集的影响。我们在前文"访谈的概念及基本类型"的内容中就明确提出了访谈的概念及特征，我们在此特别又提出一个重要挑战：你如何解释数据对数据收集的方式可能有很重要的影响。事实上，Lee（2014）认为质性数据的常见解释有三种类型：①从字面意义上的解释，这就意味着必须要求收集的数据是"准确的"，例如我们在前文中提到的"法庭式询问"的访谈步骤（Bingham & Eisenhardt，2011）。②对质性数据的诠释，即研究者去探究质性数据背后的意义所在，在"字里行间"阅读。让我们回想高中语文一个经典的阅读理解题："在我的后园，可以看见墙外有两株树，一株是枣树，还有一株也是枣树"，这句话体现了作者什么情绪？这种以诠释为主导的数据分析，就要求我们在数据收集过程中充分理解"情境"的作用。③对质性数据的自反性解释（reflexivity），即研究者在解释数据的过程中去反省研究者为什么采用如此视角来诠释质性数据背后的意义。如采用这种数据解释的方式就要求研究者在数据收集和分析过程中厘清自我角色、定位，并不断自我反省是否受先验主义、固定的视角、政治意识形态等影响。

应对这个挑战要求研究者收集到高质量的质性数据，特别是在访谈数据收集的过程中。我们参考 Lee（2014）总结的一个高质量访谈的条件供读者参考：访谈是自发的、丰富的、具体的吗？回答和所问问题有联系吗？问题较短而回答较长吗？访谈过程中，访谈者有没有根据被访谈者的回答进行跟进以及确认回答者的含义？访谈者对被访谈者的回答进行解释了吗？访谈过程中被访谈者认可或者修正了访谈的内容吗？访谈看起来像是一个自我沟通的过程吗？访谈者对访谈主题是否有清晰的了解？访谈者是否对访谈结构有精心设计？访谈问题是否清楚、易懂和简单？访谈者对话题是否敏感？访谈者是否是一个很好的倾听者？访谈是否带有批判性？访谈者是否记得之前的访谈内容并且和现有访谈内容联系起来？如果以上问题的答案都是"是"，恭喜你收获了高质量的访谈数据可以供后续分析。

三、数据收集后面临的挑战及应对策略

在数据收集完成后，研究者还有许多挑战需要应对。

第一，数据收集的信度。尽管有的质性研究者认为信度和效度不应该被过分关注（例如，Kvale，1996），但从实证主义角度出发，数据的可靠性是一个非常重要的指标。由于量化数据有非常多的指标（例如，重测信度、复本信度、内部一致性信度等），但质性数据却没有。所以质性数据的可靠性经常会被审稿人，特别是实证主义范式的审稿人挑战（Roulston，2010）。这里尝试初步提出三种应对策略。①质性数据的稳定性：研究者是否可以在不同的时间和/或地点收集到相同的数据。具体而言，可以采用：类似的问题在不同时间和地点询问相同的人是否可以得到相同的答案；关于同一问题，访谈不同的当事人是否可以得到相同的答案；不同数据来源（访谈、档案资料、参与性观察等）得到的答案是否一致等。②对质性数据诠释的稳定性：不同研究者对于相同的质性数据是否可以得到相同的观察和诠释；增加了质性数据后，研究者对先前质性数据的诠释和分析是否会发生变化。③知情人确认，也称为受试者核准：所有数据收集完成后可以返还于知情人，邀请知情人确认所有数据是否真实可靠（Maxwell，2012）。比如可以把最终的数据发还至被访谈者进行确认是否可靠和正确。

第二，质性资料管理。量化研究对资料管理的概念特别熟悉，案例研究者对质性资料的管理却往往被忽视，这会导致即使研究者本身都难以复制重新研究的过程（Miles & Huberman，2008）。我们参考 Miles & Huberman（2008）的建议，并结合我们的经验，给出一些可供操作的质性资料管理步骤。①对访谈资料、文件和档案、参与性观察记录等原始资料进行归档并保存。这些原始资料在后续处理过程中不要做任何修改，后续所有的工作都建议在拷贝版本上进行处理。②建立标准化格式，对原始资料进行初步整理和分类存放。比如，访谈的转录稿以研究者、被访谈对象、地点、时间等作为表头，以提问的问题和回答、研究者的评注等作为内容，进行格式化处理。格式化处理的目的是建立案例研究数据库，对案例研究中收集的所有资料进行单独、有序、系统化的汇编。③按照时间、主题、关键词等方式对格式化后的资料进行排序和归类，对于较长的文档进行关键词和摘要的摘取，最终建立索引。至此，我们初步建立起了质性资料库，但要注意的是后续数据分析过程中产生的各项资料，例如研究者的批注、编码系统和词库、分析资料绘制的图表等所有内容也逐步加入这个资料库中。建立这个资料库的好处一方面是为后续分析节省大量时间，另一方面也为未来重复研究提供了可能。

第四节 结 语

本章介绍了数据收集的四项总体原则，常见的数据收集策略和通过访谈、参与性观察以及文档资料收集等渠道收集数据的具体做法及流程，最后展示了一些数据收集的挑战及应对。本章的目的不是事无巨细地介绍案例研究数据收集的方方面面，更为重要的是想要让案例研究的初学者能够启动和实践数据收集这个过程。质性研究的数据收集过程包含了大量"隐性知识"，"干中学"是最好的学习方式。

训练卡片

1. 以"博士生如何提升学术能力"为主题，设计一个具体研究问题并对博士班级中的同学进行访谈。
2. 总结访谈过程中面临的核心挑战，并分析如何应对这些挑战。

参考文献

[1] 邓津，林肯主编，风笑天等译（2007）.定性研究：经验资料收集与分析方法.重庆：重庆大学出版社.

[2] Ashforth, B. E., & Reingen, P. H. (2014). Functions of dysfunction: Managing the dynamics of an organizational duality in a natural food cooperative. *Administrative Science Quarterly*, 59 (3), 474-516.

[3] Bansal, P., & Corley, K. (2011). The coming of age for qualitative research: Embracing the diversity of qualitative methods. *Academy of Management Journal*, 54 (2), 233-237.

[4] Becker, H. S. (1958). Problems of inference and proof in participant observation. *American Sociological Review*, 23 (6), 652-660.

[5] Becker, H. S., & Geer, B. (1957). Participant observation and interviewing: A comparison. *Hu-

man Organization, 16 (3), 28-32.

[6] Bingham, C. B., & Eisenhardt, K. M. (2011). Rational heuristics: the 'simple rules' that strategists learn from process experience. *Strategic Management Journal*, 32 (13), 1437-1464.

[7] Bishop, D. G., Treviño, L. K., Gioia, D., & Kreiner, G. E. (2019). Leveraging a Recessive Narrative to Transform Joe Paterno's Image: Media Sensebreaking, Sensemaking, and Sensegiving During Scandal. *Academy of Management Discoveries*, Doi: doi. org/10. 5465/amd. 2019. 0108.

[8] Bourgeois III, L. J., & Eisenhardt, K. M. (1988). Strategic decision processes in high velocity environments: Four cases in the microcomputer industry. *Management Science*, 34 (7), 816-835.

[9] Campbell, D., & Fiske, D. (1959). Convergent and discriminant validation by the multitrait-multimethod matrix. *Psychological Bulletin*, 56 (2), 81-105.

[10] Corley, K. G., & Gioia, D. A. (2004). Identity ambiguity and change in the wake of a corporate spin-off. *Administrative Science Quarterly*, 49 (2), 173-208.

[11] Creswell, J. W. (1994). *Research design: Qualitative and quantitative approaches*. Thousand Oaks, CA, Sage publications.

[12] Curchod, C., Patriotta, G., Cohen, L., & Neysen, N. (2019). Working for an algorithm: Power asymmetries and agency in online work settings. *Administrative Science Quarterly*, Doi: doi. org/10. 1177/0001839219867024.

[13] Duriau, V. J., Reger, R. K., & Pfarrer, M. D. (2007). A content analysis of the content analysis literature in organization studies: Research themes, data sources, and methodological refinements. *Organizational Research Methods*, 10 (1), 5-34.

[14] Eisenhardt, K. M. (1989). Building theories from case study research. *Academy of Management Review*, 14 (4), 532-550.

[15] Fiss, P. C. (2007). A set-theoretic approach to organizational configurations. *Academy of Management Review*, 32 (4), 1180-1198.

[16] Flick, U. (2004). Triangulation in qualitative research. In Flick, U., von Kardorff, Steinke, I (Ed.), *A companion to qualitative research* (pp. 178-183). Thousand Oaks, CA, Sage publications.

[17] Gherardi, S., & Turner, B. (2002). Real men don't collect soft data. In Huberman, M. & Miles M. B. (Ed.), *The qualitative researcher's companion* (pp. 81-100). Thousand Oaks, CA, Sage publications.

[18] Gioia, D. A., Corley, K. G., & Hamilton, A. L. (2013). Seeking qualitative rigor in inductive research: Notes on the Gioia methodology. *Organizational Research Methods*, 16 (1), 15-31.

[19] Graebner, M. E. (2009). Caveat venditor: Trust asymmetries in acquisitions of entrepreneurial firms. *Academy of Management Journal*, 52 (3), 435-472.

[20] Graebner, M. E., & Eisenhardt, K. M. (2004). The seller's side of the story: Acquisition as courtship and governance as syndicate in entrepreneurial firms. *Administrative Science Quarterly*, 49 (3), 366-403.

[21] Hargadon, A. B., & Douglas, Y. (2001). When innovations meet institutions: Edison and the design of the electric light. *Administrative Science Quarterly*, 46 (3), 476-501.

[22] Jorgensen, D. L., (1989). *The methodology of participant observation*. Thousand Oaks: Sage.

[23] Jorgensen, D. L. (2015). Participant observation. In Kosslyn, S. M. (Ed.), *Emerging trends in the social and behavioral sciences: An interdisciplinary, searchable, and linkable resource* (pp. 1-15). New York: Wiley.

[24] Kvale, S. (1996). *Interviews: An introduction to qualitative research interviewing*. Thousand Oaks, CA: Sage.

[25] Lee, T. 著, 吕力译 (2014). 组织与管理研究的定性方法. 北京: 北京大学出版社.

[26] Maclean, N. (1992). *Young men and fire*. Chicago: University of Chicago Press.

[27] Martin, J. A. (2011). Dynamic managerial capabilities and the multibusiness team: The role of episodic teams in executive leadership groups. *Organization Science*, 22 (1), 118-140.

[28] Maxwell, J. A. (2012). *Qualitative research design: An interactive approach* (Vol. 41). Thousand Oaks, CA: Sage publications.

[29] Miles, M. B., & Huberman, M. 著, 张芬芬译 (2012). 质性资料的分析: 方法与实践. 重庆: 重庆大学出版社.

[30] Ozcan, P., & Eisenhardt, K. M. (2009). Origin of alliance portfolios: Entrepreneurs, network strategies, and firm performance. *Academy of management journal*, 52 (2), 246-279.

[31] Pettigrew, A. M. (1990). Longitudinal field research on change: Theory and practice. *Organization Science*, 1 (3), 267-292.

[32] Plowman, D. A., Baker, L. T., Beck, T. E., Kulkarni, M., Solansky, S. T., & Travis, D. V. (2007). Radical change accidentally: The emergence and amplification of small change. *Academy of Management Journal*, 50 (3), 515-543.

[33] Rossman, G. B., & Wilson, B. L. (1985). Numbers and words: Combining quantitative and qualitative methods in a single large-scale evaluation study. *Evaluation Review*, 9 (5), 627-643.

[34] Roulston, K. (2010). Considering quality in qualitative interviewing. *Qualitative Research*, 10 (2), 199-228.

[35] Schneider, C. Q., & Wagemann, C. (2012). *Set-theoretic methods for the social sciences: A guide to qualitative comparative analysis*. Cambridge: Cambridge University Press.

[36] Smets, M., Jarzabkowski, P., Burke, G. T., & Spee, P. (2015). Reinsurance trading in Lloyd's of London: Balancing conflicting-yet-complementary logics in practice. *Academy of Management Journal*, 58 (3), 932-970.

[37] Spradley, J. P. (2016). *Participant observation*. Long Grove, Illinois, Waveland Press.

[38] Sutton, R. I., & Callahan, A. L. (1987). The stigma of bankruptcy: Spoiled organizational image and its management. *Academy of Management Journal*, 30 (3), 405-436.

[39] Vergne, J. P. (2012). Stigmatized categories and public disapproval of organizations: A mixed-

methods study of the global arms industry, 1996 – 2007. *Academy of Management Journal*, 55 (5), 1027–1052.

[40] Waddington, D. (1994). Participant observation. In Cassell, C. and Symon, G. (Ed.), *Qualitative methods in organisational research: A practical guide*, California: Sage.

[41] Weick, K. E. (1993). The collapse of sensemaking in organizations: The Mann Gulch disaster. *Administrative Science Quarterly*, 38 (4), 628–652.

[42] Weick, K. E. (2007). The generative properties of richness. *Academy of management journal*, 50 (1), 14–19.

[43] Yin, R. K. (2009). *Case study research: Design and methods*, Thousand Oaks, CA, Sage Publications.

第六章

单案例研究的数据分析

程聪

浙江工业大学

本章大纲

第一节 单案例研究的意义 / 147

第二节 单案例研究的两个重要问题 / 148

　　一、案例选择与分析单元 / 148

　　二、数据资料收集 / 150

第三节 单案例研究的数据分析过程 / 151

　　一、数据分析的准备工作 / 152

　　二、第一阶段数据编码 / 153

　　三、第二阶段数据编码 / 155

第四节 单案例研究的数据分析结果 / 157

　　一、数据分析的证据链展示原则 / 157

　　二、数据分析的证据链展示方式 / 158

　　三、数据分析的结果呈现 / 160

参考文献 / 162

单案例研究，顾名思义，就是以一个案例为研究对象的案例研究方法。单案例研究是早期社会学、历史学、政治学最早被采用的质性研究方法之一，得到了相关领域学者们的高度推崇（Gouldner，1954；Kanter，1977；Maxwell，2013；Selznick，1949）。在管理学质性研究中，单案例研究方法一直占有重要的地位（Dyer & Wilkins，1991）。虽然近几年来曾面临研究效度方面的质疑（例如，Eisenhardt，1991），但单案例独特的研究优势仍然让其成为管理学案例研究中被学者们大量采用的研究方法之一。本章将首先简要阐述单案例研究的意义，而后聚焦于澄清单案例研究的两个重要问题，之后提出单案例研究数据分析的基本过程和结果呈现。

第一节　单案例研究的意义

作为早期社会学、历史学等社会科学领域普遍采用的质性研究方法之一，单案例研究不仅秉承了田野调查、扎根分析等社会科学研究的精髓，同时也吸收了自然科学研究中的研究规范、研究精确性等方面的内容，从而使得单案例研究方法在早期的社会科学研究中被大量应用。在管理学领域，单案例研究方法也一直是学者们关注的重要研究方法之一，并对组织与管理领域的理论发展做出了杰出的贡献（例如，Crozier，1964；Dalton，1959；Dyer & Wilkins，1991）。然而，近年来，伴随着管理学研究中实证主义思潮下对研究精确性、科学程序的强调，单案例研究方法在科学性上面临着一定程度的质疑，甚至在案例研究方法内部，也出现了单案例与多案例研究范式之争（Dyer & Wilkins，1991；Eisenhardt，1989，1991）。

在社会科学研究中，独特的社会情境对于研究十分重要，单案例研究在研究情境还原、案例的社会情境描述、故事（案例）演绎方面具有十分显著的优势（Mason，2002）。首先，单案例研究方法很好地继承了社会科学研究中田野调查、民族志等经典研究范式的精华。单案例研究方法能够满足社会科学研究竭尽全力去深入发现研究对象的社会行为，并尽最大努力解释这种社会行为的需求（Dalton，1959），这是由单案例研究聚焦于个体独特的社会文化情境所决定的。其次，单案例研究方法能够对研究案例进行深入、系统的分析，由于聚焦在一个研究对象上，使得研究者能够把全部精力聚焦在一处，深入发掘研究对象的社会行为及其心理，并在研究洞见上做到深入、持续。这也是诠释主义研究范式下社会科学研究者做"真"研究的最终目的（Dyer & Wilkins，1991）。最后，单案例研究方法具备娓娓道来的故事演绎。在单案例研究方法中，被奉为圭臬的精华就是其讲好"一个好故事"的能力。讲好一个案例故事不仅要求有系统、深刻的案例调查研究，同时在故事演绎上要做到一以贯之、一气呵成，将案例故事最大限度地社会化还原。显然，这是多案例或者其他实证主义范式下的研究无法做到的，这也是早期社会科学研究中只针对一个社会现象、一个社会个体展开分析的根本原因。

第二节　单案例研究的两个重要问题

与所有的其他案例研究方法一样，单案例研究方法在研究逻辑结构上也遵循"问题提出—案例选择—数据分析—研究发现"的逻辑框架。不同的是，在单案例研究中，问题的选择更加强调情境嵌入性，案例的选择更加重视反常现象，数据分析更加深入、系统，研究发现更突出理论洞见。这里，我们再次重申一下单案例选择和分析单元以及数据资料收集过程中的一些重要问题。

一、案例选择与分析单元

本书的第四章已经明确了案例选择的总体原则是理论抽样，并介绍了单案例选择的策略。本部分在此基础上，从实际操作层面做进一步阐述。事实上，在单案例研究过程中，案例选择既是理论框架和研究问题的具体反应对象，也决定了后续数据分析的空间和范围。案例研究者在开始选择案例之前，通常需要思考一下，我的案例对象到底是什么？从数据分析的角度来看，案例是一种特定情境条件下的独特现象，是一个给定构念、变量的分析单元（Miles et al.，2014）。在数据分析过程中，研究者需要找到分析对象的聚焦点（focus），所有的事件/活动都围绕这个聚焦点展开。从数据资料收集的角度，Miles & Huberman（1994）则对案例研究对象的分析单元进行了形象的描述，具体如图6-1所示。

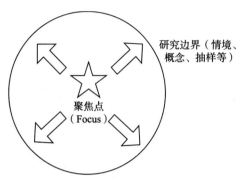

图6-1 单案例研究案例对象的界定

资料来源：改编自 Miles 和 Huberman（1994）。

考虑到单案例分析单元容易引起混淆，我们这里特别强调一点，从实际操作层面来看，单案例研究的分析单元主要关注两个核心要素：聚焦点和研究边界。从数据资料收集的过程来看，首先是确定案例的聚焦点，聚焦点可以是一个角色、一个事件乃至一个情境，但必须满足是整个研究案例行为/活动焦点的要求。例如，要研究A公司的战略转型过程，那么分析层次是企业层次（A企业），但分析单元的焦点在于紧紧围绕战略转型过程。而围绕这一过程涉及的时间范围是什么，涉及哪些人、哪些事，当时的市场环境和技术环境是什么等就是逐步在确定研究的边界。

再如，在York等（2016）的研究中，作者提出了核心问题：如何克服科罗拉多风能产业发展过程中的经济利益和环境保护的不兼容？科罗拉多风能产业发展过程就是一个聚焦点，所有其他围绕科罗拉多风能产业演化的关键要素构成了研究的边界。在他们的论文中，科罗拉多风能产业发展过程这一聚焦点将社会运动组织、电力企业、政策制定者等全部联系起来，这些因素在不同阶段扮演不同的角色，并施加不同的影响。此外，作者通过对科罗拉多风能产业相关数据资料的收集，识别出了影响科罗拉多风能产业发展过程中经济诉求与环境友好导向的关键因素，以此确定了数据资料收集的边界。York等（2016）的案例聚焦点如图6-2虚线框所示。

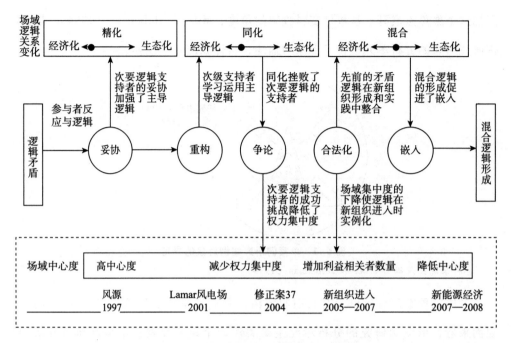

图 6-2　York 等（2016）研究中的案例聚焦点

二、数据资料收集

数据资料收集作为案例研究的重要环节，虽然在案例研究论文里面体现得不是很明显，但却对案例研究的质量起到基础性作用（Glesne，2011）。尤其是对单案例研究来说，数据资料的收集更是十分关键。关于案例研究的数据资料收集过程与方法，本书的第五章已经进行了详尽的讨论，本节我们将再次强调一下单案例研究中数据收集的几个重要方面（见图 6-3）：

第一，数据资料的丰裕度。虽然案例研究均强调数据资料的丰裕度，但在单案例研究中，由于只针对一个案例展开分析，因此对数据资料的丰裕程度就提出了更高的要求。具体表现在案例数据资料要涵盖多种来源渠道，包括非结构化访谈、田野调查、情境体验、档案记录、文档数据等。每一种渠道都要保证能获得足够数量的原始数据资料，才能够最大限度地丰富研究资料的来源与可信度。

第二，情境性资料的获取。所谓情境性资料是指围绕前文聚焦点的拓展。例如，尽管在研究 CEO 如何做一个战略决策，但获取这个战略决策的情境至关重要，包括企业的详细情况,企业面临的制度、市场、技术环境等。第五章中介绍的主要数据收集方法中,参与性观察对于体验案例活动的独特情境有着重要帮助。

第三,数据资料的系统性。单案例研究由于需要对案例行为进行一以贯之的分析,因此,数据的全面性和系统性十分关键。在绝大多数情况下,单案例研究是以时间序列展开对案例的发生、发展过程的分析。在此逻辑框架下,收集到的数据资料在时间延续性、阶段性上都要充分且详细;既要做到内容丰富,又要形成时间线上的逻辑关联性。

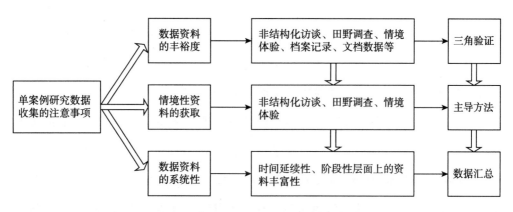

图 6-3　单案例研究数据收集的主要原则

第三节　单案例研究的数据分析过程

数据分析是案例研究中工作量最大,同时也是最繁复的部分,是一个好的案例研究的"幕后英雄"。在绝大多数情况下,单案例研究遵循时间顺序对案例的发展过程展开分析,强调讲好"一个有血有肉的好故事"(Dyer & Wilkins, 1991)。一个好的故事不仅仅是提出一个或几个清晰的构念,而是使来自案例故事的这些构念能够更加清楚地表达案例的精髓。因此,单案例研究的分析过程要能够将一般的故事发展过程演绎成能够让读者理解那些不易被发现的故事内涵的过程(Dyer & Wilkins, 1991)。按照这一要求,我们从数据分析的准备工作、两阶段数据编码来进行详细阐述。

一、数据分析的准备工作

考虑到单案例研究对象的唯一性,及其带来的数据资料"小样本"特征,使得单案例研究中如何选取合适的数据处理工具,如何组织人员初步整理数据资料和管理数据成为案例数据分析的准备步骤。总体上,从方法选择与分析工具角度来看,主要遵循开放性与约束性两个原则。开放性是指数据分析工具与方法的选择、数据分析管理要与单案例研究的独特性要求相对应、相匹配。而约束性原则体现在两个方面:一方面,分析工具与研究方法所获得的数据要具备科学性与可追溯性,如资料的可编码性、工具匹配性、数据可交叉验证性等,保证研究方法与工具能够最大限度地适应单案例研究对象的需求。另一方面,数据处理与分析研究人员人手要充足,数据处理的时间要充分保证。

在这两个总体原则之下,在开始数据分析前需要做好以下两个方面的准备工作。第一,数据处理的分析软件。除了通用的 Word/Excel,还包括 NVivo/ATLAS.ti/CAT/AnSWR 等常用的定性数据资料分析软件。这些软件都具有强大的分析功能,并且数据资料处理功能特色明显,有助于研究者快速、高效地处理收集到的数据资料。当然,这些软件只是辅助工具,研究者可以根据自身需求进行选择。

第二,数据处理人员的配备和组织。案例分析某种程度上也是一种"劳动密集型"工作,虽然这种工作强度很难在实际的研究成果中体现出来。在正式开始分析数据之前,案例研究者需要首先确定三个问题:谁来负责数据处理工作?有多少人投入到数据处理工作中?这些人需要花多少时间来处理数据?Miles & Huberman(1994)、Tracy(2013)、Yin(2002)等都对这一部分展开了详细的讨论,总结起来,主要有两个原则:①数据分析工作往往由研究设计的主导者来负责实施。研究工作的主导者最能够理解这项研究的理论精髓,因此,在数据收集和分析过程中要亲力亲为,从始至终完成从研究设计、数据收集和分析、研究总结的全部过程(Miles & Huberman,1994)。②数据分析工作是一项需要多名研究者相互配合的集体工作(Glesne,2011)。由于数据资料结构的多元化,数据处理工作量庞大,通常需要多名研究者共同合作来完成。当然,也有一些高质量的研究工作是由一个人独立完成的，这些研究者普遍具备丰富的研究经历，对研究理论、数据分析过程非常熟悉。对于大部分研究者来说，找到一个或几个合适的研究伙伴，建立长期的研究合作关系是最理想的。

小贴士6-1　单案例研究数据处理的时间分配建议

对于案例研究数据收集整理工作来说，组织足够的人手、保证足够的时间是非常有必要的。一般来说，1天的田野调查所获得的数据资料，通常需要：

（1）不少于3位成员参与；

（2）2—3天时间来处理数据文本，包括誊写、校对文本，将音频、视频资料转化为文本文档等；

- 1—2天时间来进行初步的数据编码；
- 1—2天时间来进行数据初步分析和整理工作。

二、第一阶段数据编码

单案例研究的分析过程本质上是通过对案例的发生、发展过程中所获得的数据资料进行编码、分析和逻辑演绎，以获得案例活动的内在规律。从理论范式来看，现有研究对于单案例的分析主要包括诠释主义范式和实证主义范式（Marshall & Rossman, 2011; Mason, 2002）。这里我们尝试从实际操作层面去阐述数据编码工作，而尽量避免去争论研究范式的差异[①]。从实际操作来说，单案例数据编码一般需要经历第一阶段数据编码和第二阶段数据编码两个阶段：第一阶段数据编码主要是将原始数据资料分类识别，形成具有鲜明主题的"数据块"；第二阶段数据编码则是对第一阶段所获得的"数据块"做进一步分析（Saldaña, 2013）。

在数据编码分析的第一阶段，由于分析目的或数据属性的差异，具体的编码形式也不同。我们首先总结出当前应用较多的第一阶段编码的方法。

---

① 关于案例研究的哲学基础及分类参见本书第一章第三节第一小节的内容。

第一，按照数据的内容要素分析来划分，主要包括描述式编码、粘贴式编码和行动式编码（Miles et al.，2014），这三种编码方式与扎根理论的开放式编码的核心要义一致，即尽可能地保留原始数据的"原汁原味"（Gioia et al.，2013；Strauss & Corbin，1998）。

（1）描述式编码是指给数据资料加上标签，即通过一个短语或短句将特定数据资料识别开来。描述式编码由于是对原始数据的初步总结概括，因此，在数据分析、整理的阶段大量采用。

（2）粘贴式编码是指从数据资料中截取最能反映数据资料内容的原始词句作为标签。粘贴式编码由于直接截取原始数据资料，编码的难度最低，非常适合初学者的使用，同时由于最能反映数据资料的真实性，所以特别适合开放式研究问题的探讨。

（3）行动式编码是指从动态的视角来给数据资料打标签，核心特点是用动词来反映具体的数据资料块。这种编码方法由于关注数据资料的动态发展过程，在单案例研究中被大量采用，是最适合用来分析演绎变量、构念因果关系的方法。

研究者在进行第一阶段编码的过程中，可以采取其中一种或多种编码策略。由于此时采用的代码（code）往往来自原始数据中的某些动词、名词或短语，这些代码的抽象程度相对低、数量多，前10个访谈文档有可能就出现50—100个代码（Gioia et al.，2013）。

第二，按照案例研究探究式的编码要求，主要包括整体性编码、临时性编码和假设性编码（Miles et al.，2014）。这三种编码方式适用于有成熟构念的理论拓展型和理论验证型案例研究中。需要提醒读者的是，本书第一章提到理论验证性案例研究在管理学中相对较少，初学者如果运用案例研究做理论验证，很可能受到较大的挑战和质疑。

（1）整体性编码是指采用一个标签来概括若干个相互联系的数据块或语料库，从而获得对于整个事件/行动的理解。整体性编码的意义在于帮助研究者从总体上把握案例研究的进展以及可能的研究发现。

（2）临时性编码是指研究者按照前期预设的构念特征、变量内涵对数据资料的一种初始界定。这种编码方式由于需要不断地按照理论变化来编码数据，在实际的数据编码过程中经常需要修改、校正。

（3）假设性编码是指研究者按照已经过理论推理的变量假设关系对数据资料进行整理，从而用来支撑、验证前期的假设。这种编码方式由于采用的是"先理论再数据"的过程，因此要想做出较高的理论贡献，对案例研究的推理逻辑要求较高。

第三，按照数据编码的程序来看，主要包括协议编码和因果编码（Miles et al., 2014）：

（1）协议编码主要为了方便整理后的数据提取、类比及分析整理，而采用一种被研究者广泛接受的编码格式。这种编码通过给予原本庞大的数据资料一个特定的缩写编码格式来实现。

（2）因果编码是指将具有前后因果关系的数据资料按照顺序编码的过程。因果编码能够将原本纷繁复杂的数据资料通过简单的逻辑关系联系起来，为研究者的数据分析工作提供数据"地图"。因此，因果编码大量运用于复杂理论情境下的变量关系探讨、事件的前因与后果分析等。

三、第二阶段数据编码

第二阶段数据编码是案例数据分析的核心部分，是将整理后的数据应用于理论框架、研究问题以及变量关系假设论证的重要环节。第二阶段数据编码建立在第一阶段编码之上，主要是将具有相同属性的代码归纳成更高阶、更抽象的概念，即主题（themes）或类属（categories），进而将主题（或类属）进一步汇总成理论维度（aggregate dimensions）（Gioia et al., 2013）。在这个过程中，通过对主题（类属）之间的内涵解释、关系推理，进而识别出新涌现的理论观点和逻辑关系，因此，它是一种更系统、更高阶的编码形式。

在单案例数据分析中，第二阶段数据编码过程通常需要实现以下三方面的目标：涌现出新的研究观点、解释这一研究观点，以及基于这一研究观点的理论构建（Maxwell, 2013）。要实现这一目标，主要进行以下三个步骤。

第一，这一阶段的第一步就是要找到这些具有连接（tie）关系的数据块。事实上，经过第一阶段处理后的数据，无论是从数据内容、研究视角上还是从研究程序上，都表现出某种联系性，即数据块的连接关系。例如，York et al.（2016）的研究围绕"The Lamar Wind Farm""Amendment 37"等相联系的数据块。在具体的编码过程中，研究者要针对第一阶段形成的代码进行第二阶段的编码，将具有相同属性或者表达类似内涵的代码归纳成一个主题（可以叫作二阶主题，second-order themes），并加以命名。如果文献中有相应的概念与该主题的内涵一致，可以沿用文献中的概念；如果文献中没有相应的概念能够表达该主题的内涵，研究者可以自己拟定一个具有一定抽象程度的代码，并给出定义加以解释。此步骤的核心要点是不断比较，即在一阶编码之间进行整合、合并和提炼，在数据和文献之间不断比较，决定代码来自文献还是自己命名。

第二，将这些数据块进行联结，使原本破碎、分割的数据块按照特定的逻辑关系紧密联系起来。这里需要对前期的理论框架、构念关系进行深入的理解，并按照理论探索要求寻找出这些数据块联结背后的共同点（Miles & Huberman，1994）。例如，在 York et al.（2016）研究中，他们围绕"Amendment 37"法案的设立将社会运动组织（SMOs）、新能源配额（RPS）、能源公司（Xcel）、政府组织（CPUC）之间的数据块紧密地联系起来。此时，得到的二阶主题可能在 10 个左右甚至以上，尽管单个主题之间的关系明晰了，但整体关系依然不清晰。

第三，从数据关系中获得理论发现。现象的理论解释、观点的理论探究作为这一阶段数据编码分析的主要目标，需要研究者进行细分情境的嵌套式数据编码分析（sub-coding），这是一个迭代式的反复推理过程（Miles et al.，2014；Tracy，2013）。研究者需要考虑数据块联结的多条路径，多思考几次"如果……那么……（if-then）"的逻辑假设，从而发现新的理论解释路径。具体来说，研究者对多个二阶主题进一步归纳，形成少数几个理论维度，这些理论维度展示了所有二阶主题之间的关系。例如，Corley & Gioia（2004）形成了三个汇总维度，身份模糊的触发因素（triggers of identity ambiguity）、身份转变环境（identity change context）、领导者对意义赋予必要性的回应（leadership responses to sensegiving imperative）。三个汇总概念形成一个理论框架：触发→转变→回应。再比如 Smith（2014）形成了遭遇紧张局面（experienced tensions）、领导实践（leadership practices）、决策情境（decision contexts）、决策模式（decision pattern）四个汇总维度，从这四个代码中也能看出它们之间的先后关系：紧张引起实践，实践塑造决策情境，进而形成决策模式。

小贴士 6-2　单案例分析中数据编码的小技巧

虽然数据编码分析的方法丰富多样，研究者可以根据自己擅长的方法实施数据编码分析计划，但仍然有几个方面可以提升数据编码的效率：

（1）在第一阶段编码中尽量采用统一的数据编码角度，如内容角度的编码方式、研究探索的编码方式或者程序性的编码方式，任选其一；

（2）在满足研究分析要求的前提下，尽量选择难度小的方法，例如，对于初学者来说，采用粘贴式编码更合适；

（3）将数据收集整理与数据编码分析过程同时进行，以利于校对、清洗和淘汰数据。

整个分析过程不是线性的，不要等到开放式编码都做完以后再做主轴编码。开放式编码和主轴编码是同时进行的，研究者在做开放式编码的时候天然地在代码之间、数据和文献之间进行对比和分析。

第四节　单案例研究的数据分析结果

一、数据分析的证据链展示原则

单案例研究结果的呈现，关键在于将"好的"故事发展到理论洞见的展现（Yin，2002）。案例研究的终极目的在于将反常的社会现象用理论加以解释，因此，如何将这种反常的社会现象背后的理论逻辑梳理清楚，需要在单案例研究结果呈现上下一番功夫。在案例数据分析过程中，形成案例理论逻辑的基础就是基于数据编码分析过程的证据链。证据链的展示是反映案例研究可靠性的重要方面，也是案例发现的理论解释的重要支撑（Tracy，2013）。总结起来看，证据链的展示需要遵循以下几个原则：

第一，具有明确的故事发展主线。具体包括时间跨度与节点、标志性事件以及故事发展的关键阶段的数据证据展示。证据链的展示可以将案例故事不同阶段的主要活动从理论上区隔开来，从而便于我们概括出不同阶段的关键事件及内涵，进而提炼出核心构念，最终形成基于故事演绎的构念逻辑关系架构。

第二，证据链上大量的事件证据展示和事实举证。单案例分析对于事件数据证据的要求很高，需要研究者从多个角度来收集每一关键事件的事实证据，并加以论证。这一数据证据的举证是按照开放式编码和演绎式编码的规则来展示的，既可以是原始数据资料，也可以是抽样、概括后的数据资料证据。

第三，故事演绎的核心解释机制建立（Ramus et al.，2017）。在单案例分析中，我们不止一次强调，讲一个"好"故事。这个"好"故事的呈现就体现在基于证据链层次的理论核心解释机制的建立上。因此，证据链的展示最后需要一个升华的过程，如果纯粹地将案例过程演绎出来，而没有基于证据链的核心构念的抽象、概括，进而上升到理论高度，那就是所谓的浅显分析（surface case study），因此，不是一个"好"故事。

二、数据分析的证据链展示方式

证据链的展示过程是数据分析的核心部分，充分、详尽的证据链展示是实现从数据到理论的必要条件。案例研究中，由于数据格式、数据详尽程度以及案例数据论证范式的差异，证据链的展现过程存在多种形式。在单案例中，主要存在以下两种证据链展示方式：

第一种是严格按照阶段性编码的要求，从第一阶段编码到第二阶段编码的证据链展示过程。经典的证据链展示方式就是 Strauss & Corbin（1998）所倡导的"证据条目—构念—关系"演绎范式，即从最原始的证据到一阶构念，再到二阶构念，最后到构念之间的逻辑关系展示。这种证据链强调原始数据的展示过程，需要多名研究者共同合作来完成证据链的分析，在具体的证据链展示过程中，往往需要借助图表来呈现证据链。这种证据链展示方式比较适合多个变量之间关系的理论逻辑分析，目前也是单案例研究中应用最普遍的证据链展示方式。

第二种是强调数据对于核心构念的支撑，关于构念之间逻辑关系的演绎则主要通过理论归纳、演绎展示出来。这种证据链展示方式侧重于数据对于理论论证的支撑性，往往将数据分析的重点放在构念内涵阐述、新构念涌现的论证上。关于构念之间关系的演绎则倾向于采用最原始的数据举证。因此，这种证据链展示方式更加适合新构念、新关系的探讨，在开放型理论框架下的单案例研究中应用的比较多。例如，Corley & Gioia（2004）的研究就是一个很好的例子，他们在研究中探讨组织身份变化的过程中，归纳出了身份模糊触发机制、环境变化和领导者对于意义构建的反馈三个核心条件，大量的证据链展示都是围绕这三个核心条件展开的。这种证据链展示方式的优势在于突出了核心数据在数据分析的重要地位，有利于案例研究中的独特理论发现，因此，更加适合对于特定理论发展过程的单案例研究。

小贴士6-3　单案例分析中的证据链展示注意事项

单案例研究中证据链的展示十分重要，但有几个小问题需要在呈现过程中引起注意：

（1）证据链并不一定是"数字"，任何收集到的资料都可以是证据链的展示内容；

（2）对于大部分初学者来说，采用"证据条目—构念—关系"演绎范式是最合适的；

（3）证据链的展示过程应该与数据收集、编码过程同时进行，以便于不断充实、改进数据链的展示。

三、数据分析的结果呈现

单案例研究中的数据分析结果呈现也十分重要,从数据分析的角度来看,对于大部分单案例研究来说,数据分析结果的呈现主要包括三个阶段。

第一阶段是基础理论模型阶段。这一阶段的数据分析结果呈现主要是围绕论文的理论模型假设展开。在理论模型假设下,需要研究人员围绕论文研究问题展开大量的数据资料收集与整理工作,并将整理后的数据资料进行梳理、总结,获得初步的数据分析结果(Gioia & Pitre,1990;Tracy,2013)。在这一阶段,比较常见的是关于数据结构的三阶段展示,在论文中通常以三阶段递进图的形式展现出来,如 Corley & Gioia(2004)研究中有关一阶内容、二阶主题和构念形成的数据结果呈现。本章进一步将其总结为如图 6-4 所示。这种数据结构示意图是一种非常经典的数据结果呈现方式,其对于理论模型中核心构念内涵的表达、构念关系解释起到了基础性作用。

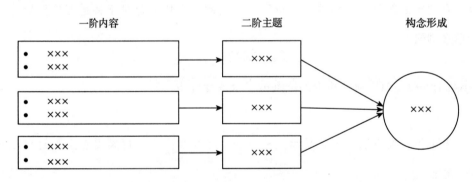

图 6-4 数据结构示例

第二阶段是理论框架拓展和演绎阶段。这一阶段的数据分析结果展示主要是针对前面的理论假设进行系统的论证。在这一过程中,可能涉及多个环节、多个层次的构念关系演绎过程,要从数据的多维视角阐述构念关系。因此,这一部分的数据分析结果呈现是由多个部分组成的,通常需要借助多个图表来做对比分析。从结果呈现形式来看,主要有两种呈现形式:一种是从局部到整体的呈现过程。即首先将理论框架"分解"为多个子框架,通过对多个子框架的数据分析结果进行总结分析，最后整合成一个整体的理论解释模型。例如，在 York et al.（2016）的研究中，围绕科罗拉多风能产业发展的不同阶段，社会运动组织、新能源配额、能源公司、政府组织扮演了不同的角色，对于混合组织的形成起到了阶段性影响作用。另一种是按照事件演绎过程对模型在不同阶段的构念关系进行呈现，从而形成一个新的理论过程解释框架。例如，在 Siggelkow（2002）的研究中，他详细阐述了不同关系利益者（所有者/股东等）对于组织形态（绩效导向、沟通机制等）的态度随时间变化的过程，并通过三个复杂的关系图来演示。

第三阶段是基于数据分析论证后的新理论模型演绎阶段。这一阶段是数据分析结果呈现的最重要部分，也是论文研究结论的总结部分，因此，务必做到简洁、清晰。同样地，如果第二阶段采用的是从局部到整体的呈现过程范式，那么这一阶段的研究结果则要体现出整体模型的新发现、新观点，例如，与原来的理论模型相比，在构念关系、适用情境等方面的改进，具体可参考 York et al.（2016）的研究。如果是不同阶段的整体模型演绎过程范式，第三阶段则应该把研究结果的呈现聚焦在构念对于事件/行为、事件/活动发展影响机制的解释上。同样，也可以参考 Siggelkow（2002）的研究。

由于第三阶段数据分析结果呈现也是论文研究结果的主要内容，因此，在呈现方式上还要遵循以下几个原则：

第一，理论发现的图表化表达。案例研究中，采用系列图表来展现案例的事实与理论之间的"对话"，是一种普遍采用的方法。图表化表达有利于研究者清晰地描绘案例行为与理论之间的关系，也有利于读者理解案例研究过程。此外，图表化能够将抽象、空洞的理论演绎过程具体化，增强研究者和读者对于理论洞见的理解。本书第八章详细介绍了如何将研究结论进行图形化表达。

第二，案例整体理论解释机制的呈现。案例整体理论解释机制的呈现往往是在单案例分析过程的最后，是对案例完整分析过程的总结、归纳。从理论发展的角度来看，案例整体理论解释机制呈现是在一系列案例发现、构念关系分析基础之上，通过不同阶段关键构念之间的关系分析，最后构建一个完整的案例理论抽象与升华的过程。这些内容一般放在论文的讨论和结论部分。

第三，理论总结与理论洞见。案例研究的理论总结与理论洞见是单案例研究最精华的部分，也是最重要的部分。相比于多案例研究基于比较分析所获得的结果，单案例研究更加强调对案例获得结论的理论深度挖掘，强调与目标理论的对话（Dyer & Wilkins, 1991），这是由单案例研究独特的研究情境所决定的。

训练卡片

1. 自选一本企业传记类书籍，运用本章所学的数据分析方法，自选研究问题，做一个初步的单案例分析研究论文。

2. 总结数据分析过程中面临的挑战和可能的解决方案。

参考文献

[1] Corley, K. G., & Gioia, D. A. (2004). Identity ambiguity and change in the wake of a corporate spin-off. *Administrative Science Quarterly*, 49 (2), 173-208.

[2] Crozier, M. (1964). *The bureaucratic phenomenon*. London: Tavistock Publications.

[3] Dalton, M. (1959). *Men who manage*. New York: Wiley.

[4] Dyer Jr, W. G., & Wilkins, A. L. (1991). Better stories, not better constructs, to generate better theory: A rejoinder to Eisenhardt. *Academy of Management Review*, 16 (3), 613-619.

[5] Eisenhardt, K. M. (1989). Building theories from case study research. *Academy of Management Review*, 14 (4), 532-550.

[6] Eisenhardt, K. M. (1991). Better stories and better constructs: The case for rigor and comparative logic. *Academy of Management Review*, 16 (3), 620-627.

[7] Gioia, D. A., & Pitre, E. (1990). Multiparadigm perspectives on theory building. *Academy of Management Review*, 15 (4), 584-602.

[8] Gioia, D. A., Corley, K. G., & Hamilton, A. L. (2013). Seeking qualitative rigor in inductive research: Notes on the Gioia methodology. *Organizational Research Methods*, 16 (1), 15-31.

[9] Glesne, C. (2011). *Becoming qualitative researchers: An introduction* (4th ed.) Boston: Pearson Education.

[10] Gouldner, A. W. (1954). *Patterns of Industrial Bureaucracy*. Glencoe, IL: Free Press.

[11] Kanter, R. M. (1977). *Men and Women of the Corporation*. New York: Basic Books. 1977.

[12] Marshall, C., & Rossman, G. B. (2011). *Designing qualitative research* (5th ed.) Thousand Oaks, CA: Sage.

[13] Mason, J. (2002). *Qualitative researching*. London: Sage.

[14] Maxwell, J. A. (2013). *Qualitative research design: An interactive approach* (3rd ed.). Thousand Oaks, CA: Sage.

[15] Miles, M. B., & Huberman, A. M. (1994). *Qualitative data analysis: An expanded sourcebook* (2nd ed). Thousand Oaks, CA: Sage Publications.

[16] Miles, M. B., Huberman, A. M., & Saldaña, J. (2014). *Qualitative data analysis: a method sourcebook* (3nd ed.). London: Sage.

[17] Ramus, T., Vaccaro, A., & Brusoni, S. (2017). Institutional complexity in turbulent times: Formalization, collaboration, and the emergence of blended logics. *Academy of Management Journal*, 60 (4), 1253-1284.

[18] Saldaña, J. (2013). *The coding manual for qualitative researchers* (2nd ed.). London: Sage.

[19] Selznick, P. (1949) *TVA and the Grass Roots*. Berkeley, CA: University of California Press.

[20] Siggelkow, N. (2002). Evolution toward fit. *Administrative Science Quarterly*, 47 (1), 125-159.

[21] Smith, W. K. (2014). Dynamic decision making: A model of senior leaders managing strategic paradoxes. *Academy of Management Journal*, 57 (6), 1592-1623.

[22] Strauss, A. & Corbin, J. (1998). *Basics of qualitative research* (2nd ed.). Thousand Oaks, CA: Sage.

[23] Tracy, S. J. 2013. *Qualitative research methods: Collecting evidence, crafting analysis, communicating impact*. Oxford: Wiley-Blackwell.

[24] Yin, R. K. (2002). *Case study research: design and method* (4th edition), London: Sage Publications.

[25] York, J. G., Hargrave, T. J., & Pacheco, D. F. (2016). Converging winds: Logic hybridization in the Colorado wind energy field. *Academy of Management Journal*, 59 (2), 579-610.

第七章

多案例研究的数据分析

单宇

东北财经大学

苏芳

暨南大学

崔淼

大连理工大学

本章大纲

第一节 多案例研究的分析逻辑 / 167

第二节 多案例研究的案例选择 / 170

第三节 多案例研究的设计策略 / 173

第四节 多案例研究的数据分析过程 / 175

  一、数据分析原则 / 175

  二、案例内分析 / 177

  三、跨案例分析 / 180

第五节 多案例研究中的构念测量与数据呈现 / 184

  一、多案例研究中的构念测量 / 184

  二、多案例研究中的数据呈现 / 188

第六节 多案例研究的命题提炼 / 190

  一、命题的内涵与边界 / 191

  二、命题的提炼方式 / 196

参考文献 / 200

多案例研究方法，是指在理论抽样原则的指引下，对两个或两个以上的案例进行对比和分析，以识别出被分析案例单元的相似性和异质性，从而实现理论构建（Eisenhardt，1989a；Yin，2009）。多案例研究主要适用于三种情况：构建更具普适性的理论、探寻自变量的不同变异水平或者不同过程对因变量的影响、研究不同结果是如何获得的（毛基业、陈诚，2017）。相比于单案例研究，多案例研究往往能为理论构建提供更坚实的基础（Yin，2009），因为多案例能更准确地描述不同的构念及其相互关系，并从中确定准确的定义和构念抽象的适当层次，同时可靠的数据也会给你的研究结果提供更多的信心。

本书前面的章节已经对多案例研究设计、理论抽样原则等进行了系统性的介绍，在本章中，我们将重点介绍多案例研究过程中的数据分析问题。

第一节　多案例研究的分析逻辑

在开展多案例研究时，应该遵循什么样的底层逻辑？这个问题对于案例研究的初学者，往往是最容易被忽视、也是最为关键性的一个问题。对于初学者而言，"照猫画虎"地模仿顶级期刊的案例研究设计只能够达到"形似"，而对于案例研究底层逻辑的深度考量，才能真正意义上做到"神似"，甚至超越既定领域的已有研究。

在开展多案例研究的过程中，最让初学者挠头的就是对于"统计抽样"与"理论抽样"认识和使用上的模糊和混淆。正如本书第一章和第四章中所介绍的，多案例研究遵循的是理论抽样原则，其底层的分析逻辑为复制逻辑（见图7-1），复制是指通过单个案例间的相互印证，研究者可以更容易地发现共存于多个案例之间的模式（patterns），并消除随机性的关联（chance associations）（Eisenhardt，1991），可以分为逐项复制（literal replication）和差别复制（theoretical replication）。

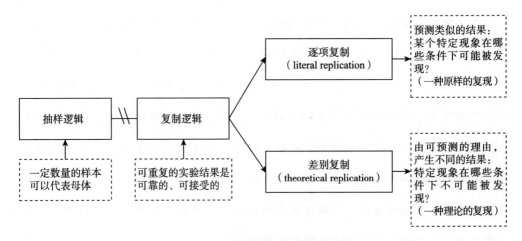

图 7-1 多案例研究的复制逻辑

逐项复制注重所挑选出来的案例能产生相同的结果,强调的是特定现象在哪些条件下可能被发现;而差别复制则是注重所挑选出来的案例由于可预知的原因而产生与前一研究不同的结果,强调的是特定现象在哪些条件下不可能被发现。例如,Martin & Eisenhardt(2010)对于多业务组织中的跨业务单元协作问题的研究,选取了六个上市软件公司,对于每一个公司分别选取两个跨业务单元协作,一个绩效表现好,一个绩效表现差。通过逐项复制,研究者发现了跨业务单元协作由业务单位发起会产生高绩效。而通过差别复制,研究者发现由公司高管发起的跨业务单元协作产生低绩效,也就是说不是由业务单位发起的跨业务单元协作不能产生高绩效。这样,第一类跨业务单元协作与第二类跨业务单元协作的单个分析采用了逐项复制,而它们之间构成了差别复制,最终得以形成稳健的命题结果"跨业务单元协作由业务单位发起比由公司高管发起更可能产生高绩效"(见表 7-1)。

表 7-1 协作的起源:业务单元与公司对比

公司名称		Adlib	Autumn	Bean	DataCo	Symbol	Vertical
第一类跨业务单元协作	起源	业务单元发起	业务单元发起	业务单元发起	业务单元发起	业务单元发起	业务单元发起
	绩效	高	高	高	高	高	高

（续表）

公司名称		Adlib	Autumn	Bean	DataCo	Symbol	Vertical
第二类跨业务单元协作	起源	公司高管发起	公司高管发起	公司高管发起	公司高管发起	公司高管发起	公司高管发起
	绩效	低	低	低	低	低	低

注：为了便于理解，该表在原文表格的基础上予以精炼形成简易表。

资料来源：Martin & Eisenhardt（2010）。

为了更好地理解逐项复制与差别复制的关系和作用，我们可以从生活中的切身经历去感受逐项复制与差别复制。例如，某位瘦身达人提出这样的论点：保持运动与合理饮食同时进行的时候，才能够有效减轻体重；但仅是运动或者仅是控制饮食，并不会减轻体重。如果采用多案例研究设计来验证该理论假设，则需挑选3—5个既保持运动又合理饮食的分析对象，来验证其是否经过一段时间的坚持后体重得以减轻（逐项复制）。其次，挑选3—5个只运动不注意饮食的分析对象，来验证其是否经过一段时间的坚持后不会减轻体重（差别复制）。最后，再挑选3—5个只注意饮食不注重运动的分析对象，来验证其是否经过一段时间的坚持后不会减轻体重（差别复制）。如果这三组案例研究结果都得以验证，那么这些案例合在一起就证明了该瘦身达人的观点（见图7-2）。

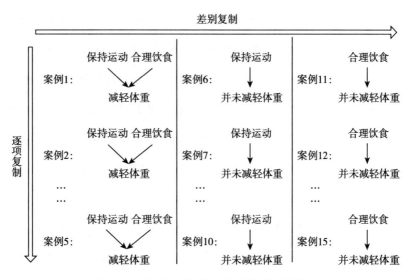

图7-2 逐项复制与差别复制的关系和作用

小贴士 7-1　什么时候开始理论抽样

很多时候存在这样的情况：理论抽样无法在一开始时就很明确，而是随着实地研究的展开而发展。也就是说，研究者进入实地后，观察到的现象会引导研究者对后续研究现象的选择，以便做比较。这就需要作者对理论和文献十分熟悉，能够慧眼识珠，找到案例中有潜在理论贡献的现象（张霞、毛基业，2012）。

第二节　多案例研究的案例选择

多案例研究中需包含多少个案例？这个问题仍是该领域的一个难题，也是大多数初学者开展案例研究之前最为困惑的问题之一。大部分的初学者在尝试开展案例研究时都会受到统计性抽样的影响，认为多案例研究中的每一个案例单元仅代表一个已知的样本点，并顾虑到自己所拥有的案例"样本"数量太小，无法得出更具普适性的结论，而望而生畏或徘徊不前；也有一部分初学者在尝试找到一种公式化的解决方案，如类似于通过展开实验研究或问卷调查中效度检验的方法来确定合适的样本量。事实上，把这些案例当作样本（某些已知的且更大群体的样本）这一想法本身，便是错误地看待这一挑战的开始（Yin，2009）。

如前所述，对于多案例研究，遵循的是理论抽样，选用案例是根据它们是否特别适合发现和拓展构念之间的关系和逻辑来决定的（Eisenhardt，1989a），案例数量的多少，并不能保证这组案例能否对最终的研究结果提供有效的支撑。多案例的选择不是基于特定案例的独特性，而是基于案例群对理论构建的贡献，或者说多案例的选择是基于理论原因，如可重复性、理论拓展、对立重复以及排除其他可能的解释（Yin，2009；Eisenhardt & Graehner，2007）。理想的情况下，当理论到达饱和时研究者应该停止增加新的案例（理论饱和就是在某个时点上，新获得的知识增量变得极小），这种思想类似于手稿的修订工作，当进一步提高质量的空间达到最小时，就可以结束修订。也就是说，在多案例研究过程中，如果所选择的案例分析单元所蕴含的信息足以说明构念之间的相互关系和逻辑，那么就没有必要增加更多的案例重复佐证，除非增加的案例能够拓展更多的理论。

细究多案例研究的数量选择，具体还涉及逐项复制和差别复制的数量设定，一般而言，逐项复制的案例数量选择取决于研究问题对于确定性因素的精确程度，以及理论假设与其他假设之间的区别程度，当研究问题确定性因素高且理论假设与其他假设差别极小、容易混淆时就需要选择更多的案例进行逐项复制；差别复制的案例数量选择，则取决于竞争性解释的重要程度，对立的竞争性解释越有说服力，就越需要增加案例的数量（Yin，2009）。

事实上，尽管关于多案例研究案例企业的样本数量选择并没有统一的标准，但通过梳理 AMJ、ASQ 等国际顶级期刊论文可以发现，仍然有一定的规律性可供初学者参考。为了进一步展示这种潜在的规律，本章统计了 Eisenhardt 及其合作者近年来发表的多案例研究（见表 7-2），可以发现：不存在理想的案例数目，一般 4—10 个案例通常效果不错。少于 4 个案例的话，通常很难产生复杂的理论，除非这个案例中包含了几个小的案例（如 Mintzberg & McHugh（1985）关于加拿大国家电影局的研究）。多于 10 个案例的话，其复杂性和海量数据的处理就会变得难以应付（Eisenhardt，1989a）。

表 7-2　Eisenhardt 发表在 AMJ 和 ASQ 上的多案例研究数量统计（1988—2019 年）

发表年份	论文题目	案例数量	发表期刊
1988	Politics of strategic decision making in high-velocity environments: Toward a midrange theory	8	AMJ
1989	Making fast strategic decisions in high-velocity environments	8	AMJ
1997	The art of continuous change: Linking complexity theory and time-paced evolution in relentlessly shifting organizations	6	ASQ
2001	Architectural innovation and modular corporate forms	10	AMJ

（续表）

发表年份	论文题目	案例数量	发表期刊
2004	The seller's side of the story: Acquisitionas courtship and governance as syndicate in entrepreneurial firms	12	ASQ
2009	Constructing markets and shaping boundaries: Entrepreneurial power in nascent fields	5	AMJ
2009	Origin of alliance portfolios: Entrepreneurs, network strategies, and firm performance	6	AMJ
2010	Rewiring: Cross-business-unit collaborations in multibusiness organizations	6	AMJ
2011	Rotating leadership and collaborative innovation: Recombination processes in symbiotic relationships	8	ASQ
2012	Catalyzing strategies and efficient tie formation: How entrepreneurial firms obtain investment ties	9	AMJ
2017	Unpacking the CEO-board relationship: How strategy making happens in entrepreneurial firms	4	AMJ

资料来源：作者整理统计而得。

小贴士 7-2　案例研究的口袋原则

当单个案例不够"亮"的时候，应该选择多案例研究。研究者在选择案例的时候必须要考虑案例的可得性问题，比如二手数据够不够丰富？能否进入企业进行调研？在选定案例之后，接下来的数据收集和数据分析是一个长久的、持续的过程。在这个过程中研究者可能会发现这个案例用来做单案例研究还不够出彩，但是考虑到案例本身还是具有一定的典型性，而且此时已经完成了大部分的数据收集工作，陡然放弃非常可惜，那么此时研究者可以选择将这个案例先放进自己的"口袋"里，等之后再和其他案例一起做多案例研究，比如可以对一个成功的案例和一个失败的案例进行对比研究。

第三节 多案例研究的设计策略

关于案例研究设计，本书第四章已经做出了详细介绍，事实上最简单的多案例研究设计就是选择两个或两个以上案例进行逐项复制，如果能够在逐项复制的基础上增加多个差别复制，就会为多案例研究"锦上添花"，形成更为复杂的多案例研究设计。那么有没有一些设计策略能够让初学者快速上手，开展初步的多案例研究？为此，本章在 Eisenhardt、Yin 等代表性的案例研究学者研究基础之上，从实际操作的角度，总结了四种策略供初学者参考。

（一）竞争性设计

竞争性设计（racing design）强调的是"同途陌路"，所选择的案例有相似的背景，在几乎相同的时间点展开特定的某项管理或竞争行为，但是开展管理或竞争行为发生的过程有所差异。一般而言，采取竞争性设计的多案例研究，案例企业起点相同或相似，但行为过程却有着极大的差异性，导致结果产生差异。例如，在 Ozcan & Eisenhardt（2009）中，研究者最初从 12 家发行公司中筛选出 4 家作为研究对象，这 12 家公司均成立于 2000 年年初无线游戏行业刚刚兴起之时，研究者强调，该项研究的优势在于所选择案例企业的起始位置相类似，这些公司均在同一时期成立，拥有类似的资源、投资者、技术先进性和创立者人脉。同时，为了便于进行差别复制，研究者又另外增补了 2 家初期实力相当的发行公司作为分析对象。这 6 家公司几乎同时创建，背景相似，但公司业绩却有着极大的差异性。起点相同而终点"背道而驰"所形成的强烈反差，为探讨公司如何形成高绩效的联盟组合提供了有力的支撑。

（二）等结果设计

与竞争性设计相反，等结果设计（equifinality design）强调的是"殊途同归"，即案例分析单元有相同或相似的结果，但实现这些结果的路径和机制是存在差异性的。一般而言，采取等结果设计的多案例研究，案例企业起点具有很大的差异性，但最终的结果却相同或相似，这种结果可以是成功的（如都是高绩效），也可以是失败的（如都是低绩效），等结果设计型多案例研究的目的在于挖掘造成同一结果的原因。例如，在 Hallen & Eisenhardt（2012）中，研究者选择的 9 家互联网安全企业都获得了投资（等结果），但 9 家企业的高管团队却有着极大的差异性（A 组的风投公司在硅谷，有丰富经验、联系密切的高管；B 组的风投公司在硅谷外，有一系列的管理人员）。通过研究不同性质的高管团队（赫赫有名与籍籍无名）解构了高效关系形成的原因。

（三）双尾设计

双尾设计（two-tail design）强调的是"分庭抗礼"，研究者会抽取相互矛盾的极端案例（例如，最好的与最坏的情况、绩效非常高与非常低的情况等），以便挖掘数据中的对立模式，通过创造和对比变异水平在两种极端情况下组织相关结果的状态来构建理论。采取双尾设计的多案例分析通常具有较强的视觉冲击力，例如，本章前面所提到的 Martin & Eisenhardt（2010）的嵌入性多案例研究设计，每一家案例企业都相应地选择了两个跨业务单元协作，一个绩效表现好，一个绩效表现差，这种"好"与"坏"所带来的反差直接关乎命题的提炼以及最终理论框架的形成。

（四）变异设计

变异设计（variance design）强调的是"去粗取精"，目的是控制和排除与研究问题不相关因素的干扰，即排除竞争性解释。选择案例的标准是控制和排除与研究问题不相关变量的变异，注重寻求跨案例单元间的共同主旨或主题，并重点关注核心变量的变异。变异设计中强调对于核心变量的深度聚焦，以清晰地呈现关键构念间的因果关系链，例如，在 Davis & Eisenhardt（2011）的研究中，他们选择了 10 个组织之间的 8 对技术合作，这种多案例设计关注的变异是不同组织之间合作创新的过程和内在机制，对于其他影响组织间合作创新的前因均被控制并排除。此外，Smith（2014）强调"我力求各战略业务合作单元所处环境的方差最小化。所有 6 个战略业务单元均属于高新技术行业。它们现有产品在市场上的销售年份处于 8—20 年，其赚取的收入在 10 亿—37 亿美元，并且创新被引入市场的时间不超过 1 年"，这也是为了控制和排除与研究问题不相关变量的变异。

尽管在这一小节，我们为案例初学者介绍了几种较为典型、操作性强的多案例设计策略，但是对于案例研究者而言，不应该将案例研究设计圈定为僵化的、不变的，更不能在数据收集过程中出现新问题和新发现时，故步自封，拒绝改变案例研究设计。事实上，在研究过程中出现的新资料、新发现具有很重要的启发作用（Yin，2009），初学者应该灵活地调整、更改和修正最初的案例设计策略。

第四节　多案例研究的数据分析过程

在理解多案例研究的底层逻辑，并拟定了初步的设计策略后，初学者前进的"拦路虎"就是面对浩如烟海的数据如何开展分析。数据分析是由案例研究构建理论的核心，但又是最难且最不易言表的一步，很多研究一般会介绍研究对象和数据收集方法，但对数据分析的讨论却一带而过，因此留下数据与结论之间的鸿沟（Eisenhardt，1989a）。数据分析最重要也是最难的工作是如何从所收集的海量数据中归纳并贡献于理论构建，本节我们将为案例初学者介绍一套简单、易操作的多案例数据分析方法。

一、数据分析原则

在开展多案例研究的过程中，务必要坚守多案例数据分析的基本原则，否则容易"迷失"在浩瀚的数据中，并影响研究结论的信度和效度。对于案例研究初学者，本小节总结了三点有必要遵循的数据分析原则：反复迭代原则、不断比对原则与三角验证原则。

（一）反复迭代原则

多案例数据分析过程不是一个线性的过程，数据收集与数据分析也并非一次就能够完成，而具有高度的迭代性。在多案例数据分析过程中，研究者通常会遇到某个案例分析单元与最初设计的研究方案不匹配甚至毫无关联，或者是所得到的结果与原有的理论假设有出入，这个时候就需要研究者对于原有的方案进行重新设计（见图7-3），如果案例研究者拒绝修订最初的设计方案，审稿专家或其他读者就会质疑你是否为了使研究结果与最初的假设达到一致，而有选择性地采集数据，故意扭曲和忽视与事实不相符的研究发现（Yin，2009）。

多案例研究的迭代还体现在案例样本的调整上，在研究过程中发现一些新的关系时，就需要扩充案例数量进一步论证，这点在本书第四章也有提及。例如，Ozcan & Eisenhardt（2009）首先选取了同时具有可比资源、投资者、卓越技术和创始人关系的四家公司，然后增加两家具有一定差异性的公司到研究中。

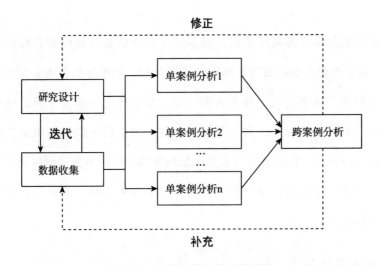

图7-3　多案例分析的迭代过程

（二）不断比对原则

与单案例一样，多案例数据分析的核心是贡献于理论的构建，而理论的构建则是通过案例数据、形成的理论以及现有文献之间进行反复比对而交替进行，这使得案例研究的数据分析过程具有重复、不断滚动、波动前行的性质。与单案例研究只需要在一个案例数据和文献之间不断比对所不同的是，多案例研究还需要在多个案例之间进行比较，以期发现稳定的模式。因此，多案例研究需要将在单个案例中发现的关系（即单个案例数据与理论比较），与其他案例进行反复比较（案例之间的比较），只有该关系能够反复出现，才能说明该关系是有效的。

令初学者时常感到困惑的是，数据分析过程中是不是应该一头扎进数据的海洋中"两耳不闻窗外事"，力求关键构念的涌现？答案是否定的，一篇好的多案例研究要求研究者在着手分析数据时就开始展开数据与理论之间的反复比对，这样做的好处是尽管通过数据分析所建构的理论看似"很主观"，但成功的案例理论往往令人惊讶得"客观"，因为其与数据的唇齿相依而使研究者保持"坦诚"（Eisenhardt & Graebner, 2007）。

（三）三角验证原则

三角验证是提升多案例数据分析质量、提升案例研究结果效度和信度的重要保障（Yin, 2009），本书在第五章案例研究的数据收集部分已经详细介绍了不同数据来源的收集与整理。我们这里强调的是在案例数据分析过程中也需要关注三角验证（Fielding & Fielding, 1986）。首先，研究者的三角验证，不同研究者对相同的资料进行分析是否可以得出相同的结果。其次，方法的三角验证，不同的数据分析方法能否得出相同的结论。最后，理论的三角验证，采用不同的理论视角能够形成竞争性假设。最后提醒一点，方法的三角验证和理论的三角验证受到一定的批评，比如不同方法和理论基于不同的假设和视角出发，如果考虑三角验证则可能导致极端的折中主义（extreme eclecticism）。因此，研究者应该小心地和有目的地使用方法和理论三角验证来增加数据分析的宽度和深度（Fielding & Fielding, 1986）。

二、案例内分析

案例内分析通常包括对每个案例的详细描述，虽然只是简单纯粹的描述，但它对新见解的产生却非常关键，因为它能帮助研究者在数据分析阶段及早开始处理海量数据（Eisenhardt, 1989a）。研究者在开展案例研究时通常面临着浩如烟海的数据。例如，Mintzberg & McHugh（1985）在研究加拿大国家电影局的战略制定时查阅了 2 500 多部电影，而且这还只是数据的一部分。由于在开展案例研究初期，案例研究问题的设定通常是开放性的，大量的数据更加令人望而生畏，通过案例内分析可以帮助研究者应对数据的汪洋大海。对于如何进行案例内分析，理论界尚未形成一个统一的范式，但初学者需要谨记两点。

第一，多案例分析过程中的案例内分析要尽量在寻求跨案例普适性模式之前，将每个案例独有的模式涌现出来。这样可以帮助研究者深度了解每一个案例分析单元，并作用和贡献于跨案例模式的提炼。

第二，在分别针对每个案例做案例内分析的时候，梳理的主线要围绕同一个核心问题展开，这个核心问题是与研究问题相关的研究领域，可以比研究问题更宽泛一些。例如，研究问题是供应商如何应对金融危机时客户订单突然锐减的境况，而研究者在梳理每个案例时，让每个案例单独回答供应商如何应对金融危机。尽管对于案例内数据分析的策略选择"仁者见仁，智者见智"，但本章还是总结了两种简单、易操作的案例内分析策略供初学者参考。

（一）事件流分析：编制关键事件时间表

基于事件流的案例内分析策略，可以让研究者在研究问题的指引下，清晰地梳理出与研究问题相关的关键事件发生时序，并根据一系列的事件流（flow of events），挖掘事件之间的关联所在。采取这种分析方式的研究者，首先要衡量自己所要研究的每一个案例分析单元的数据能否形成一个清晰的时间轴，如果答案是肯定的，就需要研究者进一步地处理事件流：选定关键事件、按时间轴排序以及挖掘事件前后关键变量的关联性。例如，Mintzberg & McHugh（1985）先是编写了 383 页加拿大国家电影局的发展历史，在进行描述和分析时，大量使用了时序图来追踪收入、电影赞助商、员工及电影主题等。为了更加清晰地展示事件流，我们建议初学者在采取这种方式进行案例内分析时，编制关键事件时间表，该表格不一定呈现在最终的文章中，更重要的作用是更加清晰地展示关键事件的变化轨迹。

> **小贴士 7-3　初学者应该如何绘制关键事件时间表？**
>
> Miles & Huberman（1994）给出了一些小窍门：①图表习惯上将时间的流向安排成由左至右，可以按照这一顺序画出各栏；②时间区分上，可以按照固定的时间间隔进行划分（如第 1 年、第 2 年），也可以进行较为弹性的划分（如萌芽期、成长期与成熟期）；③事件的层级要有所区别（如个人层面、组织层面、企业层面等）；④事件的属性要有所区别（一般事件、关键事件等）。

（二）关系网分析：绘制关系网络拓扑图

基于关系网的案例内分析策略，可以让研究者在研究问题的指引下，清晰地绘制出研究主体与其他主体之间的关系网络，并通过分析由不同行为主体所构成的网络结构与网络关系，洞察隐藏在关系网背后的关键线索。采取这种分析方式的研究者，首先要考察的是研究对象的适配性问题，并不是所有的案例分析单元都能够以关系网的形式得以解构，关系网的分析策略更适用于研究高管、团队、合作伙伴等研究对象。例如，在 Eisenhardt & Bourgeois III（1988）的研究中，他们以战略决策为切入点，绘制了高管团队与团队成员在决策过程中的关系网，使"冲突""政治"这些关键的变量之间的关系得以挖掘。为了更加清晰地展示关系网，我们建议初学者在采取这种方式进行案例内分析时，绘制关系网络拓扑图；同样，与关键事件时间表的作用相类似，该图不一定呈现在最终论文中，更为关键的作用是理清案例分析对象的复杂关系。

在案例内分析过程中，有多少研究者就可能有多少种分析方法，但总的来说这些方法就是要将每一个案例看作独立的个体，然后细致入微地熟悉它们（Eisenhardt, 1989a）。尤其对于初学者，更应该结合自身的资源禀赋以及案例分析单元的特色，去选择合理的案例内分析模式，而不是一味地追求单一的分析策略。

三、跨案例分析

在完成案例内分析以后，研究者就需要着手进行跨案例分析。跨案例分析要求研究者突破案例内分析时的思维局限，站在系统性、全局性的角度，通过结构化、多样性的分析手段，将跨案例分析过程中涌现的构念与现有理论进行反复比较，并借助大量的图表挖掘构念之间的潜在联系，在不断完善研究发现的过程中逐渐实现数据与理论的匹配，增强理论的抽象程度，以形成稳健的因果关系证据链。同时，在数据资料、涌现构念以及已有文献之间反复穿梭，直至形成稳健且综合性的理论框架。在进行跨案例分析的过程中，正如 Eisenhardt（1989a）指出的："人们只根据有效的数据就跳跃式地得出结论，被鲜明的数据或更杰出的受访者过度影响，忽略基本的统计性特征，或者有时放弃了反面证据。由于这些信息处理过程中的偏差，导致研究者过早下结论甚至得出错误的结论。因此，跨案例分析的关键就是从不同的途径来分析数据，以克服偏差。"本小节基于 Miles & Huberman（1994）提出的"案例导向的策略（case-oriented strategies）"和"变量导向的策略（variable-oriented strategies）"，进一步深化总结，以供初学者参考。

（一）案例导向的策略

案例导向的策略，是根据案例本身的属性进行对比，以建立类型或组群，寻求案例间的相似点与不同点。因此，需要研究者根据每一个案例的属性去挖掘案例之间是否拥有某种模式或构造，能否予以分组。例如，美联储的鹰派与鸽派是指美联储联邦公开市场委员会委员们在控制通货膨胀和刺激就业这对矛盾体上的倾向，鹰派偏向于美联储尽早收紧货币政策，而鸽派则是偏向于维持宽松的政策更长的时间或是较晚加息，鹰派和鸽派的划分就是从美联储联邦公开市场委员会委员的属性出发来划分的。Du & Pan（2013）也是基于东软和 SAP 中国两家企业的特点，对比分析了两家企业在技术服务外包的能力构建与相应的战略匹配（见图 7-4）。其中，东软在成立之初就定位于培养技术人才，并逐渐确立了开发窗口式的交流平台，即东软有专门的客户代表与客户沟通，而技术人员的职责则是满足客户代表与客户沟通时技术支持的需求；而 SAP 在成立之初就建立了开放式的交流平台，所有员工既需要与客户沟通，又需要解决技术问题。

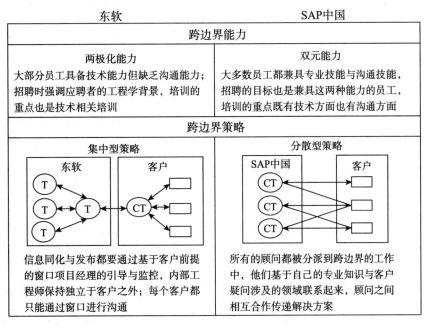

图 7-4 东软与 SAP 中国跨边界能力与跨边界战略对比

注：Ⓣ，只拥有技术能力的员工；㏇，拥有技术和沟通两种能力的员工；▭，客户员工。

资料来源：Du & Pan (2013)。

另一个例子是 Awate et al.（2015），作者将现有的发达经济体跨国企业（AMNEs）与成功的新兴经济体跨国企业（EMNEs）的风力涡轮机生产厂商的研发国际化进行了分类。对于 AMNEs，研究者选取了丹麦的行业引领者 Vestas，对于 EMNEs，研究者选取了印度的 Suzlon 公司，在进行跨案例分析时，研究者对两个案例的知识获取（knowledge accessing）和知识输送（knowledge sourcing）进行了配对分析，并发现了 AMNEs 的主要知识流动是以"教学"的形式由总部流动到子公司，随着时间的推移，可能会出现子公司获得能力创造的地位，并为 AMNEs 的整体创新活动做出贡献；而 EMNEs 国外研发子公司的知识水平更有可能高于总部。因此，总部创新追赶的主要驱动因素是从这些子公司到总部的"逆向"知识流动。

此外，Bourgeois III & Eisenhardt（1988）也采取了案例导向的策略，研究者选取两个公司作为研究对象，列出它们之间的相同点和不同点，并根据公司是公有还是私有、是创业者经营还是职业经理人经营、规模大小、生产线属于第一代还是第二代等属性进行分类。在分类的过程中，研究者发现类似规模、几代产品这些类别并没有清晰的模式，但是类似于绩效这种类别，就会产生组织内相似与组织间相异这样的重要模式。

（二）变量导向的策略

变量导向的策略是根据变量的高低取值或变量的不同维度进行的。在类别或维度设定上，研究者可以根据研究问题本身或依托于现有文献予以设定（Eisenhardt，1989a）。例如，Eisenhardt & Bourgeois III（1988）采取了变量导向的策略，根据 CEO 决策风格的高低取值归类为专制型、共识型和商议型三种风格进行分析。

此外，除了从研究问题本身出发，研究者也可以根据现有文献对变量的类别或维度予以设定。例如，研究者可以进一步拓展为一种 2×2 的矩阵或其他单元设计来同时比较多个案例，但是需要初学者注意的是，2×2 矩阵在横坐标和纵坐标设计上必须非常精妙才能为跨案例分析提供支撑，如果边界不清晰、划分标准关联性差则会使跨案例分析误入歧途。2×2 矩阵最为典型的案例是"时间管理优先矩阵（prioritization matrix）"（见图 7-5），初学者可以参照此种模式去设计自己的矩阵。近年来，国内的一些案例学者，也开始尝试使用 2×2 矩阵进行跨案例分析，例如，许晖和单宇（2019）关于"打破资源束缚的魔咒：新兴市场跨国企业机会识别与资源巧配策略选择"的研究中，就是利用了顾客资产与创新资产的深度和广度构建了 2×2 的跨案例分析矩阵（见图 7-6）。

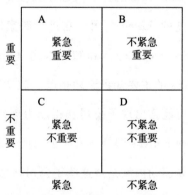

图 7-5 "时间管理优先矩阵"矩阵

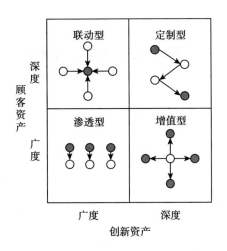

图 7-6 "顾客资产—创新资产"矩阵

资料来源:许晖和单宇(2019)。

小贴士 7-4 一个典型的关于案例内分析和跨案例分析描述的例子

Brown & Eisenhardt(1997)对于案例内分析和跨案例分析这样描述道:我们对每家企业进行了单独的案例研究。在这个过程中我们对每个案例出现的多产品创新的重要特征数据进行不断的比较。虽然该过程已经能够看出案例之间的共性和区别,但为了保持复制逻辑的独立性,我们将深入比较分析留到完成所有的单案例编写之后(案例内分析)。

我们没有任何的先验假设。最初,我们比较了个案,识别出普遍的困境,提炼出每个案例的独特方面。我们创建了表格和图形以辅助比较,并依次对比每对案例的共性和区别,形成新的构念和理论逻辑。每次反复比较,我们都重新进行了案例配对,提炼概念观点。随着分析的展开,抽象程度随之提高。针对每次提出的新观点,我们需要再一次回顾案例,用以确认和调整新观点中的想法。我们也会回顾原始的访谈资料以确保观点和数据保持一致(跨案例分析)。

第五节　多案例研究中的构念测量与数据呈现

一、多案例研究中的构念测量

相比于单案例研究，多案例研究的数据分析更强调对构念程度进行测量，以此在案例内分析时来挖掘构念间的关系（显性关系和/或隐性关系），并作用于跨案例分析时的比对与命题提炼。我们梳理了几种常见的测度型数据处理方式：构念赋值、打分评估和组合评估，供初学者参考。

（一）构念赋值

构念赋值是指对已经存在的构念或数据分析过程中涌现出来的构念，采取和选定统一的评判方式进行定量赋值，并依托于赋值指标对构念属性进行分级。例如，Graebner & Eisenhardt（2004）的研究中，为捕捉企业领导者对出售公司的立场，在数据分析的过程中发展出一个新的构念——并购意愿（acquisition interest）。为了比对不同企业的领导者对于出售公司态度的共性和差异性，研究者就采取了构念赋值的方式对并购意愿进行了层级划分（见表7-3）。具体的操作方式是，根据管理者或投资人对出售企业的支持或反对的具体行为来赋值。支持的行为加1分，如雇用投资银行或主动联系并购方。相反地，反对的行为减1分，如拒绝与潜在并购方进行接触。最后，将分数累加得出一个总分，并依据这个总分，将企业管理者的出售立场划分为积极、中立和消极三类。

表7-3　并购意愿分级

公司名称	行动	得分	类别
Tosca	列出潜在并购方的名单（+1） 联系潜在并购方并与之讨论并购事宜（+1） 雇用投资银行（+1） 举行公司出售拍卖会（+1） 当并购方来洽谈时进行谈判（+1） 做出关于出售公司的董事会决议（+1）	6	积极

(续表)

公司名称	行动	得分	类别
Cheetah	向有意向的并购方寻求投资（+1） 当并购方来洽谈时进行谈判（+1）	2	中立
Tiger	多个买家成为公司的潜在投资者，有意识地阻止任何一个投资者并购公司（-1） 有买家与之接触时，拒绝商谈（-1）	-2	消极

资料来源：Graebner & Eisenhardt（2004）。

（二）打分评估

打分评估是指研究者邀请受访者对构念进行打分评估，分值标准设定在有限的区间内（如7点的李克特量表）。与构念赋值最大的区别是，构念赋值是由研究者根据受访者的行为和意愿进行定量赋值，而打分评估是直接由受访者对构念进行定量评估。例如，Martin & Eisenhardt（2010）对于跨业务单元协作绩效就是采用了这种方式进行评估（见表7-4）。具体的操作方式是，采用10点李克特量表，邀请公司高管和业务单元总经理对协作绩效进行打分，并取平均值。需要注意的是，采取打分评估的时候，研究者通常还会引用其他证据与打分所形成的结果进行印证，以保障数据分析的效度。例如，Martin & Eisenhardt（2010）除了运用了打分评估的方法对协作绩效进行测度，还通过质性数据（代表性观点引用）予以支撑。

（三）组合评估

组合评估是指研究者通过设计多维的测度指标完成对关键构念程度的测量，这些测度指标组合在一起能够更好地反映构念的属性。与构念赋值、打分评估这两种方式不同的是，组合评估涉及多个指标的评测且评测标准和过程更为复杂。例如，Hallen & Eisenhardt（2012）对于投资关系形成效率就是采用了这种方式进行评估。对于投资关系形成效率研究者选取了投资完成度、关系形成所需月数和投资者期望性三个指标进行组合评估（见表7-5）。

表 7-4 跨业务单元协作绩效

公司	绩效	协作类型	公司高管评分	总经理评分	财务、市场和战略结果	代表性观点引用
Adlib	高	捆绑影响	7	7	业务单元在它们的市场中几乎占据了垄断地位，第一年有超过1亿美元的收入；捆绑营销成为公司的一个新战略	"他们干得非常好"（总经理） "它转变为了数百万、数千万至上亿美元的业务"（总经理） "这是一笔巨大的收入，超过一亿美元"（总经理） "从收入的角度来看，他们非常成功"（总经理） "各部门之和大于总体"（业务单元报告者）
	低	标准化平台	4	3	目前没有平台；创新性最近显著降低了	"这些都是支离破碎的"（总经理） "我认为许多人依然很迷惑，当你提到这个的时候肯定有很多人感到不解"（总经理）

资料来源：Martin & Eisenhardt（2010）。

表 7-5 投资关系形成效率测度指标

构念	评估指标	测量
投资关系形成效率	投资完成度	通过查验投资是否产生了正式的已接受的报价
	关系形成所需月数	通过计算时间流逝（从高管正式开始寻找新的投资者开始，直到他们收到第一个正式报价为止）测量形成时间
	投资者期望性	通过三个方面进行衡量： ① 公司是否收到多个期望的投资者的报价并可以从中选择； ② 当一个报价被接受时，其他投资者是否仍积极开展尽职调查； ③ 一个明确的理想投资者（即目标投资者）发出的报价

资料来源：本章作者根据 Hallen & Eisenhardt（2012）整理而得。

在确定投资关系形成效率评估指标及其测量方式以后,研究者对每一轮的效率进行四档定位:①高(在两个月或更少的时间内实现新的投资关系,以及投资者的期望高);②适中(具有高投资期望的新的投资关系花费超过两个月实现,或者具有低投资期望的新的投资关系在两个月内实现);③低(新的投资关系具有低投资者期望和超过两个月实现);④放弃(没有新的投资关系)。在此基础上,研究者通过计算平均关系所形成的效率的阈值对不同公司投资关系效率进行评估(见表7-6)。

表 7-6 投资关系形成效率

时期	潜在合作伙伴	结果	投资完成	关系形成所需月数	投资者期望性	投资关系形成效率
Heavenly(高效率)						
种子期	1位风险投资人	收到1位风险投资人报价	●	1	●	高
A轮融资	2位风险投资人	收到1位风险投资人报价;其他风险投资人在尽职调查	●	1	●	高
B轮融资	10位风险投资人	收到1位风险投资人报价;4份其他报价	●	1	●	高
C轮融资	1位风险投资人	收到1位风险投资人报价	●	1.5	●	高
Donner(低效率)						
A轮融资	10—15位风险投资人	放弃	○	2	○	放弃
A轮融资	30—40位风险投资人	收到3位风险投资人报价;4份其他报价	●	7	●	适中

注:●代表存在;○代表不存在。

资料来源:Hallen & Eisenhardt(2012)。

二、多案例研究中的数据呈现

相对于定量研究而言，案例研究包含了太多的质性细节，需要在数据呈现时更加严谨和丰富，以"打动"审稿人和读者。事实上，借助构思精妙的表格、附录和其他视觉辅助手段来呈现数据，对于案例研究者是非常有必要的，因为这样可以为理论构建提供丰富而坚实的经验性证据（Eisenhardt & Graebner, 2007）。

在进行多案例数据呈现时，初学者往往对多案例是否应该像单案例一样展现一个完整的故事心存疑惑。事实上，"要更好的故事，还是要更好的理论"取决于单案例研究与多案例研究的属性。单案例研究，能够通过描述一个好的故事，实现故事与理论的交融，使展示丰富质性数据的挑战得以化解，并在这一过程中揭示数据与新理论之间的紧密联系（具体关于单案例数据呈现的介绍，请参照本书的第六章）。而多案例研究在进行数据呈现时，对于理论的坚实性和实证资料的丰富性之间的取舍是非常困难的，如果对每一个案例都面面俱到地描述，就会造成文章过于冗长，而使审稿专家和读者陷入文字的海洋中。

多案例研究者在进行数据呈现时，可以借助大量的表格和/或图形等其他视觉手段来清晰地展示相关的案例证据，这种方式可以补充多案例分析过程中"选择性故事描述"所带来的局限性，并能够进一步强调理论的实证基础的严密性和深度。每个理论构念都用表格的形式来展示其证据是一种特别有效的办法，这些"构念表格"概括了案例证据，而且还指出了该构念如何"测量"，这也就提高了理论的"可验证性"，并且建立了一座由质性证据通向理论验证的坚固桥梁（Eisenhardt & Graebner, 2007）。对于多案例研究的表格呈现，并没有统一的范式，最核心的是要向审稿专家和读者清晰地展示证据。在本部分，我们重点阐述质性证据和定量证据的混合呈现方式。依据质性证据和定量证据的不同作用关系，这又可以分为不同的类型：质性证据赋值表格与质性证据、定量证据交叉表格。

在质性证据赋值表格中，研究者对于关键构念的质性证据进行援引，并对所援引的证据进行判断和赋值，以展示构念与构念间的关系。例如，Graebner & Eisenhardt（2004）对于战略障碍与公司领导者出售立场关系的证据展示就采用了这种表格呈现方式（见表7-7）。研究者在数据中发现了战略障碍出现的证据，包括增加融资次数、扩大销售规模等，并援引了这些证据的访谈数据，在此基础上，对所访谈数据所体现出来的战略障碍赋值（容易跨越的战略障碍赋值1分，难以跨越的赋值2分），以此展示战略障碍与出售立场的关系。

表7-7 战略障碍与出售立场

公司名称	战略障碍	难易程度	对出售的兴趣
Tosca	**战略缺陷**。需要扩张到关联领域，但充满风险。"公司产品单独出售的持续时间不会超过12个月……与其他产品整合的选择……风险很高，意义不大。"（风险投资人） **扩大销售规模**。在我们这个行业，为了向大客户表现你的可靠性和吸引力，规模至关重要。"为了使我们的销售收入大幅度提升……我们要么收购别人，要么与别人合并。"（CEO）	难：2 难：2 总分：4	积极
Traviata	**扩大销售规模**。产品正在测试，有望准时推出。潜在客户已电话订购。"我们有好的产品，好的销售团队。产品将准时推出。"（CEO） **战略缺陷**。"我们已经开始考虑我们的产品是单独出售，还是与其他产品集成起来出售。"（销售副总） **融资**。正在进行的第二轮的资金募集，还没有到截止日，但想投资的已经排长队了。（主管服务的副总）	易：1 易：1 易：1 总分：3	中立
Mariner	**融资**。"我们的投资人有钱，他们想主导下一轮融资，以增加他们在公司的股权。"（CEO）	易：1 总分：1	消极

资料来源：Graebner & Eisenhardt（2004）。

在质性证据、定量证据交叉型表格中，研究者通过质性证据与定量证据的同时展示，以呈现构念与构念间的关系。例如，Ozcan & Eisenhardt（2009）对于公司业绩证据展示就采用了这种表格呈现方式（见表7-8）。研究者对公司业绩评估时通过定量证据（成功游戏的数量、成功游戏的百分比、行业排名等）与质性证据（典型的描述），以此展示不同企业的绩效高低。

表 7-8 跨业务单元协作绩效

公司	成功数量的游戏	成功游戏的百分比	行业排名	游戏数量，安装每款游戏的手机数量	研究后的绩效	质性描述（典型的描述）
Starclick	7	14	第一	55款游戏，每款游戏8部手机	被公认为行业领导者；2004年PO市值达到1.5亿美元；2005年以7亿美元的价格被收购	"在移动游戏世界，Starclick被当作行业标杆。移动游戏企业都嫉妒Starclick的地位。"（文章）"它们就是品牌。"（总经理）
Phonemix	0	0	非十强	5款游戏，每款游戏2部手机	在2004年退出发行业	"他们做出了一些出色的东西，但却没有得到公认。"（运营商高管）

资料来源：Ozcan & Eisenhardt（2009）。

第六节 多案例研究的命题提炼

通过案例内分析与跨案例分析，试验性的主题、构念甚至变量间的关系开始逐渐清晰，下一步就是系统地比较数据分析过程中所形成的框架与各个案例分析单元的证据，并在评估理论框架与案例数据吻合程度的过程中（Eisenhardt，1989a），完成理论构建。通过案例研究所形成的理论是对构念及其相互关系的陈述，能够显示现象的发生方式和/或原因。事实上，纵观 AMJ、ASQ、SMJ 等国际顶级期刊的多案例研究，存在着多种方式构建理论，且各具特色。对于多案例研究的初学者，本节将着重介绍一种通过命题（proposition）提炼来搭建理论框架的方式。

一、命题的内涵与边界

对于案例研究初学者而言,在进行命题提炼时,最容易犯的错误之一就是对命题与假设的混淆,甚至通过数据分析提炼的"所谓的命题"并不是真正意义上的命题,缺乏科学性与严谨性。为了在多案例数据分析过程中提炼出科学、有意义的命题,就要求研究者深入地理解命题的内涵与边界。

(一)什么是命题

在哲学、数学和语言学研究的不同流派中,对于"什么是命题"的判断仍存在着争议,以哲学研究的不同流派为例,命题就具备着多层含义:既可被看作语句的意义(meaning of sentences),也常被视为真值的载体(truth-bearers)。在数学中,一般把判断某一件事情的陈述句叫作命题。尽管理论界对于命题内涵的界定仍存在着一定的争论,但仍可以发现一些共通之处,即命题被视为一个判断(陈述)的语义(实际表达的概念),这个概念是可以被定义并观察的现象。当相异判断(陈述)具有相同语义的时候,它们表达相同的命题。例如,雪是白的(汉语)和 Snow is white(英语)是相异的陈述,但它们表达的命题是相同的。此外,在同一种语言中,两个相异判断(陈述)也可能表达相同命题。例如,前面的命题也可以说成冰的小结晶是白的,不过,之所以是相同命题,取决于冰的小结晶可视为雪的有效定义。为了方便研究者更深入地理解命题的内涵,我们总结了命题的几个特点:

第一,命题是陈述性的语义表达。 陈述性的语义表达意味着研究者对于命题的提炼须为陈述句(declarative sentence),以更简短和形式化的方式捕捉论点,并充当进一步实证研究的桥梁,例如,前文所提到的"雪是白的"。因此,疑问句(interrogative sentence)"雪是白的吗"、祈使句(imperative sentence)"请不要玩雪"以及感叹句(exclamatory sentence)"多白的雪啊"都不属于命题的语义范畴。

第二,命题是清晰性的语义表达。 清晰性的语义表达意味着研究者提炼的命题必须是非常清晰的,例如,"喝水能够缓解口渴""厚羽绒服可以抗寒"等,而模糊的陈述不能被视为有效命题,例如,"今天天气很凉""这个人不胖"等。

第三,命题与语句(sentence)之间是充分不必要关系。尽管命题被视为一个判断(陈述)的语句,但并不是所有语句都是命题。语句仅仅是符合当前语言以及语法规则的字符串,这使得语句并不都是有意义的,例如,"清晨的哈佛桥喝光了查尔斯湖的水""摆在书桌上的案例书一口吃了三个烧饼"等,尽管符合语法规则,却没有任何意义。

(二)命题与假设的区别

案例研究的初学者在尝试通过多案例数据分析提炼命题时,常常面临着这样的困惑,"命题"与"假设"有什么区别?针对这一问题,研究者可以从三个方面进行区分和辨识。

第一,内涵上的区别。命题与假设均指对特定科学问题的可能答案,但正如前文所言,命题是指一个判断(陈述)的语义(实际表达的概念);而假设则是关于在给定情况下会发生什么的有根据的猜测。进一步来说,假设是指按照预先设定,对某种现象进行的解释,即根据已知的科学事实和科学原理,对所研究的自然现象及其规律性提出的推测和说明,而且数据经过详细的分类、归纳与分析,得到一个暂时性但是可以被接受的解释。因此,从内涵上来看,尽管假设和命题都规定了可检验的关系,但命题则是涵盖了新颖理论基础构架之间关系的更广泛描述(Cornelissen,2017)。

第二,底层逻辑的区别。命题的提出遵循的是归纳逻辑,即以一系列经验判断或知识储备为依据,寻找出其遵循的基本规律或共同规律,并假设同类事物中的其他事物也遵循这些规律,从而将这些规律作为预测同类其他事物的基本原理。归纳逻辑的基本结构为:案例(A)→结果(B)→规则(若A则可能B),例如,经常熬夜(案例),影响健康(结果),则经常熬夜影响健康(规则),可以发现归纳逻辑的本质是从特殊归纳出普遍,结论明显是不确定的。而"假设"的提出遵循的是演绎逻辑,是指由已知的规律层层推导出下一个规律。演绎逻辑的基本结构为：规则（若 A 则 B）→案例（A）→结果（B），例如，经常熬夜影响健康（规则），经常熬夜（案例），则影响健康（结果），可以发现演绎逻辑是由普遍到特殊，通过定义基本规律层层推演，但由于结论本身就包含于前提之中，从而限制了新知识的创造。

第三，测量上的区别。科学假设的一个重要要求是它是可检验的，提出假设的最常见原因是在测试中使用，因此如果假设无法通过检测进行证伪，则不能将其视为有效科学理论的一部分。命题的主要目的是在无法通过实验验证链接的情况下构建构念之间的关系。通过提出构念之间的联系，科学命题可以为研究人员提出有希望的研究领域，通过命题刺激对问题的进一步研究，以期找到进一步的证据或实验方法，使之成为可检验的假设。在很少能做出有效假设的研究领域中，命题可以支持研究者做出进一步的推测，例如，考古学和古生物学研究中，仅发现了部分证据，命题也很有价值。

（三）案例研究中命题的构成

在对命题的内涵、边界以及命题与假设之间的关系和区别有了一定的了解以后，案例研究的初学者可能会发问：对于多案例研究的命题呈现是否存在一种标准化的范式？事实上，尽管理论界对于多案例研究命题呈现方式并没有统一的规定或达成一致的共识，但仍可以从中获取一定的规律性特征，即命题的构成是构念以及构念间关系的差异性陈述。为了能够让初学者更为直观地理解这种呈现方式，我们选取了 1989 年和 2011 年发表在 AMJ 上的两篇文章的命题构成来进一步说明。

第一个例子是 Eisenhardt（1989b），研究者在这篇文章中共提出了 6 个命题（见表 7-9），可以发现每一个命题都涉及两个关键的构念，例如"即时信息—决策速度""冲突解决—决策速度""决策速度—绩效"等，且每一个命题研究者都对构念间的关系做出了判断，例如"越多越快""越积极越快""越快越好"等。此篇文章一个潜在的命题提炼规律是每一个命题都锚定了一个关键的构念"决策速度"，以此来链接"决策速度"与其他关键构念，并形成前后呼应的系统性理论框架（见图 7-7）。

表 7-9　命题、关键构念以及构念间关系解构（范例一）

命题	关键构念	关系
命题 1：使用即时信息越多，战略决策的速度越快	即时信息—决策速度	多—快
命题 2：同步考虑的备选方案的数目越多，战略决策的速度越快	备选方案数目—决策速度	多—快
命题 3：使用有经验的咨询顾问越多，战略决策的速度越快	咨询顾问数量—决策速度	多—快
命题 4：冲突解决越积极，战略决策的速度越快	冲突解决—决策速度	积极—快
命题 5：决策整合程度越大，战略决策的速度越快	决策整合程度—决策速度	大—快
命题 6：在快速变化的环境中战略决策的速度越快，绩效越好	决策速度—绩效	快—好

资料来源：Eisenhardt（1989b）。

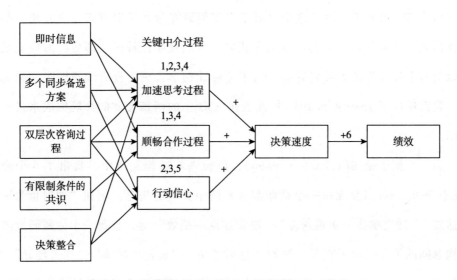

图 7-7　快速变化环境下战略决策速度模型（范例一）

资料来源：Eisenhardt（1989b）。

第二个例子是 Martin & Eisenhardt（2011），研究者在这篇文章中共提出了5个命题（见表7-10），与前一个例子中命题的区别是对构念的属性进行了分类，例如，通过"跨业务单元协作（业务单位发起）—高绩效"与"跨业务单元协作（高管发起）—低绩效"得到命题"跨业务单元协作由业务单位发起比由公司高管发起更可能产生高绩效"，这种构念间的关系不再是第一个例子中"多—快"或"快—好"这种横向关系的对比，而是采取了纵向的关系对比"相比于B，A更好"，这种构念与构念间关系更明显地体现了本章前文所提到的归纳逻辑，并最终形成理论框架（见图7-8）。

表7-10 命题、关键构念以及构念间关系解构（范例二）

命题	关键构念	关系
命题1：跨业务单元协作由业务单位发起比由公司高管发起更可能产生高绩效	跨业务单元协作—绩效	业务单位发起—高绩效 高管发起—低绩效
命题2：在决策前进行主动的学习活动比其他活动更可能产生高绩效的跨业务单元协作	活动—绩效	学习活动—高绩效 其他活动—低绩效
命题3：多业务团队决策比公司层面的决策更可能产生高绩效的跨业务单元协作	决策—绩效	团队层面—高绩效 公司层面—低绩效
命题4：由很少协调关系的重构的团队比其他团队形式更有可能产生高绩效的协作	团队形式—绩效	很少协调关系的重构团队—高绩效 其他团队形式—低绩效
命题5：重新连接，即以业务单元为中心的过程，比以公司为中心的过程更可能产生高绩效	协作过程—绩效	业务单元为中心—高绩效 公司为中心—低绩效

资料来源：Martin & Eisenhardt（2010）。

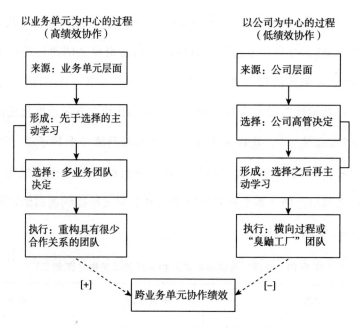

图 7-8 重置与公司中心化协作过程（范例二）

资料来源：Martin & Eisenhardt（2010）。

二、命题的提炼方式

从前文对案例研究中命题的构成的学习可知，命题由构念以及构念间的关系所构成，那么，在多案例数据分析过程中如何定义和测度构念以及如何挖掘构念间的关系以形成命题？本小节将基于归纳逻辑为案例研究的初学者介绍命题提炼的 3 个步骤（见图 7-9）：完善构念定义并提供证据以度量（识别并测量构念 A、B、C 与 X）；建立构念间的关系（每个案例单独分析，发现案例一中 A、B、C 会导致 X，案例二中 A、C 会导致 X）；通过对比和迭代形成命题（寻找相同点，A、C、X 之间的关系构成命题）。

（一）完善构念定义并测量构念（步骤 1）

多案例分析过程中，首先要对构念进行清晰的界定，否则会导致最终提炼的命题过于模糊，从而违背了本章前文所提到的"命题是清晰性的语义表达"的原则，并可能导致研究者对于多案例分析对象产生认知偏差。例如，Eisenhardt &

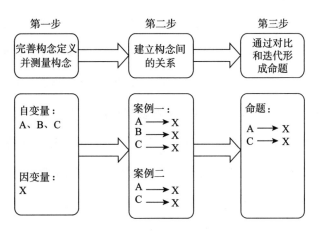

图 7-9　多案例研究命题提炼步骤

Bourgeois Ⅲ（1988）在引言部分就将政治（politics）和快速变化的环境（high-velocity environments）做出了清晰的界定（分别出现在第二段和第三段）。

需要注意的是，多案例数据分析构念的定义与测量往往是在数据分析过程中逐渐形成的，而不是逻辑演绎出来的，对于初学者而言，也不能仅仅是将构念的定义限制于以往的文献或数据分析之前，而是随着数据分析的展开，逐步完善构念的定义。例如，Ozcan & Eisenhardt（2009）在数据分析之前对联盟组合（alliance portfolios）（引言第二段）以及企业绩效（firm performance）（研究方法的测量指标部分）做出了清晰界定，而关于行业架构（industry architecture）的界定则是在数据分析过程中得以确认和完善。

在完善构念的定义以后，就需要建立证据以对构念进行清晰的度量，这是挖掘构念关系前非常关键的一步，需要借助于数据和构念的不断比较，以使多来源的累积证据收敛于单一的、良好定义的构念。对于如何科学地度量构念，本章前面的内容已经做出了清晰的解释，在此不再赘述。

（二）建立构念间的关系（步骤2）

在对核心构念进行清晰的界定与度量以后，就需要研究者针对每一个案例进行单独分析，不断地对比和分析关键构念间的关系（隐性或显性），逐一撰写每一个案例的构念间关系，并将其与支持性的证据联系起来。在挖掘构念关系的过程中，清晰表述隐含的理论论点是至关重要的，这些论点可以从案例证据中（例如某受访者提到了这种逻辑关系)和/或客观的逻辑中提取(Eisenhardt,1989a)。例如,Eisenhardt(1989b)对8个案例企业分别进行了单案例分析以挖掘构念间的关系,在这个过程中,研究者发现,有4家公司决策速度很快(制定决策的时间少于4个月),且这4家公司即时信息使用均较多;而另外4家公司决策速度则很慢(至少需要6个月,通常超过12个月),且这4家公司即时信息使用较少。这样,通过对每个案例即时信息使用情况与决策速度之间关系的建立,就为进一步的跨案例关系的对比并提炼最终命题提供了基础。

(三)通过对比和迭代形成命题(步骤3)

在案例内分析挖掘出构念间的关系以后,就需要研究者进行跨案例分析,以进一步验证构念间的关系是否能在其他案例分析单元中仍可以得到支持或修正,当所构建出来的关系在其他案例中得以支持时,则可以利用该关系进一步提炼命题;如果其他案例分析单元缺乏足够的证据来支持这种关系,则需要研究者去进一步审视所收集的数据是否缺失,在查验数据充足而关系仍不能支持的情况下,就要舍弃这种不能复制的关系。但这并不意味着多案例研究就此终止而以失败告终,而是在提醒研究者要重新回到起点再次审视研究设计、研究问题以及所选择的构念解释边界是否合理,在这种反复迭代的过程中,不仅能够提升多案例研究的信度和效度,有时也会使研究者在"山重水复疑无路"中实现"柳暗花明又一村",而发现新的研究价值点。为了能够让初学者更为清晰地理解如何挖掘构念间的关系,我们抽取了1988年和2009年发表在AMJ的两篇文章中的关键命题以进一步说明构念间的关系如何得以挖掘。

第一个例子是Eisenhardt & Bourgeois III(1988),研究者在对"冲突""政治"等关键构念进行界定以后(步骤1:完善构念定义),以目标冲突、政策冲突、人与人之间的分歧对"冲突"进行了测量(步骤1:测量构念),在对部分单案例分析的时候,研究者构建了"冲突"与"政治"的关系,即冲突导致政治的运用(步骤2:建立构念间的关系)。但是在进行跨案例分析的时候,研究者发现部分案例冲突并没有导致政治的形成(步骤3:对比),于是,研究者重新审视了各个案例影响"冲突"与"政治"之间关系的其他关键构念，并发现在所有冲突形成政治的案例中，权力都非常集中（步骤3：迭代），由此提炼出最终的命题"冲突不是运用政治的充分条件。相反，只有当权力集中时，冲突才会导致政治"（步骤3：形成命题）。

第二个例子是Ozcan & Eisenhardt（2009），研究者在对"联盟组合绩效""企业绩效""行业架构"等关键构念进行界定以后（步骤1：完善构念定义），以直接关系数量、关系多样性、关系特征等多种指标测度了联盟组合绩效和企业绩效（步骤1：测量构念），并以受访者对行业架构的认知、关系建立日期、事件等指标测度了企业是否倡导独特的行业架构（步骤1：测量构念）。在此基础上，研究者进行单案例分析并分别构建了行业架构与联盟组合绩效的关系（步骤2：建立构念间的关系）。在进行跨案例分析时，研究者就发现了高绩效联盟组合、高企业绩效的企业都倡导并执行独特的产业架构，而低绩效联盟组合、低企业绩效的企业则是注重寻求一系列单一关系（步骤3：对比），由此提炼出最终的命题"和寻求一系列单一关系的企业相比，倡导并执行独特产业架构（即企业角色和相互依存关系）的企业更可能（a）建立高绩效联盟组合，（b）实现高绩效"（步骤3：形成命题）。

小贴士7-5　命题提炼中容易出现哪些问题？

国际顶级期刊AMR在2017年的编辑评论（editor's comments）中列出了命题提炼时容易出现的问题（Cornelissen，2017）：①命题范围狭窄，无法捕捉到基本的因果关系，并且缺乏足够的突破，这些命题通常会概括能够从现有文献中找出的众所周知的关系，而不是从一系列的论证中得出；②在假设检验的演绎逻辑下建构命题，即命题被缩小为一组更具体、更容易得到检验的假设；③尽管无关紧要，研究者通常塞入不必要的命题，研究者通常趋向于围绕其研究的基本组成部分提炼命题，而不是基于他们正在发展的论点；④命题的实际措辞不当，通常包括多个从句，因此涵盖了多个"相互影响的部分（multiple interacting parts）"；

⑤分析层级在不同的命题之间不断转移，除非将这些命题定位为多层级取向，否则这也是一个问题；⑥对于"因果（causal agent）"形式的主张不够清楚。

训练卡片

1. 找到4—10个上市公司的招股说明书，自选研究问题，根据本章的数据分析方法，进行一项简单的多案例分析。

2. 总结在数据分析过程中面临的挑战和可能的解决方案。

参考文献

[1] 毛基业，陈诚（2017）.案例研究的理论构建：艾森哈特的新洞见——第十届"中国企业管理案例与质性研究论坛（2016）"会议综述.管理世界，（2）：135-141。

[2] 许晖，单宇（2019）.打破资源束缚的魔咒：新兴市场跨国企业机会识别与资源"巧"配策略选择.管理世界，（3）：127-141。

[3] 张霞，毛基业（2012）.国内企业管理案例研究的进展回顾与改进步骤——中国企业管理案例与理论构建研究论坛（2011）综述.管理世界，（2）：105-111。

[4] Awate, S., Larsen, M. M., & Mudambi, R. (2015). Accessing vs sourcing knowledge: A comparative study of R&D internationalization between emerging and advanced economy firms. *Journal of International Business Studies*, 46 (1), 63-86.

[5] Bourgeois III, L. J., & Eisenhardt, K. M. (1988). Strategic decision processes in high velocity environments: Four cases in the microcomputer industry. *Management Science*, 34 (7), 816-835.

[6] Brown, S. L., & Eisenhardt, K. M. (1997). The art of continuous change: Linking complexity theory and time-paced evolution in relentlessly shifting organizations. *Administrative Science Quarterly*, 1-34.

[7] Cornelissen, J. (2017). Editor's comments: Developing propositions, a process model, or a typology? Addressing the challenges of writing theory without a boilerplate. *Academy of Management Review*, 42 (1), 1-9.

[8] Davis, J. P., & Eisenhardt, K. M. (2011). Rotating leadership and collaborative innovation: Recombination processes in symbiotic relationships. *Administrative Science Quarterly*, 56 (2), 159-201.

[9] Du, W., & Pan, S. L. (2012). Boundary spanning by design: toward aligning boundary-spanning capacity and strategy in it outsourcing. *IEEE Transactions on Engineering Management*, 60 (1), 59-76.

[10] Eisenhardt, K. M. (1989a). Building theories from case study research. *Academy of Management Review*, 14 (4), 532–550.

[11] Eisenhardt, K. M. (1989b). Making fast strategic decisions in high-velocity environments. *Academy of Management Journal*, 32 (3), 543–576.

[12] Eisenhardt, K. M. (1991). Better stories and better constructs: The case for rigor and comparative logic. *Academy of Management Review*, 16 (3), 620–627.

[13] Eisenhardt, K. M., & Bourgeois III, L. J. (1988). Politics of strategic decision making in high-velocity environments: Toward a midrange theory. *Academy of Management Journal*, 31 (4), 737–770.

[14] Eisenhardt, K. M., & Graebner, M. E. (2007). Theory building from cases: Opportunities and challenges. *Academy of Management Journal*, 50 (1), 25–32.

[15] Fielding, N. & Fielding, J. L. (1986). *Linking data (Vol. 4)*. Beverly Hills, CA: Sage.

[16] Galunic, D. C., & Eisenhardt, K. M. (2001). Architectural innovation and modular corporate forms. *Academy of Management Journal*, 44 (6), 1229–1249.

[17] Garg, S., & Eisenhardt, K. M. (2017). Unpacking the CEO-board relationship: How strategy making happens in entrepreneurial firms. *Academy of Management Journal*, 60 (5), 1828–1858.

[18] Graebner, M. E., & Eisenhardt, K. M. (2004). The seller's side of the story: Acquisition as courtship and governance as syndicate in entrepreneurial firms. *Administrative Science Quarterly*, 49 (3), 366–403.

[19] Hallen, B. L., & Eisenhardt, K. M. (2012). Catalyzing strategies and efficient tie formation: How entrepreneurial firms obtain investment ties. *Academy of Management Journal*, 55 (1), 35–70.

[20] Martin, J. A., & Eisenhardt, K. M. (2010). Rewiring: Cross-business-unit collaborations in multibusiness organizations. *Academy of Management Journal*, 53 (2), 265–301.

[21] Mintzberg, H., & McHugh, A. (1985). Strategy formation in an adhocracy. *Administrative Science Quarterly*, 160–197.

[22] Miles, M. B., & Huberman, M. (1994). *Qualitative data analysis: An expanded sourcebook*. Thousand Oaks, CA, Sage Publications.

[23] Ozcan, P., & Eisenhardt, K. M. (2009). Origin of alliance portfolios: Entrepreneurs, network strategies, and firm performance. *Academy of Management Journal*, 52 (2), 246–279.

[24] Santos, F. M., & Eisenhardt, K. M. (2009). Constructing markets and shaping boundaries: Entrepreneurial power in nascent fields. *Academy of Management Journal*, 52 (4), 643–671.

[25] Smith, W. K. (2014). Dynamic decision making: A model of senior leaders managing strategic paradoxes. *Academy of Management Journal*, 57 (6), 1592–1623.

[26] Yin, R. K. (2009). *Case study research: Design and methods*, Thousand Oaks, CA, Sage Publications.

第八章

案例研究中的模型表达

吴瑶

中山大学

本章大纲

第一节 理论模型的价值 / 205

第二节 理论模型的类型 / 207

  一、研究框架模型 / 207

  二、研究发现模型 / 208

  三、理论框架模型 / 209

第三节 理论模型的设计与操作 / 214

  一、理论模型的基本构成要素 / 214

  二、理论模型的设计原则 / 216

  三、理论模型的操作步骤 / 218

第四节 结 语 / 223

参考文献 / 223

尽管绘制理论模型并非案例研究论文的硬性要求，但由于案例研究论文篇幅长、信息量大、分析层次多，评审者和读者往往会面临较重的阅读负担和理解负担，如何将研究者的核心观点和亮点高效地传达给评审者和读者，这是作为研究者必须要解决的关键问题。其中，绘制有效的理论模型，就像良好的写作能力一样，是展现核心观点的一种重要表达方式，应该成为研究者必备的一项表达技能。与研究方法和语言表达不同，很少有学校开设专门的课程教授如何绘制理论模型，也很少有相关书籍详细说明案例研究模型的绘制方法。所以以下内容来自阶段性经验总结，为初学者提供入门的科普引导，为进阶者提供可供参考的范例。

第一节　理论模型的价值

很多原因使案例研究论文篇幅较长：例如，评审者和读者往往期待能看到完整翔实的案例证据，作者提供了丰富的例证呈现；研究问题本身包含多个分析层次；研究设计包含多对象、多阶段或多重关系，不仅需要"讲故事"，还需要"故事"与"理论"进行充分的对话。这都导致一篇案例研究论文往往提供给评审者或读者的信息量极大，自然会产生较重的阅读负担和理解负担。

国内期刊发表的逾2万字的案例研究论文非常常见，国际期刊发表的超40页篇幅的案例研究论文也屡见不鲜。作为论文作者，如何能让评审者和读者高效地理解论文，这是关乎论文是否能被专家认可，以及在论文发表后是否能被越来越多的同行认可所必须解决的一个重要问题。

理论模型作为一种图形表达，非常有利于呼应文字表达，至少具有以下四个方面的价值：

（1）显著减轻阅读负担或理解负担。理论模型是对核心观点的抽象概括，往往通过展现最核心的概念、概念和概念之间的关系，并突出分析的结构和层次，使读者一目了然地理解论文最核心的理论观点。相比于在几万字中寻找具体描述，理论模型通过一个箭头、几个框图来体现研究者关注的影响关系或研究路径，使评审者和读者能快速"抓重点"，形成对论文的"全局观"。通过先看模型，反过来再理解文字，使阅读变得容易很多。

理论模型在视觉上的"辨识度"极高，如果一个理论模型在设计和构思上做得不够完善，就会使评审者一目了然地看到论文的缺点。这时，很多研究者会选择不去做理论模型，只依赖文字表达。但是，如果一个理论模型做不好，大概率是研究者还未想清楚论文的核心观点，未能做好整体的设计。简而言之，想不清楚，则画不清楚；画不清楚，很多情况下是本来就没想清楚。所以，并非是理论模型导致评审者对论文产生了偏见，根本上是论文核心观点和设计本身就存在可提升的空间。

（2）快速吸引新读者。理论模型可以成为研究者的"法宝"，如果绘制得当，那么信息就会以最清晰、有效的方式涌入读者的眼帘。理论模型与摘要和引言的作用一样，都可以用于快速吸引新读者。三者通过各自不同的简洁表达，高度凝练论文的核心，将之传达给新读者。三者在表达的重点上略有不同，但具有极强的互补性——摘要往往通过展现高度凝练的研究问题和研究结论，使读者可以快速辨识论文的"定位"；引言通过突出研究动机解析研究问题的重要性和迫切性，使读者产生初步的认同感和共鸣；理论模型本质上表达了研究者提出的"解决方案"，使读者能够通过这一视觉化表达快速了解研究者的研究设计和核心观点。更重要的是，一个好的理论模型能够非常清晰地突出研究者的分析层次和分析对象，加之恰当的表达，能够快速吸引同样关注类似分析对象和层次的读者。

（3）串联全文。有些研究者会选择在一篇论文中做2个以上的理论模型，以形成在不同论文结构中的不同作用：如在理论基础或文献综述部分提出一个研究框架模型，以概括研究者在现有研究基础上但区别于现有研究提出的研究思路；如在研究发现部分提出一个过程模型，以概括整个理论故事的关键概念、过程和机制；又如在理论探讨部分提出一个理论概念模型，以凝练该研究的核心理论观点。当一篇文章存在2个以上的理论模型时，模型之间就能够形成相互呼应的作用——正如一篇案例研究论文各个不同结构间的相辅相成，嵌入在各个结构中的模型之间也会形成相互呼应的关系。这使得读者在阅读论文过程中，能够通过各部分的模型快速了解论文各结构所表达的重点，因此形成串联全文的作用。

（4）个人创作成就。正如本章开头提及的，理论模型很大程度上反映了作者对一篇论文能否被评审者和读者高效理解的自我要求与追求。与文字表达所追求的美感不同，理论模型这一图形表达方式追求的是一种视觉上的美感——既不能过于复杂加重读者的理解负担，也不能如文字表达般给读者预留过大的理解空间，所以要制作好理论模型，需要不断地平衡，以实现不同于文字表达的另一种和谐，这往往依赖于研究者对核心观点的反复推敲和极致凝练，不仅追求核心观点是"清楚的"，还要达到"清楚地可视化"，这往往对研究者提出了更高的要求。如果能开发一个能够被评审者认可、被读者欣赏的理论模型，对研究者而言这无疑是一种类似艺术作品创作的个人成就。

第二节　理论模型的类型

本节的目的是通过提供一个初步的模型分类观，帮助研究者理解案例研究论文世界中"百花齐放"的模型表达形式。一般而言，可从结构和功能两方面理解理论模型的类型。从论文结构上看，理论模型存在三种主要类型：研究框架模型、研究发现模型和理论框架模型。

一、研究框架模型

研究框架模型主要放在理论基础部分，可以用来展现研究者通过文献梳理形成的分析框架，或者呈现研究脉络，或者突出研究缺口（research gap）。如 Homburg et al.（2017）利用如图 8-1 所示的研究框架模型清晰地提出的三个研究问题，使读者通过这种视觉呈现非常容易理解这些研究问题与现有文献的联系与区别。部分研究框架模型还可以在模型表达中加入对研究设计的解释，如肖静华等（2014）在文献综述的第四小节"简要评述和研究框架模型"中提供了一个基于文献分析得出的模型，这个模型既是对现有文献的总结，也同时清晰地告诉读者这个研究的核心思路，即市场环境动荡形成压力筛选，使企业和消费者根据对方变化，利用信息技术进行学习，进而调整自身行为，因此形成了企业与消费者协同演化动态能力。研究框架模型能很好地引导读者阅读下文，尤其对于文字表述较长的研究发现部分，能够形成一定的引导和呼应。

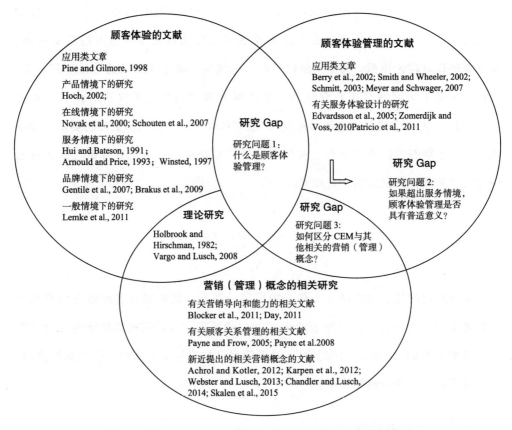

图 8-1　Homburg et al.（2017）研究中提出的研究框架模型

二、研究发现模型

研究发现模型，顾名思义，是体现基于数据形成的研究结论的模型，用以展现研究者通过案例分析梳理形成的主要结论，其中，这种模型应清晰地表达出研究对象、阶段特征、过程特征、主要概念和行动，以及行动之间的影响。以图 8-2 中肖静华等（2018）的模型为例，研究发现模型往往与案例数据有较强的呼应关系，能较为详细地表达研究者所关注的各种概念（如构建规则能力、优化决策能力、细分客户能力等）、主要过程（如图中的①至⑥）以及核心观点（如该模型揭示了企业与消费者协同演化的互动关系，以及数据驱动机制）。有些研究者还习惯在模型中加入命题或观察结论（observation），如 Aoki & Wilhelm（2017）的模型，尽管该模型中囊括了多个主体和多个分析层次，但通过清晰地标注出研究者所观察的结论，让读者能清晰地了解研究发现部分的核心观点，很好地辅助文字理解。

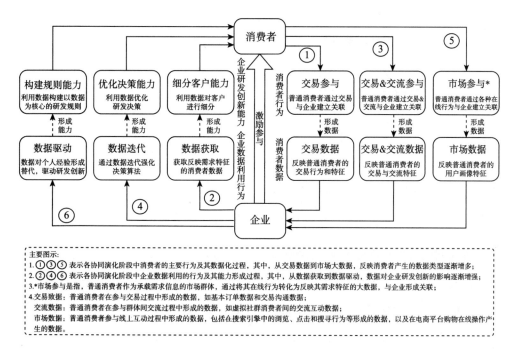

图 8-2　以肖静华等（2018）的模型为例

三、理论框架模型

理论框架模型主要放在理论探讨部分，用来进一步凝练研究发现模型，通过抽象化、理论化展现研究者基于案例发现形成的理论结论，这一个模型往往与论文的理论贡献相互呼应。区别于研究发现模型，理论框架模型可以被理解为是基于研究发现模型的进一步凝练和概括，所以往往非常简洁，用以突出研究的理论贡献。如许晖等（2013）在论文第五部分"案例结论与讨论"呈现如图 8-3 所示的理论框架模型，概括了研究发现中详细描述的三个转型的核心特征及相互关系。通过在该部分先提出这一理论框架模型，可以很好地引导接下来的理论对话和贡献描述，便于读者在阅读完篇幅较长的研究发现部分后，能够清晰地获取基于研究发现的理论贡献。

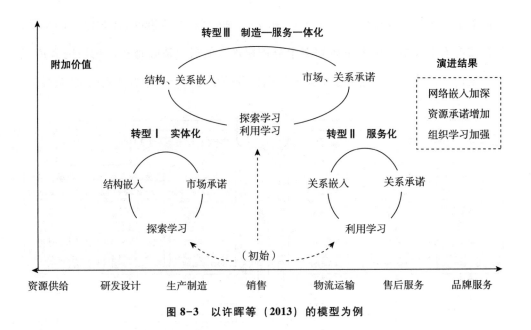

图 8-3　以许晖等（2013）的模型为例

研究问题的差异性会影响理论框架模型的呈现形式。换言之，理论框架模型为研究问题服务。从模型功能上看，理论框架模型能根据研究者想表达的理论观点的特征呈现多种多样的形式和形态。从这一点出发，因为理论观点的多样性，理论模型在呈现上往往也"各具特色"，这里列举几类常见的类型。

（一）因果类模型

因果类模型在视觉上非常接近定量研究模型，主要用以揭示概念间近似因果的影响关系。放在模型最右边的概念往往是"结果"（如图 8-4 中的"绩效"），模型最左边一般是"前因"，模型中间由若干个概念组成，代表哪些因素作用于前因变量对结果变量的影响。因果类模型可能存在较多视觉变形，如 Hazée et al.（2017）（模型位于第 446 页）和 Colm et al.（2017）（模型位于第 230 页）提出的理论框架模型都属于因果类模型，但视觉形式很不一样。

（二）机制类模型

机制类模型侧重展示概念间的独特影响关系，区别于阶段类模型，机制类模型中的"机制"并不一定有清晰的时间顺序。如图 8-5 中 Murmann（2013）提出的行业与其所在环境的协同演化模型，其中内嵌了对两种机制的展现：一种是由变异（variation）、选择（selection）、保留（retention）组成的演化机制，一种是连接行业演化和学界演化的双向因果机制,包括人员交换(exchange of personnel)、商业联系(commercial ties)和游说(lobbying)。

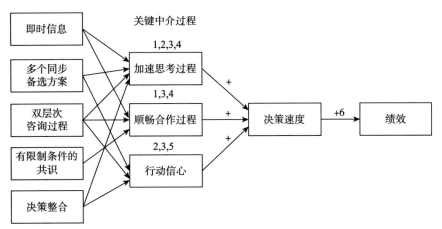

图 8-4　以 Eisenhardt(1989)中的模型为例

注:数字对应文中的命题。

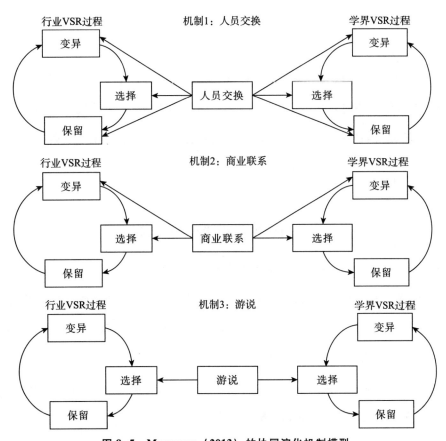

图 8-5　Murmann(2013)的协同演化机制模型

拓展阅读 8-1

包含机制类模型的文献

（1）不信任（distrust）的强化机制模型。

- Bijlsma-Frankema, K., Sitkin, S. B., & Weibel, A. (2015). Distrust in the balance: The emergence and development of intergroup distrust in a court of law. *Organization Science*, 26 (4), 1018–1039.

（2）组织即兴（organizational bricolage）的机制模型。

- Perkmann, M., & Spicer, A. (2014). How emerging organizations take form: The role of imprinting and values in organizational bricolage. *Organization Science*, 25 (6), 1785–1806.

（三）阶段类模型

作为案例研究中较为常见的模型类型之一，阶段类模型常出现在探讨"发展""转型""演化"等需要描述过程的研究议题中（见图 8-6）。阶段类模型往往能呈现具有时间先后顺序的发展过程，用来描述具有不同理论特征的发展阶段或过程。

拓展阅读 8-2

包含阶段类模型的文献

（1）描述供应商与关键客户关系演化的过程模型。

- 许晖，冯永春，许守任．基于动态匹配视角的供应商与关键客户关系的构建与演进——力神开发 12 家关键客户的案例研究．管理世界，2014（4）：107-123．

（2）描述企业与消费者协同演化动态能力的过程模型。

- 肖静华，谢康，吴瑶等．企业与消费者协同演化动态能力构建：B2C 电商梦芭莎案例研究．管理世界，2014（8）：134-151．

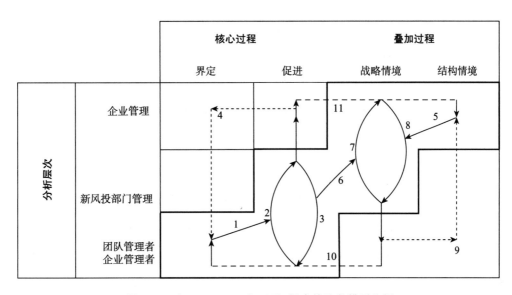

图 8-6　以 Burgelman（1983）提出的阶段模型为例

注：1，……，11 表示过程中活动的顺序；──表示活动间存在强联系；┈┈表示活动件存在弱联系；----表示过程间存在延迟效应；

（四）图表类模型

图表类模型，顾名思义，是将图和表两种呈现形式融合在一起的模型类型。很多研究者发现如果要清晰地整合包含较多分析层次或对象的研究结论，往往单纯依靠图形表达或文字表达都是不足够的，需要将图形和文字以一种协调的方式整合在一起，让评审者和读者能够更加清晰地理解。尽管这类模型极大地减少了一篇文章中包含过多图表的问题，但往往对构图要求较高，因为研究者在绘制过程中要保证在视觉上有清晰的结构，图和文字都不能过于复杂，因此对概念及其关系的抽象化和取舍要求更高。如 Homburg et al.（2017）做的图表类模型，清晰地汇总了该研究的理论假设、核心观点、相关支撑的文献和未来研究的方向，非常有助于对全文的理解和把握。

此外，图表类模型还可以将援引的例证和对应的相关概念很好地联系在一起，如 Su（2015）在呈现案例数据时绘制的研究发现模型（论文第 971、972、974、975、976 页），将基于数据形成的概念与支持这一概念的例证都融入一个图形中，既兼顾了过程理论特征的变化，又使读者能够清晰地阅读到支持这些变化的证据链。

上述对理论模型的划分，并不包括非理论化的图形表达。例如，在研究方法部分经常看到的"时间轴模型"，用以梳理案例企业在一个时间区间的主要事件或转型特征。这类非理论模型不纳入本章探讨的范围内。但是，不可否认的是，图形表达也是研究者在描述研究方法步骤时的一个很好的选择。如 Beatty et al. (2016) 在论文第 160 页研究方法部分绘制了一个描述数据收集步骤的图形，清晰地展现了 4 个主要数据收集阶段、如何操作每一阶段以及对应的受访者数量。又如 Homburg et al. (2017) 在论文第 381 页研究方法部分绘制了一个描述整个研究思路和步骤的图形，清晰地展现了所有步骤之间的关系以及执行各步骤之后所形成的结果。这一图形使读者对研究者的思路和重点有所把握，很好地促进了对该研究内容的理解。Su（2015）在论文研究方法部分（第 963 页和第 964 页）还绘制了体现受访者职位结构的框架图，非常清晰地体现了哪些业务单元的哪些受访者接受了访谈。

第三节　理论模型的设计与操作

在初步了解了理论模型的价值和类型后，本节进一步为学习案例研究者提供制作模型的具体操作步骤和技巧。本节首先将解释理论模型的基本构成要素和设计原则，无论何种模型，都应该包含这些必要的要素，满足基本的表达原则。然后，本节将根据之前提出的三个主要模型类型——研究框架模型、研究发现模型和理论框架模型，分别展示各类模型在设计中需要注意的重点问题，并提供可行的操作步骤。

一、理论模型的基本构成要素

一个好的理论模型主要有三个构成要素：准确的内容、恰当的视觉效果和精细的制作。准确的内容本质上与理论发现和研究设计息息相关，恰当的视觉效果和精细的制作则依赖于研究者的视觉思维。有效的视觉思维有助于内容的高效传达，使理论模型不仅在科学上经得起推敲，在视觉上也兼具美感。

（1）准确的内容。评判一个理论模型最核心的标准应是"在理论上是否准确"，因此，从根本上讲，内容才是模型的根本。这里的内容主要是指组成模型的理论概念及其关系。无论一个理论模型在视觉上做得多么漂亮，如果其中的概念以及概念间的关系经不起推敲，那么这个理论模型就是不成立的。毕竟，理论模型追求的是"科学的表达"。

那么，如何确定概念和描述概念间的关系？这就需要回到核心的研究结论中。研究者需要凝练能够反映研究结论的关键概念和位于研究结论核心的概念间关系，将它们提取出来，绘制模型，使之视觉化。这一过程也可被理解为，研究结论由概念和概念间关系组成，理论模型是将研究结论进行可视化。

（2）恰当的视觉效果。与文字表述不同，绘制理论模型的过程中研究者应该建立个人的有效视觉思维，基于文字但超越文字，构建能与文字表达相互呼应的图形表达。这就需要充分利用视觉技巧，如动态、线性、迭代和对称等。你可以感受一下图 8-7 中 Forkmann et al.（2017）的模型带来的视觉体验。Forkmann 通过勾勒一个对称式图形来表示双边视角中的供应商视角和顾客视角，不仅在视觉上直接突出了"双边"含义，且通过对称设计，让两方视角所涵盖的内容清晰地展现。如果仔细阅读可以发现，作者在两方视角中所列的维度（如服务提供等）是统一的，增强了对比性，因此也提高了被理解的程度。利用视觉技巧来体现动态性或动态关系的模型可参考 Gkeredakis（2014）在第 1 499 页绘制的体现协同动态性的理论框架模型。

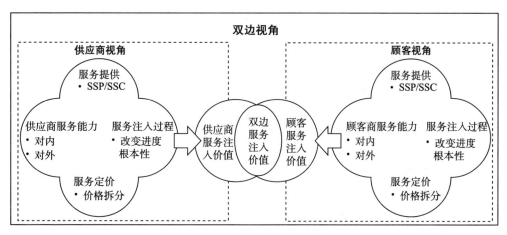

图 8-7　Forkmann et al.（2017）模型的视觉体验

（3）精细的制作。精细的制作能使理论模型活灵活现，但往往最容易被研究者忽略。研究者倾向于不断打磨文字，打磨理论贡献，却往往忽视打磨模型。在实际评审过程中，模型是最容易吸引评审者的一处，也是评审者可能花费更多时间反复阅读的地方。因此，一个精细打磨的模型，往往最容易体现研究者对一个论文的"精雕细琢"。

单纯从制作角度来看，理论模型的精细打磨需要考虑模型整体的美观度，包括图形文字排列是否整齐、和谐，字号字体是否合适，如果一个模型包含很多概念和子概念，是否能够在视觉上体现出主次。这些都需要研究者不断修改，可以为评审者和读者提供更好的视觉体验。

此外，建立图示（legend）十分必要。一个理论模型中可能包含很多视觉化的要素，比如实线箭头和虚线箭头。作为严谨的学术呈现，研究者不应该过于随心所欲地使用这些视觉化要素，应该赋予它们准确的定义。就如同定义概念一样，给予模型中这些视觉化要素，包括框图、直线、曲线以界定，这样才能够有效帮助研究者快速、准确地识别出模型要表达的意思。而且，图示应该被视为模型的一个部分，在图中直接予以呈现（见图 8-8）。

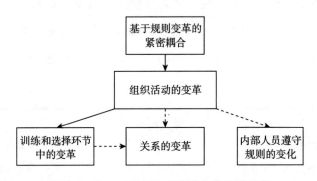

图 8-8　Lom（2016）对实线和虚线的解释

注：实箭头表示直接影响，虚线箭头表示间接影响。

二、理论模型的设计原则

无论对于何种模型，包括研究框架模型、研究发现模型和理论框架模型，它们都应遵循三个共同的设计原则：一是目标原则，即始终围绕着研究者想表达的核心观点来设计模型，先确定核心观点（目标），再开始绘制模型；二是简化原则，即理论模型不是为了展示细节，而是为了突出重点；三是迭代原则，与论文一样，好的理论模型是改出来的，需要通过不断的自我否定与外部评审，提升模型与理论思想的匹配度。

（1）目标原则。如果没有一个清晰的核心观点，也就无法绘制出一个清晰的理论模型。核心观点因模型类型不同而不同——对于位于文献综述部分的研究框架模型，核心观点可能是研究者提出的理论缺口，也可能是研究者想选取的理论视角，还可能是研究者基于文献得出的分析框架；对于研究发现模型，核心观点可能是基于案例数据归纳得出的概念、发现和命题；对于理论框架模型，核心观点可能是对理论贡献的直接表达，也可能还包含与相关研究的对比分析结论。无论是何种模型，核心观点都应该是"不可或缺的"，即如果不表达这个结论，则难以说清楚研究的目的和特色。因此，一个研究者在提笔绘制模型之前，最重要的是明确核心观点。换言之，理论模型就是核心观点的视觉化表达。

（2）简化原则。初学者往往会陷入无限繁杂的细节中，在案例研究中，这一问题当然不仅仅出现在绘制模型上，而且在该环节尤为突出。其实从评审者或读者的角度，如果模型过于复杂，那么理论模型本身也会失去"辅助文字理解"这一重要价值。因此，无论是何种模型，它们都应该是极简的，也只有极简的模型才能进一步追求视觉上的美感。因此，绘制模型的另一重要原则就是突出重点，而非展示细节。突出重点强调要对模型本身的内容不断精炼，包括要展示的概念、概念间关系、视觉框图、分析层次、对象和模型整体设计。相信每一个研究者在绘制模型的前几次初稿中都会遭遇这样的问题，即模型设计得过于复杂，其中很多概念和关系描述可能是不够精练和必要。因此，在模型制作和模型修改中，需要一直坚守简化原则，增强理论模型的可理解性。

（3）迭代原则。与文字表达一样，研究者往往认为自己绘制的模型能清楚地表达理论观点，但其实很大概率上这是一种"自我感觉良好"。因为研究者对于模型背后的观点及其背景更熟悉，很容易忽视模型表达中可能存在的一些冗余、偏差或复杂的内容，而这些都会导致其他人其实难以理解研究者的理论模型。好的理论模型也是改出来的，需要不断地自我否定，也需要不断地引入外部评审，这与写论文一样,是一个反复迭代的过程。更重要的是,修改模型往往不是在修改模型的绘图技巧,很多时间其实花费在修改模型背后所反映的研究设计和理论结论。因此,绘制模型本身不会一蹴而就。研究者应该做好充分的心理准备,也应预留充分的时间,待确定核心观点后尽快绘制理论模型,然后反复修改迭代,使理论模型在图形表达上能够成为论文的另一亮点。

三、理论模型的操作步骤

那么,如何绘制模型?本节提供了一个可供参考的绘制理论模型的操作步骤。但是,绘制模型与执行一个严谨的数据分析不同,它不需要通过严谨的程序性实现结论规范。模型是一种表达方式,应该兼具科学的严谨与艺术的自由——科学的严谨依赖于模型背后的理论观点,而艺术的自由则允许研究者发挥个人的创造力和巧思来使模型表达得更活泼,更能让读者产生共鸣。因此,下述步骤主要为初学者如何入手绘制模型提供一种选择,而不倡导对其亦步亦趋。

(一)研究框架模型的操作步骤

研究框架模型主要放在理论基础或文献综述部分,或者展现研究者通过文献梳理形成的分析框架,或者呈现研究脉络,或者突出研究缺口。初学者可以先尝试学习绘制突出研究缺口的研究框架模型,并参考以下步骤:

(1)建立文献表格。研究框架模型只是图示化的呈现,其基础应该是表达文献梳理的结论。因此,先形成一个文献表格非常重要。在很多案例研究论文中,也能看到研究者会选择直接用文献表格来表达文献梳理的结论,其作用与研究框架模型一致或类似。

文献表格应包含必要且相关的信息,包括但不限于:①根据研究问题所确定的代表性文献,包括文献的基本信息,如作者、年代、出处(期刊、书籍或网络);②与本研究相关的核心结论;③对文献的分析;④研究缺口(见表8-1)。

制作文献表格的目的在于凝练出研究缺口,并使研究缺口有理有据。因此,上述表格为初学者提供了一个可供参考的模板。其内在逻辑是,先梳理现有研究,逐步归纳现有研究的特征,并分析这些特征,最后提出研究缺口。

表 8-1　一个文献表格示例

现有研究		文献分析	研究缺口
代表性文献	核心结论		
文献的基本信息，如作者、年代、出处	与本研究相关的核心结论	现有研究的分析视角是什么？结论有何特征？边界在哪里？限制条件是什么？	在文献分析基础上提出研究缺口

在实际操作中，通过不断补充表格，初学者会对相关文献越来越熟悉，逐步厘清现有研究的边界和不足，这样就有了提出研究缺口的基础。

(2) 选择合适的制图工具。当凝练出研究缺口后，研究者就可以着手图示化。首先要选择自己熟悉的设计工具，如 Visio、PowerPoint 或 ProcessOn，这些软件都非常适合绘制理论模型。这些软件里面包含非常丰富的图形工具包，既有常规图形（如方框、椭圆、三角、箭头、括号等），也有专业图形（如软件图形、工程图形、流程图形等）。对这些软件的熟练使用需要研究者根据不同的需要去实际操作练习，了解软件在图形绘制上的优劣和个人偏好。

(3) 利用图形勾勒出研究边界，定位研究缺口。在绘制突出研究缺口的研究框架模型时，作者应首先通过文献表格想清楚现有研究的边界或限制，可重点参考 Homburg et al. (2017)（见图 8-1）的图示思路——首先在图形中列出几个核心研究领域，如顾客体验研究、顾客体验管理研究和营销管理研究；然后，列出代表性文献，以及这些文献的范围或特征，如图 8-1 中的"在线情境下的研究"，这样读者可以清晰地理解研究领域中的核心议题；再利用圆形重叠的方式来勾勒各类研究领域的边界和交叉，突出研究缺口。

（二）研究发现模型的操作步骤

研究发现模型用来展现研究者通过案例分析梳理形成的主要结论。这种模型应清晰地表达出研究对象、阶段特征、过程特征、主要概念和行动，以及行动之间的影响。初学者可以先尝试绘制突出阶段的研究发现模型，并参考以下步骤：

第一步，确定基于案例分析的核心概念。

核心概念是模型的基本构成要素，这一点的重要性已经在本章第三节中"准确的内容"部分进行了介绍。因此，研究者在绘制研究发现模型的第一步应是确定那些不可或缺的核心概念，这些核心概念应至少满足以下条件：

（1）来自数据，但"高于"数据：核心概念应该是数据的抽象凝练，不建议直接使用信息提供者的语言。

（2）不可或缺：描述结论可能会涉及很多概念及其关系，但并非每一个概念都应放入模型中，作者应做出取舍，哪些概念是展现结论不能缺少的，而哪些概念只是用来描述一些非核心的结论。

（3）成体系：成体系的概念才能够被高效组合用来展现研究结论需要表达的理论关系。尤其对于阶段类的模型，每个阶段内分析的对象在层次上应该是一致的，例如，如果在研究数字化转型的第一阶段考虑的是资源特征的变化，那么在第二阶段应该也选择相应表示资源特征变化的概念，而不应该换成其他分析对象或层次（如组织能力特征或流程特征）。作者应该通过控制对概念的选择来控制模型在呈现上的简洁和准确。因此，核心概念应该是成体系的，具有一致的或强关联的分析层次，这样才更容易让读者理解。

第二步，确定基于核心概念的核心结论。

在确定了核心概念后，研究者应准确描述核心结论。理论模型是一种表达方式，表达的就是研究的核心观点。如果不先确定核心观点，那么理论模型相当于缺少引导其形式的灵魂，无论如何修改，都无法向评审者和读者传达有效的信息。所以，研究者应该在研究过程中先尽量学习凝练核心观点，然后根据这些观点来绘制模型。

需要注意的是，如果研究者选择在研究发现部分提供多个模型，这些模型间应该具有一定的对比性和连续性。例如，在探讨转型议题中，如果研究结论显示转型分为A、B、C三个阶段，研究者希望通过三个模型来分别体现三个转型过程，那么这三个转型过程模型的呈现应该在视觉上尽量保持一致。研究者可以通过概念及其关系的变化来形成对比性。

第三步，确定研究视角。

一些研究视角会影响视觉呈现效果。其实，研究视角应该在做研究设计时就已经确定的，例如，Forkmann et al.（2017）的双边视角，以及Murmann（2013）

和肖静华等（2014）的协同演化视角。可能未必每一个研究视角都可以通过图示化来精准呈现，尤其对于立体的、多维的，可能平面设计的图示在这些方面有所局限，但是大部分的研究视角都可以通过简单的框图和文字来提示作者。因此，先明确研究视角，然后参考较为成熟的范文中的图示形式，可能为研究者提供一些思路。

第四步，选择合适的制图工具。

这部分与"研究框架模型的操作步骤"中的第二步一致，不再赘述。

第五步，利用图形勾勒出阶段，然后加入核心概念。

先画出已经确定的阶段或过程，然后加入各个阶段中表示阶段特征的核心概念。在加入概念过程中，反复思考如何通过箭头或线来关联各种概念，以展现已确定的研究结论。具体可参考许晖等（2014）、吴瑶等（2017）和肖静华等（2018）在研究发现部分展现的多个阶段模型，这些模型都包含了精简的核心概念，体现了不同的核心结论，并且在视觉上保持了一致性又兼具了对比性，使读者比较容易看到各阶段的特征变化。

（三）理论框架模型的操作步骤

总体上，理论框架模型的绘制与研究发现模型非常类似。理论框架模型主要用来进一步凝练研究发现模型，通过抽象化、理论化展现研究者基于案例发现形成的理论结论。理论框架模型往往非常简洁，突出研究的理论贡献。因此，理论框架模型的绘制步骤基本与研究发现模型一致。在已发表的案例研究中，研究者也会发现很多作者选择仅呈现研究发现模型或理论框架模型中的一种，从而避免论文中出现过多的模型。

理论框架模型的绘制请参考研究发现模型的绘制步骤，在此不再另做论述，仅指出如下常见问题：

1. 在确定理论概念时的常见问题

一是概念过多，即认为哪个概念都不可或缺，因此都放入模型中。解决这一问题往往需要研究者做出果断取舍，并多绘制几个版本，请其他人来判断哪个版本更清晰易懂。

二是概念不清，这可能是源于核心观点还不够成熟。成熟的核心观点一定包含成熟清晰的理论概念。解决这一问题需要研究者回到确定核心观点阶段。

三是层次不统一。这可能是不成熟的理论模型较为常见的一个问题。例如，研究者在呈现一个观点时，采用的概念可能既涉及能力又涉及战略模式，还涉及资源，甚至还描述人的行为，这会使评审者和读者马上形成"这个模型关系十分混乱"的印象，反而使模型成为论文的一个短板。解决这一问题需要研究者强化研究设计，在选择理论概念的同时确定好分析的层次和结构，例如，如果是选择从资源和能力的角度，那么所有的相关概念均应来自这两个角度，而不应出现从第三个角度描述的概念。

2. 在确定核心结论时的常见问题

一是研究者在没有确定核心观点之前就盲目绘制模型，这样等同于"利用战术的勤奋，来替代战略的懒惰"，反而会极大增加工作量，延误进度。

二是研究者认为理论模型"说不清楚"核心观点，因此迟迟不绘制模型。除了极个别的核心观点可能真的无法可视化，如超越三维空间的概念关系，大部分的观点都可以通过不同的表达形式、以不同的程度呈现在评审者或读者面前。因此，如果研究者认为画不清楚理论模型，很大程度上可能是因为核心观点还不够成熟，亟须对这些观点进一步凝练和重新思考。

3. 确定概念间关系时的常见问题

一是过于复杂。如研究者在一个模型中列出 A、B、C 三个概念，如果在理论上三个概念都存在相互影响，且这种影响是有方向的（如 A 对 B 的影响，以及 B 对 A 的影响被视为两种关系），那么就存在 6 种关系。这往往致使模型大大复杂化。研究者可以问自己："我这个研究的核心观点是要覆盖这么多关系么？""其中哪些关系是我所关注的，或我的数据能够充分解释的。"总之，研究者应该根据研究关注做出取舍，一个研究本身并不能探讨过多的理论关系，因此，一个理论模型也不应覆盖过多的理论关系。

二是逻辑不清晰。这与概念不清晰一样，可能是源于核心观点还不够成熟，需要回到核心观点的打磨过程中。

第四节 结　语

优秀的模型与优秀的论文一样，都体现了作者对知识、细节、设计的驾驭能力。这种能力的培养不仅仅来自接受有益的指导，更多还需要操作者去实际磨炼。别人分享的经验，只有落实到对自己的磨炼上，才能够形成真正的价值。本章内容旨在为初学者、进阶者提供引导和范例，其中提及的技巧还需要研究者们实际动手操练、琢磨，将图形表达内化为与文字表达并重的一种技能。

训练卡片

1. 解构范文中的理论模型

请从继承与发展的角度解构以下范文中的理论模型，思考：

（1）作者设计的模型表达了何种核心观点？

（2）如果你想表达同样一个观点，你会如何绘制这个模型？

参考范文：

- Pickering, M. E.（2015）. An exploratory study of organizational governance in publicly-quoted professional service firms. *Organization Studies*, 36（6），779-807. 第797页的图1。

- Belfrage, C., & Hauf, F.（2017）. The gentle art of retroduction: Critical realism, cultural political economy and critical grounded theory. *Organization Studies*, 38（2），251-271. 第257页的图1。

2. 建立一个文献表格

请根据个人研究的领域和兴趣，绘制一个文献表格，并向你的老师或同学陈述这个表格的思路和结论。

参考文献

[1] 吴瑶，肖静华，谢康，廖雪华（2017）. 从价值提供到价值共创的营销转型——企业与消费者协同演化视角的双案例研究. 管理世界，（04）：138-157.

[2] 肖静华，吴瑶，刘意，谢康（2018）.消费者数据化参与的研发创新——企业与消费者协同演化视角的双案例研究.管理世界，（8）：154-173。

[3] 肖静华，谢康，吴瑶，冉佳森（2014）.企业与消费者协同演化动态能力构建：B2C电商梦芭莎案例研究.管理世界，（08）：134-151，179。

[4] 许晖，冯永春，许守任（2014）.基于动态匹配视角的供应商与关键客户关系的构建与演进——力神开发12家关键客户的案例研究.管理世界，（04）：107-123，188。

[5] 许晖，许守任，王睿智（2013）.网络嵌入、组织学习与资源承诺的协同演进——基于3家外贸企业转型的案例研究.管理世界，（10）：142-155，169，188。

[6] Aoki, K., & Wilhelm, M. (2017). The role of ambidexterity in managing buyer-supplier relationships: The Toyota case. *Organization Science*, 28 (6), 1080-1097.

[7] Beatty, S. E., Ogilvie, J., Northington, W. M., Harrison, M. P., Holloway, B. B., & Wang, S. (2016). Frontline service employee compliance with customer special requests. *Journal of Service Research*, 19 (2), 158-173.

[8] Burgelman, R. A. (1983). A process model of internal corporate venturing in the diversified major firm. *Administrative Science Quarterly*, 28 (2), 223-244.

[9] Colm, L., Ordanini, A., & Parasuraman, A. (2017). When service customers do not consume in isolation: A typology of customer copresence influence modes (CCIMs). *Journal of Service Research*, 20 (3), 223-239.

[10] Eisenhardt, K. M. (1989). Making fast strategic decisions in high-velocity environments. *Academy of Management Journal*, 32 (3), 543-576.

[11] Forkmann, S., Henneberg, S. C., Witell, L., & Kindström, D. (2017). Driver configurations for successful service infusion. *Journal of Service Research*, 20 (3), 275-291.

[12] Gkeredakis, E. (2014). The constitutive role of conventions in accomplishing coordination: insights from a complex contract award project. *Organization Studies*, 35 (10), 1473-1505.

[13] Hazée, S., Delcourt, C., & Van Vaerenbergh, Y. (2017). Burdens of access: Understanding customer barriers and barrier-attenuating practices in access-based services. *Journal of Service Research*, 20 (4), 441-456.

[14] Homburg, C., Jozić, D., & Kuehnl, C. (2017). Customer experience management: toward implementing an evolving marketing concept. *Journal of the Academy of Marketing Science*, 45 (3), 377-401.

[15] Lom, S. E. (2015). Changing rules, changing practices: The direct and indirect effects of tight coupling in figure skating. *Organization Science*, 27 (1), 36-52.

[16] Murmann, J. P. (2013). The coevolution of industries and important features of their environments. *Organization Science*, 24 (1), 58-78.

[17] Su, N. (2015). Cultural sensemaking in offshore information technology service suppliers: A cultural frame perspective. *MIS Quarterly*, 39 (4), 959-983.

第九章

案例研究的论文结构及写作要点

苏芳

暨南大学

冯永春

天津财经大学

本章大纲

第一节 案例研究写作的一般原则 / 227

　　一、案例研究论文结构的构成和基本原则 / 227

　　二、案例研究论文各部分的理想篇幅及聚焦宽度 / 228

　　三、案例研究论文的写作风格 / 230

第二节 案例研究论文各部分和写作要点 / 231

　　一、引　言 / 232

　　二、文献综述 / 238

　　三、研究方法 / 242

　　四、研究发现 / 247

　　五、讨论和结论 / 255

第三节 结　语 / 257

参考文献 / 258

前面章节重点介绍了案例研究的步骤,如果读者跟随着本书做一篇案例研究,那么到了本章,读者的研究模型构建出来了、理论贡献也已经明确了。接下来,就要将研究呈现到纸面,与他人(如审稿人、读者)沟通和交流。然而,写作与研究的内在逻辑是不同的。第一,研究是将数据与文献对话从而构建新的理论;而写作是将构建的理论清晰准确地表达出来;研究的起点是文献和数据,终点则是构建的理论,而写作的起点和终点都是构建的理论。第二,研究是在"数据—文献—理论"三者之间不断迭代并逐渐完成理论构建的过程,总体上有时间先后顺序;而写作则是围绕一个核心问题不断丰富和扩展,是由内而外逐渐扩散的过程。第三,研究是作者与文献和数据不断对话的过程,此时作者考虑的是如何最大化理论贡献;而写作环节则要考虑如何更有效地与审稿人或读者进行交流,将本研究的理论贡献以清晰准确的方式呈现出来,说服审稿人或读者。

论文是研究者与审稿人或读者之间的对话渠道(Patriotta,2017),好的论文写作架起双方之间的桥梁,让沟通变得顺畅;相反,不清晰的写作则会加剧双方的沟通障碍,为论文发表带来重重阻力。有效的沟通建立在共同的话语体系之上。当研究者了解审稿人关注的方面以及自己的薄弱环节后,就能有的放矢地改进薄弱环节,提升文章整体质量。本章首先介绍案例研究写作的一般原则,随后根据案例研究论文常见的五个部分(引言、文献综述、研究方法、研究发现、讨论和结论)分别介绍每部分需要注意的问题与写作要点。

第一节 案例研究写作的一般原则

一、案例研究论文结构的构成和基本原则

案例研究论文要做到整体性和一致性。具体来说,一致性原则体现在论文各部分围绕一个核心的研究问题逐渐展开,整体逻辑链条如下:提出重要的研究问题(引言)→借鉴已有文献分析该问题(文献综述)→解决该问题的过程和方法(研究方法)→逐步回答该研究问题(研究发现)→得出问题整体答案并探讨该结

论的重要性（讨论和结论）。

案例研究的五部分内容侧重点各不相同，但彼此呼应。第一部分引言，其目的是提出研究问题，并指明本研究的重要性；第二部分文献综述，重点介绍针对该研究问题，文献中的已知和未知，为解决问题提供思路；第三部分研究方法，主要呈现研究过程，包括研究方法的选择、案例的抽样原则、样本企业的情况、数据的收集和分析过程；第四部分研究发现，重点是有条理地展示数据以回答研究问题；第五部分讨论和结论，需要将研究结论（即对研究问题的回应）与以往文献进行对话，提炼理论贡献，并指出本研究的局限和未来研究方向。

整体性原则指论文各部分之间彼此呼应（见图9-1）。研究者在引言中提出的研究问题，需要在讨论和结论部分有所回应；文献综述针对该问题梳理了已知（What do we know?）和未知（What don't we know?），在讨论部分需要重点阐述论文的研究发现是如何填补未知、增加了哪些新的见解；研究方法是要呈现论文为回答该问题而开展的理论抽样、数据收集和数据分析过程，为得出研究结论提供方法论基础，而研究发现部分则是将数据分析的结果有逻辑地呈现出来。

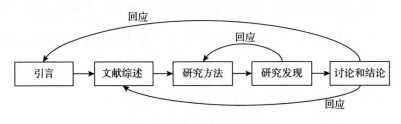

图9-1　案例研究的论文结构

二、案例研究论文各部分的理想篇幅及聚焦宽度

案例研究论文的五部分在聚焦宽度和篇幅方面也有所差别（见图9-2）。在聚焦宽度上，引言和文献综述（即理论模块的前端）是一个逐渐收敛的过程，表现在研究问题逐渐明晰；而与之相反，讨论和结论（即理论模块的后端）是一个逐渐发散的过程，表现在讨论和结论部分与多篇文献进行对话。而研究方法和研究发现部分聚焦在本研究的实施开展过程和数据呈现，与其他文献对话相对较少。

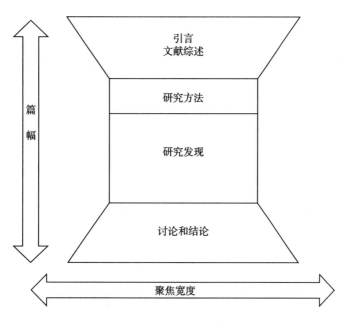

图 9-2 案例研究论文各部分的篇幅和聚焦程度

资料来源：改自王冰等（2018）。

在篇幅上，研究发现最长、研究方法最短。表 9-1 罗列了在管理学国际顶级期刊上发表的 11 篇论文的篇幅。这些研究涉及多案例、单案例，风格多样，但在篇幅上呈现较强的一致性。具体来说：第一，研究发现部分毫无疑问占据了案例研究论文的最大篇幅，在我们整理的 11 篇论文中，有一半论文的数据模块部分超过 50%，最少的也占到全文的 43%；第二，样本研究的引言和文献综述的篇幅与讨论和结论的篇幅相当。

表 9-1 部分发表在管理学国际顶级期刊的案例研究正文的篇幅

文献	引言+文献综述页数（%）	研究方法页数（%）	研究发现页数（%）	讨论和结论页数（%）	总页数
Santos & Eisenhardt（2009）	2.25（9%）*	3.00（12%）	15.50（62%）	4.25（19%）	25.00
Bingham & Davis（2012）	3.25（14%）	4.00（18%）	11.25（49%）	4.25（19%）	22.75
Garg & Eisenhardt（2016）	4.50（18%）	4.50（18%）	13.50（53%）	3.00（11%）	25.50
Baker & Nelson（2005）	7.75（23%）	3.25（9%）	16.25（47%）	7.00（20%）	34.25

(续表)

文献	引言+文献综述页数（%）	研究方法页数（%）	研究发现页数（%）	讨论和结论页数（%）	总页数
Seidl & Werle（2018）	4.50（18%）	3.50（14%）	13.00（52%）	4.00（16%）	25.00
Smith（2014）	2.75（10%）	4.50（17%）	15.50（59%）	3.50（14%）	26.25
Vuori & Huy（2016）	5.00（15%）	6.50（19%）	16.50（49%）	6.00（17%）	34.00
Aoki & Wilhelm（2017）	2.50（16%）	2.00（13%）	9.00（57%）	2.25（14%）	15.75
Gilbert（2005）	2.00（10%）	2.25（11%）	11.50（56%）	4.75（23%）	20.50
Plowman et al.（2007）	5.75（23%）	5.00（20%）	10.75（43%）	3.75（15%）	25.25
Greenwood & Suddaby（2006）	3.25（18%）	3.75（21%）	9.00（51%）	1.50（9%）	17.50

注：各部分篇幅与实际长度存在0.25页左右的偏差；总页数中不包括参考文献和附录，也不包括标题、作者信息和摘要；*该文章的引言和文献综述部分是2.25页篇幅，占正文的9%。

三、案例研究论文的写作风格

案例研究的优势之一是能够描述丰富而有趣的故事，刻画故事中的事件、人物动作、对话甚至思考，讲述一个生动的故事。然而，作为一篇研究论文，案例研究的目的不是停留在讲一个有趣的故事，而是揭示这个故事给我们带来的启示（黄江明等，2011），构建具有普适性的抽象理论（Eisenhardt，1991），或者探讨这个故事对于更广泛的现象、过程和理论的重要性（Golden-Biddle & Locke，2007）。换言之，好的案例研究需要做到一个平衡：既呈现了丰富有趣的故事，又构建了普遍适用的理论，即兼顾了理论性和故事性。

然而，兼顾理论性与故事性并非易事。理论性和故事性之间存在天然的矛盾。一方面，理论包括抽象的概念以及概念之间的逻辑关系，概念的抽象程度越高，越具有普遍性，这也就意味着丧失了细节；另一方面，丰富的细节构成有趣的故事，但这些细节可能是独特的，只适用于某个企业，这就意味着普遍性低、抽象程度弱。为兼顾二者，案例研究可以用理论串联整个故事（Eisenhardt，1991；

Golden-Biddle & Locke，2007；黄江明等，2011），用理论塑造故事框架，在框架内讲述连贯的故事。而在讲述故事的时候，作者需要在篇幅规定的范围内，尽可能地呈现更多的故事细节（而不仅仅是精心制作的分析表），还原丰富有趣的故事。

> **拓展阅读 9-1**
>
> ### 学术论文写作
>
> 学术论文写作有基本的原则和技巧，例如，运用简单的词汇要好过生僻词；简短句式要优于复杂句式；主动语态优于非被动语态；表达精炼、切记重复，等等。读者可以参考以下资料，了解学术论文写作的基本原则和技巧。
>
> - https：//sydney.edu.au/students/writing.html
> - Shepherd, D. A., & Wiklund, J. (2020). Simple rules, templates, and heuristics！An attempt to deconstruct the craft of writing an entrepreneurship paper. *Entrepreneurship：Theory and Practice*, 44 (3)：371-390.
> - Belcher, W. L. (2019). *Writing your journal article in twelve weeks：A guide to academic publishing success.* University of Chicago Press.
> - 〔美〕史帝夫·华乐丝. 如何成为学术论文写作高手：针对华人作者的18周技能强化训练 [M]. 北京：北京大学出版社，2015.

第二节 案例研究论文各部分和写作要点

在第一节中我们提到案例研究论文的五个部分需要紧密围绕研究问题进行论述，但是又各有侧重。本节我们将分别介绍案例研究论文的五部分，每部分首先归纳我们在审稿过程中发现的问题，然后介绍该章节的写作要点。

拓展阅读 9-2

论文题目和摘要

一篇论文手稿包括题目、摘要、关键字、正文、参考文献和附录。下面我们简单介绍题目和摘要的写作。

(1) 题目。论文题目要做到画龙点睛，最大化凸显研究贡献，吸引审稿人或读者的兴趣。一些研究会在题目中用隐喻的方式吸引读者的注意。例如，Baker & Nelson（2005）的论文题目"从无到有：通过创业拼凑构建资源"（Creating something from nothing: Resource construction through entrepreneurial bricolage），题目中的"从无到有"提炼了文章的核心观点和理论贡献，同时也提到了研究是从创业拼凑去解释"从无到有"构建资源。

(2) 摘要。摘要是对文章的高度概括，通常需要在200字（这里指的是英文单词）的篇幅以内，简练准确地介绍研究动机、研究缺口、研究问题、研究方法、研究结论和主要贡献。摘要不能空洞地表述，而要言之有物，诸如"本文结论对理论和实践有重要意义"等句子没有具体内容，不应该放在摘要中。读者可以学习和参考以下文献的摘要：

- McDonald, R. M., & Eisenhardt, K. M. (2019). Parallel play: Startups, nascent markets, and effective business-model design. *Administrative Science Quarterly*, 65 (2), 483-523.

- Aoki, K., & Wilhelm, M. (2017). The role of ambidexterity in managing buyer-supplier relationships: The Toyota case. *Organization Science*, 28 (6), 1080-1097.

- Snihur, Y., & Zott, C. (2020). The genesis and metamorphosis of novelty imprints: How business model innovation emerges in young ventures. *Academy of Management Journal*, 63 (2): 554-583.

一、引 言

"万事开头难"，很多学者反映引言是最难写的部分，需要多次反复修改。

Grant & Pollock（2011）访谈了 22 位 AMJ 最佳论文获得者关于引言写作的问题，绝大部分获奖者指出引言是他们修改最多的部分，甚至有将近一半的获奖者将引言重写了 10 次或以上。

引言的重要性不言而喻。俗话说"好的开始是成功的一半"，对于论文来说，"好的引言是成功发表的一半"。引言传递了论文的第一印象，如果审稿人通过阅读引言，对该研究问题产生深厚的兴趣，并了解其重要性以及该研究如何推进对研究主题的理解，那么他们更有可能为研究者提供论文修改的机会和建议。如果引言不能吸引审稿人，他们在阅读论文余下部分时，更可能倾向于寻找拒绝稿件的理由（Grant & Pollock，2011）。

有效的引言要做到简单、直接、清晰、有趣。具体来说是表达简单易懂、直接确定对话的研究主题、清晰表达研究问题、塑造理论上重要的研究问题。我们罗列的下述问题，在一定程度上偏离了这四个原则。

（一）存在的问题

（1）研究动机不强或者缺乏说服力，难以引起审稿人或读者的兴趣。研究动机不强，体现在引言中没有指出文献中的研究缺口或已有研究的不足；研究动机缺乏说服力，主要体现在引言中仅仅介绍研究缺口或者已有研究的不足，没有重点论述填补该缺口的重要性。在引言中常常看到的一个表述是没有人研究某个问题，但是没有人研究不等于值得研究（毛基业、苏芳，2019）。例如，即使没有文献研究过企业领导者对袜子颜色的偏好，也不代表这一定值得研究。如果真要开展研究的话，研究者需要给出具有说服力的原因，来阐述清楚其必要性（Pratt，2009）。

（2）没有清晰地表述研究问题或者有多个前后不一的研究问题。研究问题非常重要，是审稿人和读者理解全文的基础，但是很多文章没有将其一目了然地呈现出来，而是需要审稿人或读者像侦探一样去寻找。另一种极端情况是文章中出现了多个研究问题，且前后表述不一。本章作者曾在一篇审稿的论文引言中找出了 4 个研究问题，内容涉及多个主题，且不说研究问题之间是否有关联，仅从数量上看，一篇文章是难以回答 4 个研究问题的。

（3）引言引入过多概念，让人费解。引言中出现过多的概念，会加剧审稿人或读者的理解困难（Ahlstrom，2017）。本章作者曾在一篇文章初稿的引言中看到了诸如战略路径、组织路径、路径转换、路径创造、路径构成等多个晦涩难懂且彼此相关的概念，造成审稿人或读者的理解负担。

（4）引言逻辑跳跃。逻辑跳跃是因为没有一个清晰的主线引出研究问题，在现象和文献之间的来回跳跃，或者在多个现象之间、多个文献之间来回跳跃。例如现象和文献之间的来回跳跃：引言开头先介绍了某个现象的普遍性和重要性；然后梳理文献中对该现象的理解；接着又从文献跳跃到现象中，指出该研究现象存在现实问题急需解决。这种跳跃不利于审稿人或读者明晰研究缺口。好的做法是，讲透一个问题再讲另一个问题。

（5）研究问题的引出迂回曲折。本章作者曾犯过类似错误，用很长的一段（引言的第一段）来引出文章关注的主题，被杂志编辑和审稿人指出引言不够简单直接。引言最好开宗明义，简单直接地点出对话的文献。

引言中出现的这些问题会让评审人低估研究的重要性和有趣性，导致他们在读完引言后可能更倾向于寻找拒绝文章的理由。因此研究者在撰写引言时，需要时刻提醒自己不要犯类似的错误。接下来，我们介绍如何有效地规避这些问题。

（二）写作的要点

1. 写作思路

（1）从文献中引出研究问题。Ahlstrom 的系列文章（Ahlstrom，2015；2017）提出了实证研究中的引言结构。首先，开篇点出研究问题或研究主题，直接与研究主题进行对话。Ahlstrom（2017）建议研究者在第一句话或者在引言第一段附近提出研究主题，达到开门见山的效果。例如，Jing & Benner（2016）的第一句话就提及，"公司历史如何影响企业当前状态，仍是组织研究中的关键问题"，将论文直接干脆地定位到探讨组织路径依赖的研究主题，达到有冲击性的效果。然后，将该主题置于相关的理论辩论中，简单概括与主题相关的主要文献，指出针对该主题，已有研究做了哪些尝试，获得了哪些已知的知识（这部分内容通常会在文献回顾中进一步阐述）。接着，以"然而"或"但是"作为转折，讨论这些研究的未知，以突出本研究的必要性。此外，还可以通过引用其他文献指出的研究缺口来进一步加强研究动机（Ahlstrom，2017）。引言最后简要介绍文章的研究方法和潜在研究贡献。

一个很好的例子是 Graebner（2009）这篇文章，作者在引言第 1 段点明组织间信任是一个重要的研究领域，并简要介绍研究组织信任的情境（点出研究主题）；第 2 段作者提到组织信任的研究忽略了兼并与收购的这一重要情境（进一步聚焦研究主题）；第 3 至第 5 段，作者又回顾了兼并和收购文献，发现这些文献尽管有一些有益的探索（已有研究进展），但依然存在很多不能解释的现象（研究缺口）；第 6 段提出本文的研究问题（研究问题），并简要介绍了研究结论和研究贡献。

（2）从研究现象中引出研究问题。开篇首先介绍新的现象，或者是某个组织发生的事情（例如，Plowman et al.，2007），或者是社会发生的现象（例如：Huang et al.，2017；Su，2013）；然后，回到文献中，介绍针对该现象介绍文献中的已知；紧接着，作者提出已有研究难以有效地解释该现象，并提出研究问题；最后，简要介绍研究方法和潜在贡献。

以 Huang et al.（2017）的研究为例，作者在第 1 段介绍了数字企业的快速扩张（当前的现象）。随后第 2 段首先定义用户基础的快速扩张，随后提到已有文献提出的快速扩张的特点（已有研究进展），但尚未给出数字企业如何通过技术创新来实现用户基础的快速扩张的机制（研究缺口），由此明确提出论文的研究问题（研究问题）。在第 3 段，作者提出了本研究的研究思路和研究贡献。

2. 写作要点

引言占 1—2 页篇幅，通过回答以下四组问题，向审稿人和读者传递研究的重要意义（Grant & Pollock，2011）：

（1）"谁关心这个话题？（Who cares？）"点出对话的文献领域。

（2）"针对这个问题，我们知道了什么，还不知道什么？（What do we know？

What don't we know?）"简单梳理文献中的已知和未知，点出研究缺口。

（3）"了解了已知和未知，又怎样？（So what?）"突出研究的重要性。

（4）"我们能学到什么？（What will we learn?）"通过描述如何解决研究缺口，为审稿人提供一个清晰的理论贡献预览（preview）。

研究者可以通过下述实践，解决上述1个"who"和4个"what"的问题。

第一，与某个具体的研究领域有精准的文献对话（毛基业、李亮，2018；毛基业、苏芳，2019）。精准的文献对话体现在对某个具体问题进行深入的论述，毛基业和苏芳（2019）指出，"每篇论文都在与一个具体的研究领域对话：从该领域中存在的某个缺口或矛盾中导出研究问题，通过研究给出明确答案。这个研究领域必须明确、具体，拟填补的具体缺口或解决的矛盾也必须深度精准地刻画到位。这样给出的研究动机或意义最有说服力，也是基于波普尔的科学研究的证伪（falsification）逻辑"。对话的研究领域往往是论本做贡献的领域，因此对话的研究领域不能太多，否则就会造成研究不够聚焦的问题。本书第二章详细介绍了两种与文献对话提炼研究问题的方式：发现缺口和挑战假定，这里不再赘述。

第二，明确阐释填补这个研究缺口是重要的。在引言中只是提出有研究缺口是不够的，重要的是清楚地解释为什么填补该缺口是重要的且有意义的（Grant & Pollock，2011）。引言中常常出现的研究缺口是"鲜有研究探讨……"，如果真的是一个值得研究的空白，那么研究者就需要在引言中指出填补这个缺口对理解该现象有重要意义，或者如果不研究该问题，会有什么不良后果等。例如，Garg & Eisenhardt（2017）在引言中指出，已有研究没有探讨创业公司CEO如何让忙碌且可能错位的董事（busy and potential misaligned directors）参与到高效的战略制定中，作者进一步提到在实际观察中，某些CEO采取一些行为能够解决诸如缺少董事会主席或董事错位等限制，而其他CEO则不能。通过点出现实中的问题，阐述回答该问题的重要性。

此外，如果研究缺口是"以往研究没有考虑中国情境"或"以往研究没有考虑新技术特征"，那么研究者需要在引言中明确，中国情境（或新技术情境）与以往研究情境的本质区别是什么，特别在什么地方，特别的地方如何影响对该现象的理解等。例如，Huang et al.（2017）试图探讨数字化企业的用户基础快速增长的机制，其在引言中第一段比较了数字化企业（digital ventures）与传统企业存在着显著不同的规模扩张方式，并指出传统企业扩张方式不能解释数字化企业的扩张方式，以此点出研究的重要性。再者，当研究问题是"试图打开黑箱"，那么研究者首先要说明真的存在黑箱，以及打开黑箱后对理解该现象（理论）有帮助。

第三，以疑问句"How"和/或"Why"的形式提出具体的研究问题（Grant & Pollock，2011；Ahlstrom，2017）。如果没有提出具体的研究问题，而只是停留在某个研究主题上，那么在审稿人初读论文时，很难快速地抓住文章要研究的问题，也难以快速了解文章如何对该领域做贡献。Ahlstrom（2017）认为作者应该尝试在第一段就将研究问题清晰地表述出来，甚至在文章题目或摘要中展示出来。需要特别注意的是，研究问题不宜太泛，否则难以在有限的篇幅之内回答清楚（Ahlstrom，2017）。关于怎么表述研究问题，读者可以参考第二章，了解高质量的研究问题所具有的特征。

第四，简要阐述本文的研究贡献。研究者可以首先介绍论文的研究方法，然后介绍主要的理论贡献（Patriotta，2017）。近期不少研究将引言的最后一段用来介绍理论贡献，而不是文章结构，例如 Garg & Eisenahardt（2017）、Snihur & Zott（2020）、McDonald & Eisenhardt（2020）等。

第五，研究者可以通过一个故事或者引用某些重要人员的话语开头，引起审稿人或读者继续阅读的兴趣（Grant & Pollock，2011）。例如，Plowman et al.（2007）的引言开篇就介绍了使命教堂的变革故事，透过这个故事来引出研究的主题是组织变革，进一步阐述具体的研究问题是组织的微小变化如何升级导致大变革。这篇文章以一个引人入胜的故事开头，非常吸引眼球。再比如，Garg & Eisenhardt（2017）以两个投资人的反直觉的观点开篇（即董事会成员在新创企业的战略决策中可能起负面作用），引起审稿人或读者的兴趣。

3. 引言写作后的反复检查

引言至关重要，研究者应该反复检查引言的逻辑和内容。研究者可以尝试以下两种方法,一种是将每一段提炼成一句话,再将提炼后的几句话连起来反复阅读,检查段落之间的逻辑是否顺畅;另一种是检查引言中是否回答了以下10个问题(Patriotta,2017):

(1)这是本研究关注的研究现象(This is the phenomenon I am focusing on);

(2)这是介绍这个现象很重要的原因(This is why it is relevant);

(3)这是文献中的已知内容/未知内容(This is what is known/not known);

(4)这是本研究提出的需要解决的迫切问题(This is my burning question);

(5)这是本研究解决这个问题的方法和途径(理论上的和实证上的)(This is how I aim to address the question (theoretically/empirically));

(6)这是本研究做的事情(This is what I did);

(7)这是本研究的发现(This is what I found);

(8)这是本发现的解读(This is what it means);

(9)这是本研究对文献的新增内容(This is what I add);

(10)这是你应该关心本研究的原因(This is why you should care)。

二、文献综述

前文强调,在引言章节要做一个小型文献回顾,简要论述文献中的已知和未知。在文献综述部分就要详细阐述已知的内容,让读者了解到当前研究的进展。Bansal & Corley(2012)认为,引言和文献综述两部分是文章的前端(front end),这两个部分为抓住审稿人或读者的关注点并帮助他们理解贯穿全文的理论提供了关键机会;案例研究的引言和文献不仅要吸引读者、揭露理论对话中的重大研究空白以扩展理论或者构建理论,还要为后面的数据分析提供框架,并为构建新理论提供跳板;因此在文献综述部分,如果介绍得太多,读者会感觉理论并不是从数据中涌现出来的,而如果文献综述介绍得太少,又可能造成该研究的理论基础不够坚实等问题。

(一)存在的问题

(1)文献中引用的核心概念没有定义或者定义不清晰(Daft,1985;王冰等,

2018)。国内有些研究不注重概念的定义。无论是研究领域的概念还是参照理论中涉及的概念，都要有清晰的定义，帮助审稿人和读者理解核心概念。尤其是文献中有多种定义的概念，研究者更应该在文献回顾部分提出本文所采用的定义，帮助审稿人或读者理解。

（2）文献梳理缺乏条理甚至相互矛盾。简单地罗列文献是文献梳理缺乏条理的一个表现。文献综述中经常出现大量的"文献 A 指出……文献 B 研究了……文献 C……"的简单罗列和堆砌，这是非常低效的展示研究进展的方式，让审稿人和读者很难抓住当前文献中的重要结论。诚然，在介绍与本研究非常相关的文献时，可以单独介绍某（几）篇论文的研究结论，但不宜多次使用。在相互矛盾方面，有些论文在引言或者文献中强调某个方面鲜有研究，但是在文献回顾部分却罗列了好几篇论文，前后矛盾。另一种前后矛盾体现在研究主题的不一致，例如有文章在引言中突出信任重构，却在文献综述部分回顾信任构建的相关内容。

（3）文献综述与研究问题联系不紧密。不少文章的文献综述部分用较大的篇幅介绍与论文联系不太紧密的研究进展。例如，某文章想要探讨信息技术对组织敏捷性的影响，但是在文献综述部分大篇幅地介绍敏捷性的前因和后果，而用较少篇幅介绍（甚至没有介绍）信息技术如何影响组织敏捷性，这就可能造成文献综述与研究问题相脱节。

（4）研究主题和参照理论的联系不紧密。不少案例研究有参照理论，但在介绍参照理论的时候，用大量篇幅介绍参照理论的发展经过、核心概念及其关系，而忽略了将参照理论与本研究情境挂钩（如指出参照理论中的关键构念在本研究情境中的体现），这就造成研究主题和参照理论割裂的问题，很有可能让审稿人或读者认为这个理论不适合本研究主题（毛基业、苏芳，2016；王冰等，2018）。尤其当在某个研究领域引入一个新的理论视角的时候，需要做好研究领域和参照理论之间的连接（毛基业、苏芳，2016）。

（5）没有提及研究缺口或者研究缺口的内容与引言完全重复。部分研究在文献综述部分只介绍了研究现状，忽略了进一步点出研究中的不足。需要注意的是，尽管在引言中提及了研究缺口，文献中依然需要再次强调这个研究缺口，当然简单重复引言中的表述是要极力避免的。一般来说，一篇论文中应该避免出现完全一样的两句话。

（6）批判的口吻（tone）不合适，部分研究（尤其是初学者）过于严厉地批判已有文献来突出本研究贡献，而没有表现出对前人研究的尊重（Webster & Watson，2002）。以往的研究有缺陷也有其价值，重要的是介绍本研究如何建立在以往研究发现的基础之上，而不是一味地批评以往研究（Daft，1985）。

（7）文献老旧。有些文章引用 5 年前的文献、甚至引用 10 年以前的文献来阐述研究缺口，显然这些论断是值得商榷的。引入新近文献有两个明显的好处，首先说明了最新的研究进展，在最新的进展上能够得出比较客观的研究缺口，此外引用较多的新近文献也能间接地说明该话题值得研究。一般来说，引用文献要新旧搭配，既要有近 3 年的新文献说明研究进展，又要引用经典文献。

（二）写作的要点

一般而言，文献综述章节可以分为两部分，一部分是研究领域的最新进展，与研究问题息息相关，另一部分是文章选用的参照理论。两部分的写作思路不一样，前者往往介绍与研究问题有关的研究进展，此时的写作逻辑与引言中提出研究缺口的逻辑一致，后者则主要介绍参照理论的重要概念和核心思想，并介绍这些概念和关系在本文关注的研究主题中的具体表现。

1. 根据研究问题的提出逻辑，组织文献综述的内容

我们在前面提到，引言部分要通过一个小型的文献综述点明研究缺口，继而引出研究问题。文献综述部分则应该在引言的基础上，进一步充分地展示以往研究成果、现有研究的局限与不足，更详细地指出本研究的研究问题。换言之，文献部分的写作可以按照研究缺口的提出思路来详细阐述相关研究的进展。

例如，Plowman et al.（2007）在引言中介绍了已有理论和文献不能解释使命教堂发生的小变化引发大变革的组织变革过程，作者在理论视角的第一部分，借鉴已有文献提出了四种不同的变革类型，并指出使命教堂属于持续性的根本变革；在此基础上，作者进一步指出已有文献不能很好地解释这种现象。第二个例子是

Garg & Eisenhardt（2017），作者在引言中提到了研究公司治理的三类文献，这些文献有助于理解初创企业的公司治理，但是不能回答 CEO 如何让忙碌且可能错位的董事有效地参与到战略决策中，随后作者在文献部分分别详细阐述了三类文献的主要观点，并进一步点出研究缺口。

从以上两个例子，我们发现文献综述的写作是引言的延伸（除参照理论以外）。研究者在文献综述部分，可以按照引言中问题提出的思路详细阐述文献中的观点。再次提醒读者，引言和文献综述部分要避免出现完全一致的两句话。

2. 参照理论和研究主题的连接

参照理论为研究提供了数据分析的放大镜。作者需要给出充足的理由说明为什么要采用这个参照理论，以及为什么这个参照理论是适合的。在回答为什么要采用这个参照理论而不是其他参照理论时，研究者需要解释以往理论不能很好地解读研究现象。例如，Plowman et al.（2007）指出以往研究预测缓慢发生的变革不会存在，以及根本变革不是零零碎碎、断断续续完成等论断，从而指明已有研究不能很好地解释使命教堂的变革过程。

研究者也可以参考 Plowman et al.（2007）的方式论述参照理论的适用性，作者引用了复杂性理论来解释持续性的根本变革，在分别介绍复杂性理论四个概念时，作者首先介绍在物理、化学、数学等基础学科的研究中，这些概念代表的现象，然后介绍这些概念在组织研究中的表现，以此帮助审稿人或读者用复杂性理论去理解组织的运行模式。再比如，Snihur & Zott（2020）借用印记（imprint）来解释商业模式创新，作者在文献综述的第二节"运用印记视角检验商业模式创新（Using an imprinting lens to examine business model innovation）"中介绍了印记的定义和核心观点，随后将印记（参照理论）与商业模式（研究主题）的研究挂钩，从印记去看商业模式创新，如商业模式创新中的结构印记、认知印记等。

3. 运用图表展示研究机会

文献综述部分可以尝试用图表的方式来呈现研究缺口。研究者可以通过展示文献图表，让研究缺口自然浮现出来，帮助审稿人/研究者快速定位研究缺口和研究问题，以及潜在的研究贡献。例如，Plowman et al.（2007）和 Siggelkow（2001）在文献综述部分提出了 2×2 矩阵，并在文献综述部分探讨了每个象限的情况，为后续数据分析提供了研究框架。也有一些文章在文献综述最后提出研究框架。例如，Martin（2011）画出了文献中关于高管团队有效性的模型框架，并用灰色框和粗线条表示本研究重点讨论的关系，而在论文最后，作者同样画了一个模型框架，回应文献综述部分的框架。需要提醒读者的是，在文献综述中用图表展示研究框架不是主流做法，本章作者在查阅 AMJ 和 ASQ 的案例研究时，大部分文献在研究方法章节之前没有图表。

三、研究方法

研究方法部分主要介绍研究的过程，通过披露过程中的细节，让研究透明，既有助于审稿人评估研究的科学性和严谨性，又能提高审稿人或读者对研究结论的信任。

（一）存在的问题

（1）研究方法的错配。一般来说，主流的案例研究建立在诠释主义和实证主义这两种不同的哲学基础之上（参见第一章相关内容）。其中，诠释主义案例研究非常强调独特的研究情境，不考虑结论的普适性；而实证主义的案例研究则非常强调普适性。二者在评判的标准上不一致。

研究方法的错配在文章中体现在以下两个方面。第一，在研究方法部分引用不同哲学范式的文献，例如既引用了 Eisenhardt（1989a）、Yin（2009）等实证主义哲学范式的方法论文献，又引用了诠释主义的研究。不同的哲学基础之间不兼容，不能出现在同一篇文章中。第二，采用诠释主义的案例研究方法，却在研究局限性上指出文章不具有普适性和复制的研究缺陷。诠释主义案例研究的目的不是得到普适性的理论，而是特别强调解释故事本身，其评价的标准不是研究的信度和效度。

（2）研究细节披露不够。研究方法部分需要充分展示数据收集和数据分析的过程，以便审稿人评估研究过程（Pratt，2008）。我们发现不少文章在数据收集和数据分析部分，往往表述得非常宽泛，缺少细节的描述。具体表现在以下两点。第一，没有介绍数据收集过程的细节。在部分以访谈为数据来源的文章中，没有介绍访谈的主要内容、访谈的对象（职位）、访谈时长和访谈个数。这些信息对于评估文章的数据质量非常关键，最好放在表格中提及。第二，没有展示数据分析的细节。数据分析部分篇幅较短且非常宽泛，没有针对性地提及论文中的概念。

（3）在研究方法部分单独罗列确保信度和效度的方法。有些文章会在研究方法部分重点介绍确保信度和效度的做法，而且这些做法来自 Yin（2009）等一系列教材，并没有针对性。我们翻阅顶级期刊的案例研究文献，发现它们并没有专门提及信度和效度的问题。实际上，审稿人能够通过阅读论文中评判研究的信度和效度，例如单案例研究中多人研究团队、数据的三角验证等做法能在一定程度上保证研究信度，而给概念下定义、解释概念之间的关系等，是提高研究效度的做法。研究者无须在文章中单列一节介绍信度和和效度。

（二）写作的要点

一般来说，案例研究的研究方法部分要依次介绍研究方法的适用性、案例对象的选取（即理论抽样）、样本企业介绍、数据收集过程和数据分析过程。本书第一章第二节"案例研究方法的定义和特征"部分介绍了案例研究的适用情境、第四章详细介绍了理论抽样的内容，本部分不再赘述，请读者查阅相关章节的内容。

1. 展示样本企业的相关信息

介绍样本企业的相关信息有助于审稿人和读者了解企业的基本情况，为后续研究发现的部分数据展示做铺垫。构建过程模型研究（一般是单案例）可以在这部分介绍企业的发展历程，用图表的形式展示企业发展过程中的重要事件，例如，Plowman et al.（2007）用表格将使命教堂变革的关键事件/行为罗列出来，Henfridsson & Yoo（2014）借助图形将案例企业技术更新过程中的重要事件按照时间先后顺序呈现出来。本书第七章第四节的一个小贴士介绍了如何绘制时间线，读者在画时间线的时候可以参考这部分内容。需要提醒读者的是，有些单案例研究将事件过程或企业发展过程放在研究发现部分介绍，例如 Singh et al.（2015）在研究发现部分介绍该样本企业在技术路径转换过程中经历的事件（episodes）。对于多案例而言，由于篇幅限制，多案例（尤其是 4 个以上）一般不适合逐个介绍企业，而是将案例背景信息用表格的形式呈现出来（例如：Gilbert，2005；Graebner，2009；Snihur & Zott，2020）。

需要注意的是，本部分需要重点呈现与论文的研究主题相关的企业背景信息。举例来说，如果研究创业，那么创始人的背景信息可能要提及，而不用提供公司国际化或专利等方面的信息；如果研究国际化进程，那么公司的文化可能无须提及，而需要提及在哪些国家或者地区开展国际化活动、国际化活动的形式有哪些（合资建厂或产品销售等）。

2. 展示数据收集过程的细节

数据收集有多种途径，这部分需要介绍数据收集的整个过程。对于访谈数据，需要介绍访谈了哪些人（职位是什么），主要的访谈问题是什么，访谈时间是多久，并将汇总的访谈情况以表格的形式展示出来（见表 9-2 和表 9-3）。如果收集了文档等二手数据，例如新闻报道、内部资料、书籍等（请见第五章第二节），也需要在文章中介绍数据量，例如多少篇报道、分别来自哪些渠道等，让审稿人和读者能够清楚地了解数据资料的情况。

表 9-2　单案例研究数据收集情况模板

访谈时间	访谈对象	访谈时长
汇总		

表 9-3　多案例研究数据收集情况模板

案例	访谈对象	访谈个数	访谈时间
汇总			

3. 分步骤展示数据分析过程

数据分析过程要清晰地阐述每个步骤主要做了哪些工作、分析了哪些主题，有哪些关键概念涌现出来。实际上，数据分析迭代进行，研究者很难清晰地刻画具体过程。我们查阅了一些发表在顶级期刊的案例研究，总结了三种数据分析过程的写作方式，但是由于案例研究数据分析方法很多，这里列出的三种方式并不能涵盖所有的数据分析步骤，仅供读者参考。

（1）案例内分析—跨案例比较的分析步骤。这是多案例研究特有的分析步骤，本书第七章针对多案例研究的数据分析做了详细的阐述，本部分主要介绍怎样描述数据分析过程。Eisenhardt（1989a）将多案例研究的数据分析分为两步，第一步介绍案例内分析，即逐个分析所有案例，每个案例形成一份单独的案例描述文档，包括企业的发展情况，以及该案例如何回答研究问题。在这个过程中会涌现一些概念。第二步介绍跨案例比较，寻找相似概念以及案例之间的联系，筛选出感兴趣的变量，构建初步的解释框架。

例如，Santos & Eisenhardt（2009）的数据分析分为两段：第一段介绍案例内研究，通过独立阅读每篇案例，独立识别每个案例中与研究问题有关的理论构念、关系和时序模式，以及概念之间的关系；第二段介绍跨案例分析，识别出一致的模式和主题，并发展命题。再如 Graebner（2009）的数据分析过程分为三步：第一步分别识别各案例的关键事件或阶段（案例内分析）；第二步结合文献定义和所有案例的数据，将信任概念化（跨案例分析）；第三步进行跨案例分析，寻找信任对收购进展的影响模式（跨案例分析）。

（2）归纳式数据降维的分析步骤。归纳式数据分析方法是自下而上的分析过程，如一阶编码和二阶编码（具体分析方法请见第六章第三节）。如果研究采用归纳式数据分析方法，那么研究者应该在数据分析部分介绍每一个步骤得出了哪些重要的概念/主题。并且需要提供数据结构表（data structure，请见第六章第四节的图6-4），展示一阶概念、二阶主题和汇总概念，以及最能体现这些概念的典型引语（可以放在附录中）。

例如，Huang et al.（2017）的数据分析共分为四步：第一步是整体分析，确定与研究问题相关的时序区间；第二步是开放式编码，识别三个不同的数字化创新，以及确定每种创新的独特功能、运用的数字技术及其用户群的贡献，以及重大的组织和战略成果；第三步是主轴编码，发现快速扩张的机制，提出三个重要概念——数据驱动运营（data-driven operation）、及时发布（instant release）、灵活转换（swift transformation）；第四步是选择性编码，构建理论模型。

（3）逐次分析不同主题的数据分析步骤。不同于自下而上的归纳式过程，逐次分析不同主题的数据分析步骤是指每一次数据分析聚焦某个明确的主题或任务，经过多次全文分析得出一些概念，以及概念之间的关系。运用这种数据分析方法，研究者需要在数据分析部分介绍分析的细节，例如，第一个阶段重点关注什么，有哪些发现；第二个阶段重点关注什么，有哪些发现等。

例如，Singh et al.（2015）借鉴历史分析法，分四步分析数据：第一步是描述整体发展经过，根据重要的故事情节划分时序区间；第二步是针对每一个时序区间分析创新路径；第三步是针对每一个时序区间分析创新状态；第四步是根据第二步和第三步的分析结论，确定各时序区间是路径依赖还是路径创造。

需要提醒读者的是，尽管案例研究的文献中都会分步骤介绍数据分析的过程，但几乎所有的研究都指出，数据分析是一个迭代的过程，实际的数据分析并不是做完第一步再做第二步，待第二步结束后再做第三步，而是同时发生的（Corbin & Strauss，2008）。

四、研究发现

案例研究需要在研究发现部分有条理地展示数据和解读数据，让构建的理论从数据中自然而然地浮现出来。然而，质性数据难以轻松地合成或简化为表格，因此案例研究者需要创造性地展示数据，让读者能够将所有的原始数据与文章中展示出来的分析数据连接起来，并将分析数据与涌现出来的理论联系起来（Bansal & Corley，2012；Pratt，2008）。

（一）存在的问题

国内案例研究在研究发现部分并没有达到让研究结论自然而然浮现出来的效果，主要有以下几点原因。

（1）没有清晰的证据链说明从数据到结论的过程。

表现一：只谈论数据，而不展示数据（telling the data, not showing it）。有些作者沉浸于自己讲故事，缺乏原始数据的引用和呈现，甚至在研究方法部分强调了有访谈数据，而在研究发现部分没有引用任何数据，这样做如何让人相信结论是基于坚实的数据？引用被访者的原话是一种有效的证据展示（Pratt，2008），这也是当前案例研究比较普遍的证据援引方式。

表现二：介绍了概念之间的关系但无证据支持。完整的证据链有助于审稿人或读者理解构建的理论。但是很多研究往往有论断，而没有细节数据的支持。例如，只是提到"该软件为 Beta 公司带来了外部客户，激发了外部正反馈"，而没有证据显示带来了哪些外部客户，以及多少外部客户。再如，"云端数据打通了以设备为基础的整个价值链条，也为平台上的用户之间实现生产协同提供了技术支持"，同样在这句话中，整个价值链条包括了哪些环节、怎么打通的、生产协同是什么，都需要解释下，或者举一个具体的例子帮助读者理解。

表现三：概念没有明确的定义。文章中出现的概念需要有明确的定义，尤其是那些出现在模型中的概念需要在正文中下定义（Pratt，2008）。

表现四：以"how"和"why"作为研究问题，试图揭开现象为什么能够发生的背后机制，但是在研究发现的正文中仅介绍企业各个阶段的状态，而忽略了解开状态之间切换的机制或关键动作。

表现五：正文主要介绍某些概念，却在模型中出现多个箭头和关系。这些关系应该在研究发现部分有所提及，或者是重点论述关系，或者需要埋下一些线索。

表现六：展示的原文数据与正文中表述的观点不太相关。研究者需要引用最能展示论文观点的证据来支持观点。

（2）根据条目数来确定概念的重要性可能存在缺陷。国内有很多研究会借用文本分析的方法，在访谈文档中统计某些编码的出现次数，以此来说明该概念的重要程度。用这种方法是有失偏颇的，主要原因有以下三点：

第一，访谈是一问一答的过程，被访者谈论的内容与访谈者提的问题息息相关，因此某个现象被谈论的次数多，很有可能是访谈者一直在询问这方面的问题，但不一定就是一个重要的现象/事件，尤其是在访谈问题不够开放的时候。

第二，一些重要的现象/事件可能因为访谈者没有询问而被忽略了，或者只有少数几个人知道，如果用词频统计的研究方法就很有可能遗漏重要的发现。因此词频统计方法就很可能受制于研究者已有的研究框架，不利于挖掘意料之外的发现。

第三，被提及多少才算是重要的？这个标准难以确定。Pratt（2008）建议如果10%的访谈者提到，同时有二手数据的三角验证，就可以认为是一个重要的概念或主题。如果是20人以内的访谈个数，这个比例没有太大的作用。当然，条目数或词频统计方法在财务、会计领域应用比较广，是分析二手质性数据的好方法，这些研究者通过统计财务报表上的某些词出现的频率去预测企业未来的收益，或者解释企业的绩效，由于报表是独立于访谈者的，研究结论也较为客观。

（3）编码与呈现的原始数据不符合。尤其是采用归纳式数据分析方法的研究，常常出现编码与原始数据不相符的现象。我们时常在数据结构表中发现原始数据与一阶编码表达的含义不同，二阶编码很难涵盖其一阶编码的内涵，汇总概念又没有涵盖相应的二阶编码的内涵。

（二）写作的要点

让构建的理论自然而然地浮现出来，需要搭建起数据和理论之间的桥梁。此时，将理论叙事（theory narrative）和数据叙事（data narrative）融合起来是一种有效的方式，换言之，用理论框架来讲述故事。

1. 根据最终的模型图，分主题、有逻辑地呈现数据

模型图是提炼研究发现的有效方式，本书第八章介绍了四类模型图：因果类模型、机制类模型、阶段类模型和图表类模型。为了实现研究结论的自然浮现，最有效的方式是根据最终模型来呈现数据。具体来说，研究发现部分要与模型图紧密联系，将模型图中各模块之间的关系通过相应的章节结构体现出来。由于图表类模型、机制类模型和阶段类模型是案例研究中的常见模型，本部分重点介绍这三种模型的呈现形式。

第一，因果类模型的呈现结构。在这类文章中，作者通过处理质性数据，揭示概念间近似因果的关系。由于讨论的是概念与概念之间的因果关系，在研究发现部分，主要呈现概念与概念之间的共变关系。例如 Eisenhardt（1989b）这篇论文主要介绍在高速环境中快速决策的影响因素，作者在研究发现部分分五方面介绍了影响决策速度的因素（见图9-3）：①速度、计划和即时信息；②速度、时间和备选方案的数目；③速度、权力和咨询顾问的角色；④速度、冲突和解决；⑤速度、拆分和决策整合，分别从五个方面去分析快速决策的影响因素，而这些也成为快速决策的五个自变量。

再比如，Garg & Eisenhardt（2017）的模型（见图9-4）中有四个自变量，在介绍研究发现的部分（该文章第四部分的标题是 emergent theoretical framework），作者分别介绍了这四个自变量。Eisenhardt教授的多篇多案例研究论文有类似的研究结构，读者可以分析她的其他论文。

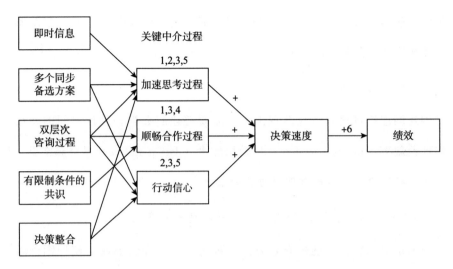

图 9-3 Eisenhardt（1989）的模型

注：数字对应文中的命题。

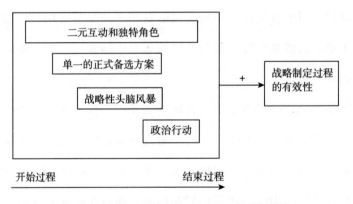

图 9-4 Garg & Eisenhardt（2017）的模型

第二，机制类模型的呈现结构。机制类模型中的机制没有明显的时间先后顺序，它们可能同时发生、相互作用。针对机制类模型的呈现结构，研究者可以先分别论述各个机制是什么，然后论述机制之间的关系。例如，Huang et al.（2017）在呈现研究发现时，首先整体介绍案例故事，然后分别介绍了三类机制：数据驱动运营、及时发布、灵活转换，最后提出三种机制的相互作用关系（见图 9-5）。同样，Henfridsson & Yoo（2014）也是类似的结构，先介绍发展的经过，再论述各个机制，以及机制之间的关系。另外，第八章提到的 Murmann（2013）的文献，作者在数据呈现部分也是先介绍了两个行业的演化过程，然后分别介绍了三种机制：人事交换（exchange of personnel）、商务关系（commercial ties）、游说（lobbying）。

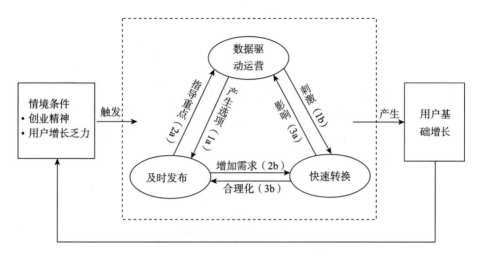

图 9-5　Huang et al.（2017）的模型

第三，阶段类模型的呈现结构。阶段类模型有明显的先后顺序，揭示的是某一现象随时间逐渐展开的过程。那么在研究发现部分，需要根据先后经历的阶段进行展示。例如，Smith（2014）构建了管理战略悖论的动态决策模型（见图 9-6），该模型就清晰地展示了决策的顺序过程，即关键问题（key issues）—遭遇紧张局面（experience tensions）—领导实践（leadership practices）—决策情境（decision making contexts），在研究发现部分，作者按照该顺序展示了动态决策的过程。作者首先将 6 个样本企业进行了分组，一类是能够很好地处理战略悖论的企业，一类是不能有效地处理战略悖论的企业。随后作者分别介绍了关键问题、遭遇紧张局面、领导实践、决策情境、决策模式（这些概念都是汇总概念），而在每一个汇总概念里，分别介绍了各二阶概念，如在领导实践部分，作者介绍了区分（differentiating）和整合（integrating）。此外，作者在介绍各汇总概念时明确表达了先后顺序，如在介绍领导实践的部分，提到了这些实践是为了解决紧张的局面；而在介绍决策情境时，也提到领导实践营造了为领导者决策提供依据的背景。这些表述都体现了时间先后顺序。

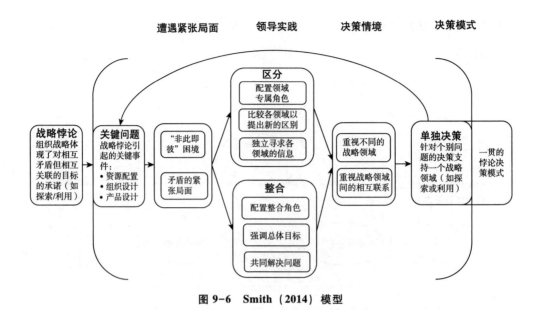

图 9-6 Smith（2014）模型

2. 有说服力地展示证据链

展示证据链有助于审稿人评估从数据中构建的理论是否合理（Pratt，2009）。有说服力的展示数据能够帮助审稿人或读者连接数据和理论。本书第六章第四节介绍了三种单案例证据链的展示方式，在此基础上，我们介绍研究发现部分数据展示的四个策略。

第一，讲述一个吸引人的故事。这要求研究者既能够清楚地介绍每个主题（theme）的情况，又能将这些主题匹配起来，形成一个完整的故事（Pratt，2009）。Pratt（2009）建议在每个主题的叙述中，可以参照小说的写作方式，把每一个主题看成是故事中的角色，谁是主角？主角面临什么问题？主角希望完成什么？研究者可以借鉴小说故事中的焦点人物，在叙述定性故事时也确定一个被其他内容围绕的焦点内容，但要避免一篇论文中出现多个焦点内容。在 Pratt et al.（2006）的文章中，涉及了多个主题，如职业身份、身份变更、技能、日常任务及组织工件（organizational artifacts）。当作者将专业身份变更（身份定制）作为主角之后，其他"角色"就有机地融入到这个故事中。具体来说，作者把日常任务看成是对被访者专业身份的挑战从而触发变革；组织工件则为身份变革提供资源，技能则是随着身份变革而发展起来的。

第二，理论叙事和数据叙事相结合。案例研究论文要传达的既不是记录下来的事件、动作和对话，也不是精心制作的分析表，而是要传递组织生活中的细节对于更广泛的现象、过程和理论的重要性（Golden-Biddle & Locke，2007）。因此，案例研究既不能脱离理论和概念去洋洋洒洒地描述故事、引用被访者的话回答研究问题，也不能只介绍概念和理论而忽略了故事。将理论和数据结合起来，是一种有效的方式，数据为理论提供情境，理论则解读数据中的深刻含义（Bansal & Corley，2012）。在分析多篇案例研究后（例如：Plowman et al.，2007；Greenwood & Suddaby，2006），我们得出一个简单的结论：研究者可以在每个主题开始的第一、二段给关键概念下定义（如果概念来自文献，则需要引用文献给出定义或者讨论该概念，如果概念是研究者自行归纳的，也可以不引用文献）。然后，用自己的语言介绍该概念在案例中表现为哪些现象，随后引用原始数据给出证据。这点也体现在本书第六章第四节中提到的强调数据对核心概念的支撑。如果该概念与其他概念存在某些关系，研究者需要在文章中表述概念之间的关系（如事件之间的先后联系、因果关系等）；同时展示证据支撑这些关系。例如，Smith（2014）在研究发现部分用简短的一两句话提到遭遇紧张会引发领导实践、而领导实践会塑造决策环境。

第三，聪明地展示原始数据。Pratt（2008）建议研究者在正文中挑选那些"如此富有诗意的、简洁的、有见地的，以至于研究者无法提出更好观点"的权威数据（power quotes）进行展示；在表格中展示相关的数据（proof quotes），这些数据作为三角验证的材料支持正文中的结论。实际上，表格是一种有效的压缩和展示原始数据手段（请见本书第七章第七节）。例如，Santos & Eisenhardt（2009）中的表2至表4（分别在653页、657页和661页）是多案例质性数据展示的典范之一。这种方式能够直观地看到原因概念和结果概念之间的关系。但需要注意的是，有程度测量的图表很少在机制类模型和阶段类模型的文献中出现，这两类文献中出现的表格更可能是引用关键数据。无论是否有程度测量，需要再次强调的是，图表只是正文数据的支撑，重要的内容不能只出现在图表中。

拓展阅读 9-3

多案例的证据展示

多案例研究常常在研究发现部分呈现多张表格用来测量关键该概念。本书第七章介绍了多案例研究中的多种证据展示方式。此外,读者可以参阅以下范文的研究发现部分的表格呈现方式。

- Martin, J. A., & Eisenhardt, K. M. (2010). Rewiring: Cross-business-unit collaborations in multibusiness organizations. *Academy of Management Journal*, 53 (2), 265-301.
- Santos, F. M., & Eisenhardt, K. M. (2009). Constructing markets and shaping boundaries: Entrepreneurial power in nascent fields. *Academy of Management Journal*, 52 (4), 643-671.
- Graebner, M. E., & Eisenhardt, K. M. (2004). The seller's side of the story: Acquisition as courtship and governance as syndicate in entrepreneurial firms. *Administrative Science Quarterly*, 49 (3), 366-403.
- Gilbert, C. G. (2005). Unbundling the structure of inertia: Resource versus routine rigidity. *Academy of Management Journal*, 48 (5), 741-763.

第四,学术写作尽量规避使用"我(们)得出了……"的表述,而是尽量采用"本案例呈现……""本文数据显示……"的形式,"让研究发现自己说话(let findings speak for themselves)"(Golden-Biddle & Locke, 2007)。

案例研究的数据呈现没有统一的标准,不同的研究者可能呈现出不同的风格。这里提及的一些建议不会也不可能覆盖所有有效的呈现方式,读者可以借鉴顶级期刊的案例研究,分析并借鉴他们的写作特点和风格。

此外,案例研究的研究过程和写作过程紧密交织在一起(Bansal & Corley, 2012),研究者时常在写作的过程中发现了新的机制或者提炼了新的概念,这就导致研究者需要重新修改文献和引言,重新定位研究贡献。一旦研究发现部分写完了，新的理论洞见也就涌现出来了，因此发现理论贡献往往和写作同时进行（Bansal & Corley，2012）。

五、讨论和结论

讨论和结论是研究的理论升华和点金之笔，应该得到研究者的充分重视。一般而言，讨论和结论部分包括解释整体模型、理论贡献、实践意义、研究局限性和未来研究方向、简要结论等部分。讨论和结论部分既是终点也是起点，它通过讨论整体模型和对已有文献的理论贡献结束一个话题，同时又是后续研究的起点（Geletkanycz & Tepper，2012）。

（一）存在的问题

（1）讨论和结论部分就事论事，只是对研究发现的简单重述（Geletkanycz & Tepper，2012）。讨论和结论部分是对研究的理论升华，应该将论文的独特发现与以往文献对话，突出本研究对该研究话题提供的新见解，并解释论文发现为什么重要（Geletkanycz & Tepper，2012）。

（2）理论贡献叙述简单，通过用被访者的话来回答研究问题，却没有超越答案本身而讨论可能存在的理论贡献（Pratt，2008；苏芳、黄江明，2013）。

（3）命题提出后没有解释，而且表述过于描述和宽泛。不少研究在研究发现部分提出命题，但仅仅是在现象上的总结，命题需要有逻辑解释或理论解释。Eisenhardt教授在多次分享中就提到需要对提出的命题进行解释。有些命题的表述中难以看到概念以及概念之间的清晰关系。关于怎么表述命题，读者可以参考本书第七章第七节的内容。

（4）研究模型和研究结论不能很好地回答研究问题。例如，研究问题要看客户如何帮助供应商构建能力，研究结论则是什么样的客户更可能帮助供应商构建某类能力，这样的研究结论就不能回答当初的研究问题。再比如，研究问题是制造业企业如何构建大数据能力，但是研究结论和模型中并没有制造业企业的特点，该模型也不能很好地回答研究问题；或者有的文章想探讨大数据战略，模型中没有与数据有关的概念；又或者研究动机是解决文献中的冲突，但研究结论难以得出答案。

(5) 管理意义部分给出的建议与文章的核心发现没有太大关联，因而显得不痛不痒，没有提供一些有针对性的做法。

(二) 写作的要点

(1) 讨论要阐述文章结论的重要性、解释文章的研究结论如何从理论上解决了引言和文献回顾部分提到的研究问题（Geletkanycz & Tepper, 2012）。Geletkanycz & Tepper（2012）建议研究者在撰写讨论部分时，重新审视文章的研究动机，并带着研究结论回到文献中（在这部分可以出现新的文献），揭示文章研究的新发现对文献中已知的扩展。在阐述理论贡献时，要以引言和文献综述部分提到的研究缺口为基础，不仅要介绍本研究填补了该研究缺口，更要讨论本研究是如何填补该缺口的。本书第三章介绍了两种阐述理论贡献的观点，一种是从理论构成要素角度出发，一种是从对文献启示角度出发，研究者可以参照本书第三章第三节的内容阐明研究的理论贡献。

一些发表在顶级期刊的案例研究会在介绍理论贡献之前，先提出并解释整体模型（例如，Greenwood & Suddaby, 2006; Gilbert, 2005; Smith, 2014）。整体模型是对研究发现的总结和提炼，将研究发现中的各主题结合起来，解释各主题之间的关系。Eisenhardt 建议研究者采取以下三种方式：逻辑演绎、案例证据、引用已有的文献解释命题（关系）（毛基业、陈诚, 2017）。随后介绍理论贡献，指出该新发现是如何推动研究进展的。例如，Gilbert（2005）在讨论部分首先解释了资源守旧和程序老套对组织惰性的不同影响机制，将5个命题结合起来构建了统一的组织惰性的解释模型，紧接着作者介绍了理论贡献。

(2) 与远的文献比较相似点，与近的文献比较相异点。在讨论部分，研究者在解读模型的时候可以引入新文献来解释模型中各概念/主题之间的关系，而在介绍理论贡献的时候，需要强调论文与文献回顾中部分文献不同的地方，突出论文的研究贡献。

(3) 实践意义与本研究结论相关。理论具有启示性和预测性，根据论文构建理论预测的内容给管理者提供具体的建议。

(4) 最后用一段话高度概括论文的研究问题、研究方法以及研究结论和贡献，帮助审稿人或读者回忆论文的主要内容。

第三节 结 语

"好文章是改出来的"，案例研究写作是不断迭代的过程。在初稿写完之后，研究者需要反复阅读、多次修改，达到文章的整体性和一致性，兼顾研究的理论性和故事性。

模仿一篇顶级期刊的案例研究的数据呈现方式能起到事半功倍的效果。Pratt（2009）建议研究者找到几位多次在你的目标期刊上发表论文的学者，模仿他们的写作风格，如有的研究者将理论和数据分开叙述，有的研究者则将理论和数据交织在一起；有的研究者的引言和文献综述很短，甚至没有文献回顾而直接进入到方法和数据章节；有的研究者习惯先充分论述理论框架再描述怎么填充该框架。我们建议研究者尽量模仿近期发表的论文，管理学期刊对研究的要求越来越高，对理论贡献、研究方法的严谨性日益重视，早些年顶级期刊上发表的论文很可能不能代表当前的新要求。

研究者在写作的过程中，可以参考本章针对各章节列出的常见问题和有效策略。这些有效的做法主要在本章作者自身的写作经验以及解读部分文献的基础上形成的，可能存在偏颇和片面，仅供读者们参考。

训练卡片

请分析下述范文中的各部分的结构和逻辑，思考：

(1) 文章的每个部分的结构是什么样的？
(2) 作者的研究问题是如何引出来的？又是如何被回答的？

参考范文：

- Smith, W. K. (2014). Dynamic decision making: A model of senior leaders managing strategic paradoxes. *Academy of Management Journal*, 57 (6), 1592-1623.

• McDonald, R. M., & Eisenhardt, K. M. (2020). Parallel play: Startups, nascent markets, and effective business-model design. *Administrative Science Quarterly*, 65 (2), 483-523.

• Ramus, T., Vaccaro, A., & Brusoni, S. (2017). Institutional complexity in turbulent times: Formalization, collaboration, and the emergence of blended logics. *Academy of Management Journal*, 60 (4), 1253-1284.

参考文献

[1] 黄江明，李亮，王伟（2011）. 案例研究：从好的故事到好的理论——中国企业管理案例与理论构建研究论坛（2010）综述. 管理世界，27（2），118-126.

[2] 毛基业，陈诚（2017）. 案例研究的理论构建：艾森哈特的新洞见——第十届"中国企业管理案例与质性研究论坛（2016）"会议综述. 管理世界，33（4），135-141.

[3] 毛基业，李亮（2018）. 管理学质性研究的回顾、反思与展望. 南开管理评论，21（6），12-16.

[4] 毛基业，苏芳（2019）. 质性研究的科学哲学基础与若干常见缺陷——中国企业管理案例与质性研究论坛（2018）综述. 管理世界，35（02），115-120.

[5] 毛基业，苏芳（2016）. 案例研究的理论贡献. 管理世界，32（02），128-132.

[6] 苏芳，黄江明（2013）. 质性研究设计与写作的若干策略. 管理世界，（02），136-140.

[7] 王冰，齐海伦，李立望（2018）. 如何做高质量的质性研究——中国企业管理案例与质性研究论坛（2017）综述. 管理世界，34（04），140-145.

[8] Ahlstrom, D. (2015). From the editors: Publishing in the *Journal of World Business*. *Journal of World Business*, 50 (2), 251-255.

[9] Ahlstrom, D. (2017). How to publish in academic journals: Writing a strong and organized introduction section. *Journal of Eastern European and Central Asian Research*, 4 (2), 1-9.

[10] Aoki, K., & Wilhelm, M. (2017). The role of ambidexterity in managing buyer-supplier relationships: The Toyota case. *Organization Science*, 28 (6), 1080-1097.

[11] Baker, T., & Nelson, R. E. (2005). Creating something from nothing: Resource construction through entrepreneurial bricolage. *Administrative Science Quarterly*, 50 (3), 329-366.

[12] Bansal, P. T., & Corley, K. (2012). Publishing in AMJ-Part 7: What's different about qualitative research?. *Academy of Management Journal*, 55 (3), 509-513.

[13] Bingham, C. B., & Davis, J. P. (2012). Learning sequences: Their existence, effect, and evolution. *Academy of Management Journal*, 55 (3), 611-641.

[14] Corbin, J., & Strauss, A. (2008). *Basics of qualitative research: Techniques and procedures for developing grounded theory*. Sage publications.

[15] Daft, R. L. "Why I recommended that your manuscript be rejected and what you can do about it," in *Publishing in the Organizational Sciences*, L. L. Cummings and P. J. Frost (eds.), Irwin, Homewood, IL, 1985, pp. 193-209.

[16] Eisenhardt, K. M. (1989a). Building theories from case study research. *Academy of Management Review*, 14 (4), 532-550.

[17] Eisenhardt, K. M. (1989b). Making fast strategic decisions in high-velocity environments. *Academy of Management Journal*, 32 (3), 543-576.

[18] Eisenhardt, K. M. (1991). Better stories and better constructs: The case for rigor and comparative logic. *Academy of Management Review*, 16 (3), 620-627.

[19] Garg, S., & Eisenhardt, K. M. (2017). Unpacking the CEO-board relationship: How strategy making happens in entrepreneurial firms. *Academy of Management Journal*, 60 (5), 1828-1858.

[20] Geletkanycz, M. A., & Tepper, B. J. (2012). Publishing in AMJ-Part 6: Discussing the Implications. *Academy of Management Journal*, 55 (2), 256-260.

[21] Gilbert, C. G. (2005). Unbundling the structure of inertia: Resource versus routine rigidity. *Academy of Management Journal*, 48 (5), 741-763.

[22] Golden-Biddle, K., & Locke, K. (2007). *Composing qualitative research*. Sage.

[23] Graebner, M. E. (2009). Caveat venditor: Trust asymmetries in acquisitions of entrepreneurial firms. *Academy of Management Journal*, 52 (3), 435-472.

[24] Grant, A. M., & Pollock, T. G. (2011). Publishing in AMJ-Part 3: Setting the hook. *Academy of Management Journal*, 54 (5), 873-879.

[25] Greenwood, R., & Suddaby, R. (2006). Institutional entrepreneurship in mature fields: The big five accounting firms. *Academy of Management Journal*, 49 (1), 27-48.

[26] Henfridsson, O., & Yoo, Y. (2013). The liminality of trajectory shifts in institutional entrepreneurship. *Organization Science*, 25 (3), 932-950.

[27] Huang, J., Henfridsson, O., Liu, M. J., & Newell, S. (2017). Growing on steroids: Rapidly scaling the user base of digital ventures through digital innovation. *MIS Quarterly*, 41 (1), 301-314.

[28] Jing, R., & Benner, M. (2016). Institutional regime, opportunity space and organizational path constitution: Case studies of the conversion of military firms in China. *Journal of Management Studies*, 53 (4), 552-579.

[29] Martin, J. A. (2011). Dynamic managerial capabilities and the multibusiness team: The role of episodic teams in executive leadership groups. *Organization Science*, 22 (1), 118-140.

[30] McDonald, R. M., & Eisenhardt, K. M. (2020). Parallel play: Startups, nascent markets, and effective business-model design. *Administrative Science Quarterly*, 65 (2), 483-523.

[31] Murmann, J. P. (2013). The coevolution of industries and important features of their environments. *Organization Science*, 24 (1), 58-78.

[32] Patriotta, G. (2017). Crafting papers for publication: Novelty and convention in academic writing. *Journal of Management Studies*, 54 (5), 747-759.

[33] Plowman, D. A., Baker, L. T., Beck, T. E., Kulkarni, M., Solansky, S. T., & Travis, D. V. (2007). Radical change accidentally: The emergence and amplification of small change. *Academy of Management Journal*, 50 (3), 515-543.

[34] Pratt, M. G. (2008). Fitting oval pegs into round holes: Tensions in evaluating and publishing qualitative research in top-tier North American journals. *Organizational Research Methods*, 11 (3), 481-509.

[35] Pratt, M. G. (2009). From the editors: For the lack of a boilerplate: Tips on writing up (and reviewing) qualitative research. *Academy of Management Journal*, 52 (5), 856-862.

[36] Pratt, M. G., Rockmann, K. W., & Kaufmann, J. B. (2006). Constructing professional identity: The role of work and identity learning cycles in the customization of identity among medical residents. *Academy of Management Journal*, 49 (2), 235-262.

[37] Santos, F. M., & Eisenhardt, K. M. (2009). Constructing markets and shaping boundaries: Entrepreneurial power in nascent fields. *Academy of Management Journal*, 52 (4), 643-671.

[38] Seidl, D., & Werle, F. (2018). Inter-organizational sensemaking in the face of strategic meta-problems: Requisite variety and dynamics of participation. *Strategic Management Journal*, 39 (3), 830-858.

[39] Siggelkow, N. (2001). Change in the presence of fit: The rise, the fall, and the renaissance of Liz Claiborne. *Academy of Management Journal*, 44 (4), 838-857.

[40] Singh, R., Mathiassen, L., & Mishra, A. (2015). Organizational path constitution in technological innovation: Evidence from rural telehealth. *MIS Quarterly*, 39 (3) .643-665.

[41] Smith, W. K. (2014). Dynamic decision making: A model of senior leaders managing strategic paradoxes. *Academy of Management Journal*, 57 (6), 1592-1623.

[42] Snihur, Y., & Zott, C. (2020). The genesis and metamorphosis of novelty imprints: How business model innovation emerges in young ventures. *Academy of Management Journal*, 63 (2), 554-583.

[43] Su, N. (2013). Internationalization strategies of Chinese IT service suppliers. *MIS Quarterly*, 175-200.

[44] Vuori, T. O., & Huy, Q. N. (2016). Distributed attention and shared emotions in the innovation process: How Nokia lost the smartphone battle. *Administrative Science Quarterly*, 61 (1), 9-51.

[45] Webster, J., & Watson, R. T. (2002). Analyzing the past to prepare for the future: Writing a literature review. *MIS Quarterly*, 26 (2), xiii-xxiii.

[46] Yin, R. K. (2009). *Case study research: Design and methods*, Thousand Oaks, CA, Sage Publications.

第十章

一篇案例研究的历程：从问题提出到文章发表

冯永春

天津财经大学

应瑛

浙江财经大学

吴瑶

中山大学

李亮

对外经济贸易大学

苏芳

暨南大学

本章大纲

第一节 论文一：制造企业的服务化风险管控 / 263

一、研究问题的提出 / 263

二、数据资料的收集 / 264

三、初始论文的写作 / 265

四、初始论文的投稿 / 266

五、理论视角的确定 / 267

六、投稿论文的修改 / 267

七、最终论文的投稿 / 268

八、做研究的反思 / 268

九、做人做事的反思 / 269

参考文献 / 270

第二节 论文二：研发网络分散化与创新 / 270

一、研究问题的提出：现实困境与理论悖论并重 / 271

二、选取案例：从单案例拓展至对比案例研究 / 273

三、数据收集：抱有一颗"八卦"的心 / 273

四、数据分析：从"好的故事"到"好的理论" / 274

五、参照理论的选定：从组织学习到组织学习顺序 / 276

六、论文的写作、投稿、修改与发表 / 276

七、回顾与反思 / 277

第三节 论文三：数字化时代下的企业与消费者价值共创 / 278

参考文献 / 284

第四节 论文四：中小企业的数字化转型 / 284

一、研究缘起：主动寻求企业调研机会 / 285

二、研究定位：选择恰当的发表途径 / 285

三、研究问题：从现有文献的"有间"之处切入 / 286

四、数据分析：从"好的故事"到"好的理论" / 287

五、写作与投稿：在对话中提升研究质量 / 289

六、反思与体会 / 290

参考文献 / 291

第十章　一篇案例研究的历程：从问题提出到文章发表

前九章阐述了案例研究和写作的全过程。本章是一个"编外篇"，我们特地邀请了几位"有故事"的作者，挑选了涵盖营销、战略、信息系统等领域，包括中文和英文的四篇文章，请他们分享案例研究、写作和发表过程的酸甜苦辣与喜怒哀乐。这些"故事"或涉及如何选题、如何收集和分析数据，或涉及如何写作、如何发表，甚至涉及如何与其他学者开展合作以及整个过程的心情。本章的主要目的是期望读者在研究之余听我们讲讲"故事"以转换一下思路，如果能对您有所启发，那也是我们的意外之喜了。

第一节　论文一：制造企业的服务化风险管控*

这篇论文是我和崔连广等老师合作的单案例研究文章，从研究问题的提出到文章的发表，经历了许多曲折离奇与无奈。在这个过程中，我学会了听取合作者与审稿人的建议，不断提高英文案例论文的写作水平，增强研究的科学性与严谨性，增强研究的理论意义与实践意义，我也意识到必须打破固有模式，不断提高学术水平与认知能力。

一、研究问题的提出

这篇文章主要探讨的问题是"制造企业如何管控服务化过程中的各类风险"，聚焦于风险管控举措背后制造商采用的决策逻辑。为什么要探讨这个问题？我和崔老师在此之前，合作写过两篇论文，一篇是《客户解决方案研究述评与展望》，发表在《外国经济与管理》上；另一篇是《制造商如何开发有效的客户解决方案？》，发表在《管理世界》上。基于文献综述，我们发现"服务化悖论"是相关研究中最需要解决的难题，它不仅是管理实践中的难题，也是理论研究中的难题。现实中，许多中国制造企业实施服务化转型，提供服务产品，只是弥补质量缺陷

---

* 此部分撰写者为冯永春，论文发表于 Cui, L., Su, S. I. I., Feng, Y., & Hertz, S. (2019). Causal or effectual? Dynamics of decision making logics in servitization. *Industrial Marketing Management*, 82, 15–26。

（有些企业甚至利用这些质量缺陷，以提供附加服务的名义，侵害消费者利益），在无法提供高质量产品与服务的情境下，制造企业很难创造更高的利润率与市场竞争力。基于此，我们撰写了《制造商如何开发有效的客户解决方案？》一文，从动态能力的微观基础视角，重点探讨制造企业如何提高服务能力，进而开发出不同类别的解决方案以服务于客户。同时，我们通过文献分析发现，研究者主要关注制造企业服务化带来的积极作用，而忽视了企业实施服务化转型所带来的风险与不确定性。基于此，我们就想到，从制造企业服务化转型带来的风险入手，探讨制造商如何管控服务化风险，以便化解服务化悖论。

除文献指引我们要研究该问题，企业调研也指引我们要研究该问题。我们不仅深入调研了该论文中的案例企业——斯堪尼亚（中国），还在此之前深入调研了其他制造企业（如奥的斯电梯、艾默生网络能源、丹佛斯等），这些制造企业的高管向我们介绍了他们在中国市场实施服务化转型过程中所遇到的困难与面临的风险，并间接地介绍了一些制造企业服务化转型失败的案例。这就让我们自然而然地想到，尽管制造企业实施服务化转型，提供服务产品与客户解决方案，能够提高企业的竞争力与利润率，但也使企业面临了许多风险与不确定性，需要企业做出决策并采取相应举措加以应对。同时，文献也告诉我们，制造企业实施服务化转型，本质上是调整商业模式，从"产品主导逻辑（goods-dominant logic）"转变为"服务主导逻辑（service-dominant logic）"，这会给企业带来运营层面、组织层面和战略层面的风险与不确定性，这些因素都可能造成制造企业服务化转型失败。因此，我们就聚焦于研究制造企业服务化过程中商业模式的转变所带来的风险与不确定性，探讨企业用什么逻辑去解决和应对。

二、数据资料的收集

在明确了该研究问题后，我们对斯堪尼亚（中国）进行了更为深入的调研。此前，南开大学许晖教授（我的博士生导师）曾带领我调研过斯堪尼亚（中国），访谈了战略中心高级顾问 Joakim Diamant（他会讲中文）。尽管此次的访谈时间很短促，但却让我对斯堪尼亚这家重型卡车公司产生了浓厚兴趣（可能是许多男生都想拥有一个汽车人——"变形金刚",直觉告诉我这家企业非常值得深入研究)。随后,我就关注了斯堪尼亚(中国)的微博,并经常登录公司网站,检索下载相关资料。

2014年寒假,我春节回家遇到堂哥(他们三兄弟都在浙江做物流生意),他提及了明年要换重型卡车的话题,我们就聊到了沃尔沃、斯堪尼亚等国外重卡;经堂哥介绍我认识了斯堪尼亚(中国)上海区域的销售人员,徐经理、顾经理以及他们的助理,大家向我详细介绍了斯堪尼亚(中国)的销售与经营状况,让我对这家公司有了进一步认知。随后就是我与崔连广老师的合作了,原来他也关注斯堪尼亚这家企业,早在瑞典攻读博士学位期间,他就曾和导师 Susanne Hertz 调研过斯堪尼亚,并为其提供管理咨询服务。在此期间,崔老师调研了斯堪尼亚(中国)的多位高管,并与他们举办了讨论会;在双方建立信任的基础上,斯堪尼亚(中国)的高管,又为我们介绍了经销商、客户等供我们调研。在这个过程中,崔老师发挥了至关重要的作用,他不仅将访谈到的一些资料翻译成中文(有3位高管说瑞典语),以便我能够理解,还前往深圳、厦门、广州、北京等地开展经销商和客户调研,收集了大量的一手资料。

三、初始论文的写作

我们收集到的一、二手资料,帮助我们全面了解了斯堪尼亚在中国市场发展的全历程,加之我国汽车物流市场的不断快速成长与发展,这为我们研究制造企业服务化历程提供了情境,让我们确信用斯堪尼亚(中国)这一家企业,就能解决我们提出的研究问题。尽管明确了研究问题并收集到了大量的一、二手资料,但我写出来的论文初稿并不能打动崔连广等老师,他们认为我写的论文只是阐述斯堪尼亚在中国市场服务化的全过程,讲述了一个"故事",但理论逻辑阐述不足。我起初并不这么认为,因为按照以往经验"构建一个过程模型"也是有理论贡献的呀。崔老师和我讨论,他问我这篇文章的价值在哪里?理论贡献在哪里?我只能支支吾吾地阐述这个企业的服务化过程,而不能有效地提炼其中的理论贡献。我想这也是许多案例研究者面临的难题，"故事"讲得很好，但却难以从中提炼理论贡献。究其原因，是理论文献掌握不到位，研究缺口把握得不准确。为解决该难题，崔老师跟我分享了许多服务化相关的论文，并让我仔细研读。基于此，在认真研读许多论文后，我还是没有大的突破，只是把重心放在了风险管控举措上；而后按照质性研究数据的编码方式，重新梳理且经过多次修改，终于形成了一篇单案例论文，并在其中嵌入了多个分析单元，用来探讨斯堪尼亚在中国市场实施服务化转型中的每个阶段所采取的风险管控举措。现在回想起来，那时我犯了一个严重的错误，即将论文的重心放在了对现象的总结归纳，而忽视了理论视角，致使该研究缺乏透彻的分析与科学论证，没有透过现象看本质，这也注定该论文曲折离奇的投稿历程。

四、初始论文的投稿

当时，多方面原因促使我们选择投稿中文核心期刊。首先，我们把论文投稿到国内某核心期刊，经过两个多月的等待，收到了"拒稿通知"，但无拒稿意见。紧接着，我们投稿到另一核心期刊，很快收到了第一轮"拒稿"意见：没有深入理解制造企业服务化问题，应该采用"人力资本"视角分析该问题。说实话，该意见让我们猝不及防，压根不知道如何修改并回复审稿人；幸亏编辑部认为审稿人的建议不合理，又给了我们一次修改机会，但修改返回后，审稿人坚持让我们采用人力资本视角分析，前后经过5个多月的反复修改与"拉锯"，最终也未能俘获该专家的"芳心"，编辑部尊重专家的建议，予以拒稿。此后，我们又将论文投稿到国内另一核心期刊，经过4个月的等待，终于收到了该期刊特别详尽的外审拒稿意见，总体上认为该案例论文符合研究规范，但理论贡献不足。该期刊的审稿人是非常认真地阅读这篇论文的，明确指出了这篇案例论文的局限与不足，最致命的就是理论贡献不足，这让我们更加痛定思痛，必须下大气力解决文章中存在的问题。随后，我们决定对这个版本的论文进行重新构思与大幅修改，并决定投稿国外期刊。

五、理论视角的确定

2016 年，我们决定大修初始论文。修改论文时，崔老师就曾建议我采用效果推理（effectuation）和因果推理（causation），分析制造企业管控服务化风险时采取的决策逻辑。然而，我觉得这哪行，内心是抗拒的。因为这个决策理论视角，往往应用于创业企业的决策制定，没人把它应用到制造企业服务化转型与风险管控上。之前，我也参加过 Saras D. Sarasvathy 教授在南开大学商学院开设的创业与研究方法课程，她详细介绍了自己提出效果推理的全过程，真不觉得该理论能应用到制造企业服务化风险管控上面。就这样过了大半年，一天当我看到 Yang & Gabrielsson（2017）、Chandra（2017）这两篇文章后，我的观念发生了彻底改变，意识到自己之前太固执己见了。原来他们敢于把效果推理理论应用到自己的研究领域中，而我却不敢这样做。于是，我迅速调整方向，认真研读效果理论，把它的原则应用到风险管控中去。这件事也让我反思自己，要多听取其他人的建议，充分思考别人为什么这样建议。经过几次修改调整以及在 Shong-Iee Ivan Su 教授的帮助下，我们完成了英文论文的写作。

六、投稿论文的修改

接下来就是细节的修改与完善。尽管完成了英文论文，但那时候大家还是比较着急的，尤其是我，因为那时看到许多专刊在征稿，我就想把论文投出去，还好崔老师及时拉住我。他劝我把英文论文的逻辑结构、行文表达都要进行认真检查与修订，每句话都要反复琢磨，句与句之间是否有较好的逻辑关系，引用的文献是否准确，有没有曲解原作者的意思，查漏补缺；数据分析部分证据的呈现是不是有表达方面的问题等。因为我们访谈的一手资料，被访者说的是中文和瑞典文，需要转化为英文，语言文字的转变，可能会导致语义的变动。同时，还有图表的反复修改，仅仅图形就画了 30 多个，表格更是经过无数次调整，以便能够清晰且有逻辑地展示文章的"证据链"。此外，在修改和完善时，对引言、文献回顾、讨论与结论（尤其是理论贡献和实践贡献）等方面，下了很大力气，把许多细节和不完善的地方进行了修改与调整。最后，投稿前，大家又把论文打印出来，反复检查，看哪些地方可能还有遗漏。

七、最终论文的投稿

2018年5月，我们将论文投稿到 *Industrial Marketing Management*；2019年2月，我们收到第一轮审稿建议。其中一个专家的意见是积极正面的，认为论文理论视角新颖，框架合理，研究严谨科学，已经达到了期刊的发表水平，没有大的修改，但提出了22个可以修改完善的地方，其中很多地方是语言、逻辑方面的错误或不明确。这点还是出乎了我的意料，原以为已经很完善了，没想到还有那么多细节没修改到位。从这些细微修改中，我们也能够看出国内外学者的思维模式的差异，我们习以为常的表达，国外的外审专家可不一定认同。

另一个专家则提出了4个大修建议：①现有的理论贡献不明确，还需要进一步明确并凝练理论贡献；②采用单案例可能不够严谨；③需要强调新兴市场的情境，可以把它变成一个理论贡献；④建议研读和使用列示的文献，能够帮助作者更好地解决研究缺口。虽然审稿专家提出了4个大修建议，但是这些问题在做单案例研究时是经常遇到的。我们认真思考了审稿人提供的文献与建议，觉得最致命的问题，还是对论文理论贡献的质疑，我们需要进一步加强理论贡献。经过近两个月的修改与完善，我们进一步明确并提炼出理论贡献，并提高了论文的严谨性与科学性，强调中国汽车物流市场和重型卡车行业的特殊性，并在论文中使用了审稿人提供的文献。

八、做研究的反思

2019年3月，我们收到编辑部通知，论文获得录用，大家都很开心。通过该论文的写作与发表，让我感触更深的还是研究问题的选取与理论基础的重要性。尽管我们可以通过文献或现象发现并提出研究问题，但常会忽视研究问题的理论价值。我们经常会看到一些论文，只是换了一个样本重新做一遍，做少许调整，就去投稿刊发。我们不能一概而论，认为这类研究没有价值，但也能够发现此类研究的理论价值十分有限。研究者需要记住"研究道路千万条，理论贡献第一条"，重视发掘研究问题的理论贡献。理论基础方面，我们经常看到一些案例研究只注重描述管理实践，但却忽视了理论的作用。单案例研究非常容易犯"重故事，轻理论"的问题，研究者难以从理论逻辑层面，解决提出的研究问题，这是很难构建令人信服的新理论的，我们必须进行大量的"对话"。因为采用单案例研究方法时，我们常会开展过程研究，通过大量的资料收集与分析，讲述"故事"并构建过程模型，研究者需要注意提升过程模型的理论价值，对过程模型进行理论阐释。

九、做人做事的反思

回顾该案例研究的书写、修改与投稿，对我而言，最难的不是数据收集，不是论文写作，不是被拒稿，最难的是改变自己固有的认知与行为。这需要耐心听取并深思他人的建议。尽管一篇案例研究耗时、费力，中间有很多心酸与苦楚，甚至是无奈与彷徨，但回顾整个历程却是收获满满。一路上有那么多支持和帮助你的人，他们不只是帮我完成了一篇案例论文，更帮我了解了企业实践，更好地掌握了研究前沿，更重要的是他们帮助我改变了固有的认知，衷心感谢他们。这也鼓励我要打牢研究基础，灵活运用并创造新知识，每日精进，追寻"日新月异"。

尽管现实中有很多不利因素的干扰与影响，但作为案例研究者，我们要不忘初心，牢记做学者的使命，要追求做学问，坚持"发现规律，解释现象，指导实践"（郭重庆，2011），而不是功利地做学术，要严格要求自己不做假大空与无病呻吟的研究，要追求不断创造新知识，不断突破固有认知，不断攀登更高的"山峰"。虽然我们写文章少、发文章难，但我们做的每篇文章都是踏踏实实，对得起自己的良心，在学术道路上用自己的行动践行"允公允能"。尽管我们也可以重复自己以往的经验与模式，放弃质量而追求数量，但那必将使我们远离高水平研究与国际学术前沿，纵然暂时获得了某种短期利益与回报，但必定会损害自己的长期成长与学者形象，必定不会在历史上留下真正有价值的东西；真正的学者必定应该有自己的学术情操和道德坚守,也许这就是我们讴歌"出淤泥而不染"的荷花精神的缘由(金占明、王克稳,2015)。

参考文献

[1] 金占明,王克稳(2015). 中国管理研究选题的误区及科学性判断标准. 管理学报,12(4):477-483.

[2] 郭重庆(2011). 中国管理学者该登场了. 管理学报,8(12):1733-1736,1747.

[3] Chandra, Y. (2017). A time-based process model of international entrepreneurial opportunity evaluation. *Journal of International Business Studies*, 48(4), 423-451.

[4] Yang, M., & Gabrielsson, P. (2017). Entrepreneurial marketing of international high-tech business-to-business new ventures: A decision-making process perspective. *Industrial Marketing Management*, 64, 147-160.

第二节 论文二:研发网络分散化与创新[*]

我们研究团队(浙江大学管理学院魏江教授领衔的 Colearning 研究团队)一直强调做研究的实践相关性(relevance)。你会发现几乎所有团队的学生的博士论文中均至少有一章是案例研究,这么做是因为除了案例研究的固有优势(参见本书第一章),在博士论文中加入一个案例研究的子研究可以非常清晰地展现博士论文选题的意义和实践相关性。这篇论文正是我博士论文的其中一个章节。真正着手这篇文章的写作是 2012 年,那时已经敲定了博士论文的研究问题将围绕"企业研发活动的地理分散性与创新"这个主题展开,与此同时也浮现出另一个头疼的问题:到底怎么说服老师、同学这个研究主题是有意义的?

机缘巧合,那时候我正在负责导师团队里"东华链条集团"的横向咨询项目。这家企业虽然出身草根,却凭借着不断向国有企业学习、向外资企业学习逐步提

---

[*] 此部分撰写者为应瑛,论文发表于魏江,应瑛,刘洋.(2014). 研发网络分散化、组织学习顺序与创新绩效:比较案例研究. 管理世界,30(2):137-151,188.

升自身的创新能力进而成长为中国链条行业的龙头企业。在这家企业的成长历程中我观察到，伴随着企业创新能力的提升，企业的研发和学习活动呈现从本地向超本地进而超国家边界演化的规律。这个现象与我这个选题的契合度让我感到十分兴奋，于是我开始联想是否可以用这家企业作为案例来探寻企业研发活动在地理分散特征上的演化究竟是如何一步步影响企业创新能力的？以及在这个过程中，什么因素起了关键作用？

一、研究问题的提出：现实困境与理论悖论并重

如何将上述问题变成一个具体的研究问题，并且兼具有趣和有用是决定一篇文章价值的门槛问题。我的博士生导师魏江教授一直教导我们在提炼研究问题时一定要理论价值与现实价值并重，他认为好的研究问题不仅仅要以坚实的文献作为基础，更重要的是该研究问题需要扎根于中国企业的独特现象。这也与本书在第二章关于如何提炼研究问题时提到的两种路径相契合（一种是理论驱动，一种是现象驱动）。事实上，我们当时在构思研究问题的提出时，想要以此作为抓手去展开。

首先，从现象出发去发掘问题。基于对东华链条和其他来自浙江省的多个行业龙头的走访，我们的确观察到越来越多的企业将子公司或研发机构设置到全国乃至全球各地，构建起分布式的创新网络，这些网络的构建对于企业提升创新能力而言非常重要。然而，企业在分散布局研发网络的同时困难重重，它们在国内需要去面对转型经济环境独特的制度空白所带来的不确定性，在国外需要去克服来源国劣势所带来的困难，这些困难是现有文献中基于西方发达国家情境下企业所不曾提及的，表现了中国企业特有的困境。

基于此，我们在文章中如此描述这一现实困境：

长久以来，中国作为著名的世界制造工厂，在积累丰富制造技术的同时，也积攒了一定的研发知识与技能。随着国际竞争的日趋激烈，中国企业不得不在国外市场甚至国内市场面对全球领先公司的直接竞争。如果仅仅采取模仿、逆向工

程等借鉴学习方式开展本地搜寻战略以追赶技术，企业往往会陷入"追赶—落后—再追赶"的怪圈（江诗松、龚丽敏、魏江，2011），甚至掉入"本地锁定"的陷阱。于是越来越多的企业将子公司或研发机构安置于全球各地（Duga & Studt, 2006），以搜索和整合来自全球的知识，从而构建起分散式的创新网络（Florida, 1997; Kuemmerle, 1999）。然而，作为新兴经济的代表，一方面中国各地区之间存在显著的制度差异，知识资源呈现极度不均衡且快速变化的特征；另一方面，与发达国家之间存在较大的技术落差与制度落差（刘洋、魏江、江诗松，2013；潘秋玥、魏江、刘洋，2013）。这种情况下，构建分散化的研发网络势必会带来更大的风险与成本。那么，对于新兴经济体中的企业而言，应该如何分散/收敛研发网络以收获更好的创新绩效？

此外，从理论出发去发掘问题。因为我在构思这篇案例论文之前已经对核心变量所涉及的文献有了较为熟悉的理解，因此很容易就在文献中找到了现有文献中的"矛盾"点："企业研发活动的分散到底是否能提高企业的整体创新绩效？"一方面，知识基础观认为通过跨边界异质性知识资源的获取与整合，能大幅提升企业创新绩效；另一方面，组织经济学理论认为企业从较远地理来源搜寻知识是很困难的，需要克服信息失真、知识泄露等一系列风险，反而会对企业的创新带来抑制作用。这两个观点是相矛盾的，那么解决这个矛盾将有利于进一步拓展理论。这一描述其实是典型的"困惑式缺口（confusion）"的描述（参见本书第二章），现有文献关于这一主题有许多研究，但是现有文献关于这个主题的发现是矛盾的。识别出这些矛盾，并想办法解释这些矛盾是研究做出贡献的方法。基于此，我们在文章中这样描述这一理论困境：

与之相对应，现有学术界关于研发分散化对创新的影响存在相悖的观点（Chen, Huang & Lin, 2012；魏江、应瑛、刘洋，2013）：一方面认为分散化可以帮助企业搜索到更新、更广的知识与机会，有益于创新；另一方面则认为分散化会增加管理、协调等各类成本，并且使企业丧失规模优势从而抑制企业创新。造成这一悖论的根本原因是这些研究将研发分散视为一个静态的状态，例如 Singh

(2008)、Lahiri（2010）及 Leiponen & Helfat（2011）均以大样本实证检验的方式考察了研发分散化对创新的影响效应，却得出了完全不同的结论。

这样，我们就相对明确了研究问题和理论缺口，然后展开了漫长的案例研究和写作过程。"漫长"是因为中间出现了多次反复，实际上，从研究问题提出、选取案例、数据收集与分析到论文写作整个过程交织在一起，经历了多次调整。

二、选取案例：从单案例拓展至对比案例研究

有了相对明确的研究问题后，我们便兴奋地对焦点案例"东华集团"的数据进行整理并进一步收集。因为我们研究团队已经跟踪了该案例多年，我们首先完全遵照企业的事实，按照企业在发展过程中研发网络所涌现出来的特征，将企业历程划分为三个阶段，并试着分阶段去考察不同构念之间的演化关系。在我们快要梳理完东华集团这个案例的时候，我们在调研过程中发现了另外一家行业龙头企业——浙江银轮机械股份有限公司，这家企业在研发网络上的构建与东华集团的网络逐渐分散趋势不一样，从企业成立之初发展到成长期乃至成熟期，其研发网络分散程度几乎没有发生改变，均采用了跨区域分散的模式。这家企业的出现进一步激发了我们的研究兴趣：这家企业与东华集团有着相似的成长背景，它们都是民营企业，有着相似的规模和行业地位，且均属于传统制造行业，但是两家企业在研发网络的分布设置上却产生了鲜明的对比。于是我们决定重新考虑案例选择的问题，将原计划的纵向单案例研究拓展至对比案例研究，因而我们在整理完东华集团的案例故事后，又重新开始收集和分析银轮公司的案例素材，虽然整个研究似乎又回到了起点，但事实上，后来我们发现这样的拓展是明智的，这极大地丰富了我们的研究发现与研究贡献。

三、数据收集：抱有一颗"八卦"的心

我们非常感恩于从着手酝酿研究问题到开始写作的过程中，与所调研的企业持续进行合作咨询，这在很大程度上保障了收集到实时性数据与回溯数据。与此

同时，我们对每家企业的不同部门进行了多次的参观，同来自企业内部不同层面（包括董事长、公司高管、部分主管、职能行政人员、基层研发人员、车间操作工在内的人员）的人员均有较为深入的访谈，甚至与企业外部的行业协会领导与地方政府官员也有两次访谈，这充分保证了多种数据相互印证的原则。然而有趣的是，我们发现在与企业打交道的过程中，非正式场合的交谈往往能给我们提供会议室等正式场合之外的更为丰富的信息，这些场合可能是没有领导在场的饭局，也可能是企业对接人员中年龄与我们相仿、有共同话题的私下聊天等。印象中比较深刻的一次是，我们想要挖掘其中一家企业刚成立时候的创业故事，可能由于创业时间距离现在已经有 40 年的缘故，我们在访谈完多位原以为知情的被访者之后均没有获得翔实的资料，除创始人有一本回忆录作为档案资料有零星记录，没有可以用于三角验证的其他数据来源，这让我们觉得疑惑且困扰，于是我们在结束一天的调研后回到酒店休息时约了企业里与我们对接的几位年轻人去吃夜宵。在聊天中，我们意外地了解到公司创业时的合作伙伴因为某些原因已经离开了公司，因而关于这段创业故事现在在职员工真正了解的几乎没有。然后他们给我们推荐了一位董事长的亲戚，这位亲戚现在已经退休在家养老，虽然他并不是当时的合作伙伴，但是创业那段时间他在公司工作，对具体发生的事件有较好的了解，最后我们通过这样的渠道收集到了想要了解的资讯。

四、数据分析：从"好的故事"到"好的理论"

第一次尝试案例研究无疑是痛苦且挑战的旅程，距离这篇文章的数据分析和写作过程已经过去 7 年之久，虽然记不清从粗糙到成型的整个过程中打磨更新了多少个版本，但是我依旧清晰地记得因为修改中遇到的瓶颈而掉过的两次眼泪，这些小细节至今会被合作者提及调侃。尽管具体涉及数据分析的记忆比较模糊，但印象深刻的是整个数据分析的过程伴随着我在团队学术例会上的报告。我们团队每周进行一次学术例会，由两位学生汇报一个具体的研究，每次汇报和讨论持续90 分钟左右，二十几位老师和同学对这个研究进行深入的讨论。这个研究总共汇报了多少次我已经记不清了，但其中有两次记忆特别深刻。

第一次在团队中报告这个研究时显现出来的问题，应该和绝大多数案例初学者会犯的错误一样，案例的呈现仅仅停留在讲故事阶段，浮在表面，案例的证据与理论中涉及的"构念、构念间关系"要素几乎完全是割裂的。现在回过头来看，是因为我只做到了案例数据分析的第一步：在梳理了案例的故事线后，对现象进行了初步的描述。这次报告后，我们根据建议对数据进一步细化，把案例企业每次研发分散化尝试的故事理出来后，尝试去抽取每个案例背后的"理论故事"，然后再去对比不同研发分散化活动之间的相似点和差异点。

还有一次在例会报告中展示研究结果时也印象深刻。当时一个很大的问题在于 PPT 里全都是大段的文字，尽管我自己非常清楚内在的逻辑与研究的发现，但是在讲述时却没有办法要让听众明白。于是我和合作者开始想办法以图示的方式来表达，举例来说，文章中的一个核心构念是组织学习顺序，这个构念根据组织先进行经验学习（experiential learning）还是借鉴学习（vicarious learning）来表述，我们发现组织有时候会选择先进行借鉴学习后进行经验学习，有时候会先进行经验学习后进行借鉴学习最后又回到经验学习，还有时候会一直以经验学习作为循环。说到这里想必大家已经发现这样的表述像极了绕口令，不但说不清楚而且扰乱视听，于是我们在修改的过程中想到了用大写字母 E 和 V 来分别代表经验学习与借鉴学习，加入箭头的要素来表达顺序的概念，这样一来，企业每一次的学习顺序就可以非常清晰地用字母加箭头的形式表达出来，比如"V→E"就是代表先借鉴学习后经验学习的顺序（见图 10-1）。进一步地，在每一次阶段总结时，我们发现企业会根据不同的分散模式选择不同的学习顺序，而这在表述的时候又会非常混乱，这个时候我的导师建议："你为什么不画个矩阵图，一个维度是地理分散（地理分散分为本地/Local、超本地/Exa-local、全球/Global 三个维度），一个维度是技术分散（相近技术/Close、较远技术/Distant），把不同的顺序往里填不就一目了然了！"这个建议真的非常好，一下子就让我的案例分析变得清晰可见（见图 10-1），而且两个企业的图摆放在一起对比起来也很容易。这个其实是多案例分析的一个重要方式（参见本书第七章多案例研究的数据分析）：案例导向的策略（case-oriented strategies）和变量导向的策略（variable-oriented strategies）的结合。

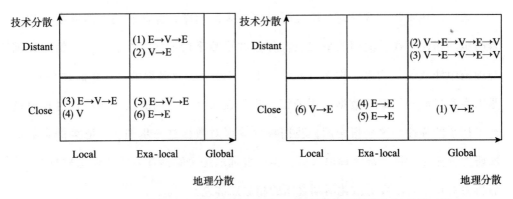

图 10-1　快速发展阶段银轮公司与东华集团：研发网络边界分散与组织学习顺序

五、参照理论的选定：从组织学习到组织学习顺序

上面一节中提到我们采用"组织学习顺序"这个参照理论。事实上，正如本书第四章所示，参照理论的选取是一个不断进行尝试的过程：我们最初是以组织学习理论作为参照理论的，它确实也与数据匹配得较好，但却没什么有趣的发现涌现。我们在阅读了大量关于组织学习的文献后，最新的一些进展让我们看到了希望：组织学习理论从考察特定的学习过程（直接学习：试错学习、经验学习、即兴学习；间接学习：借鉴学习）逐步转向讨论不同学习过程的交互作用（例如，经验学习与借鉴学习互补或替代的关系）。尤其是当我们阅读到 AMJ 新出的文章 "Learning sequences: Their existence, effect and evolution" 中提到"学习顺序"这一全新构念时，豁然开朗！这一构念建立在组织学习的理论基础之上，但是又把时间这一重要因素纳入考虑，考察了不同组织学习过程的动态交互，有足够的理论贡献，又非常适合回答文章的研究问题。

六、论文的写作、投稿、修改与发表

这篇论文的写作过程伴随着研究的整个过程，所以有非常多的版本。如果我们当时有看到本书第九章案例写作的内容，相信我们应该能少走很多弯路，并有更好的版本呈现。第九章对案例论文写作的介绍非常详尽，我这里就不做过多展开。可能由于研究过程投入非常多的缘故，这篇案例论文的投稿过程十分顺利。

2013年9月，我们投稿了"中国企业管理案例与质性研究论坛"。顺便说一句，这也是我们团队第一次参加这个高水平的案例研究论坛，在会议上认识了很多志同道合的朋友。2013年10月，我们收到了三位外审专家的建议，其中两位给予了非常高的评价。三位外审专家意见聚焦于三类：①对概念的界定和测量；②更多的证据展示；③文字和具体表述。前两类建议我们非常认可，事实上我们也发现了这个问题。第三类建议让我们汗颜，尽管之前经历了这么多轮的修改，仍然存在错别字和具体表述的问题。因为建议都非常具体，所以修改起来较为简单。我们按照建议对评审提到的和未提到的细节进行了认真修改后再次提交。最终在11月10日有幸获得了最佳论文，并被推荐至《管理世界》期刊。后续《管理世界》的评审异常顺利，并在2014年2月正式发表。

七、回顾与反思

回顾这个研究过程，除本书前几个章节中提到的经验，可能还有两点对读者有所帮助。其一，合适的合作者可以让研究事半功倍。这篇文章的第一作者不必多说，魏江教授对理论和现实的洞察以及严谨的治学精神是这个研究能够做出来的关键。我和第三作者之间其实有很多的互补：我经常会陷入具体的细节中，而第三作者擅长建构框架（framing）。我们三人之间的互补不仅让研究流程变得更为顺畅，更为重要的是能做出一个研究者做不出的研究。其二，"局外人"的视角可以帮助纠偏和完善研究质量。除本文作者，许多所谓"局外人"也对研究的完善提出了非常多的建设性建议。我们Colearning团队有着完善的学术例会制度，由于大家之间非常熟悉，在每次90分钟左右的讨论过程中会非常深入，各类研究的缺陷几乎无处遁形。前面我提到了我们团队成员对数据分析的帮助，实际上从研究问题提出到发表的整个过程中，我们研究团队成员对论文都有很大的帮助。此外，匿名外审专家、参会人员也提供了非常多有洞察力的建议。

最后，尽管在做这个研究的过程中我们付出了极大的努力，尽力做到了最好，但现在回过头来看仍存在许多可以改进的空间。这里我尝试总结一些共性问题供读者参考。第一，研究设计可以更好地改进。按照本书第四章的阐述，论文实际上是一个典型的嵌入性多案例设计，但论文其实并未深入讨论组内差异和组间差异，进而可能会忽略一些有趣的发现。第二，研究方法部分的陈述可以改进。那个时候作为案例研究的初学者，对方法论本身思考不够深入，读者对比本书对应章节的阐述会发现我们当时笼统的介绍其实存在许多细节问题有待改善。第三，模型表达方式有待大幅提高。读者如果对比本书第八章案例研究中的模型表达这个部分的模型图示例，会发现论文的图形"丑爆了"。当然，文章还存在其他一些可以改进的空间，感兴趣的读者可以与我们进一步探讨。

第三节　论文三：数字化时代下的企业与消费者价值共创*

这是 2016 年发表的一篇论文。

如果要问这篇论文是何时开始的，我想大概是在确定了核心概念的时候。"我们可以叫它'合作资产'！"在一次调研后的讨论中，谢老师如是说。"但是合作资产是一个很大的概念，应该更聚焦，或许可以概括为'基于大数据的合作资产'。"肖老师补充道。就这样，在我的记忆中，这篇论文正式开始了。

这是一篇基于多案例的研究。对四家案例企业的调研，从 2013 年就早早开始了。最初的观点比较稚嫩，我记得是在 2014 年 12 月去新西兰参加 ICIS（International Conference on Information Systems）的那个长达 11 小时的航程中，我用谢老师的 Thinkpad 写了一篇 3 页的 Proposal①，然后投稿到 12 月末在深圳举办的一个 BDC Workshop（2014 大数据商务国际工作坊）。大约 4 个月后，该工作坊组织者之一、香港城市大学 Raymond Y. K. Lau 教授给我们发来了一封邮件表示，借由此次 BDC Workshop，他们与 *Information and Management* 期刊合作开设了一个大

---

* 此部分撰写者为吴瑶，论文发表于 Kang Xie, Yao Wu, Jinghua Xiao, Qing Hu (2016). Value co-creation between firms and customers: the role of big data-based cooperative assets, *Information & Management*. Vol. 53, No. 8, pp. 1034–1048.

① 当时的题目为 "From product-based decision to emotion-based decision: Big data enabled marketing innovation"。

数据专题特刊"Special Issue on Big Data Commerce",问我们是否有兴趣拓展 Proposal 并投稿特刊。

当然有兴趣!

但是,困难的是,Raymond Y. K. Lau 教授的这封邮件是 2015 年 4 月 26 日发来的,征稿启事 CFP 上的截稿日期是 2015 年 7 月 15 日。只有三个月的时间,我们需要将一个稚嫩的观点打磨成一个能发表在信息系统领域国际顶级期刊之一的 *I&M* 上、具有理论贡献潜力的案例研究论文。

最终,确实就用了这 3 个月,3 页 Proposal 被拓展成了一个"成型"的多案例研究论文。这篇论文从 2016 年发表至今的 3 年时间内,一直都是 *I&M* 期刊 3 个月内下载量最高的论文之一,在 Google Scholar 引用率也比较理想,更是在 Zhou et al.(2018)发表在 *Journal of Management Information Systems*(FT 50)的研究中被重点引用 5 次,获得了相关领域不少学者对这个研究的关注和认可。我想,这是我们在从写作到发表这全部 15 个月的时间内①,对这篇论文所能尽到的最大努力。

就如大部分人的真实生活不会像小说那样跌宕起伏得精彩,论文的写作和发表及其中的关键也没有那么多"玄机"。作为作者之一,我觉得更多的是持久的坚持和耐心的打磨。但如果一定要总结几点,我觉得在这篇论文的写作和发表中,有两个因素或事件让我印象深刻:

首先,我认为是良好的学术习惯帮助我们在有限的 3 个月内将这一研究尽可能呈现到最好。

"我们要把时间倒推算一下,看在每个环节上我们预留多长时间,你看,从形成初稿前,数据分析这一块需要多少……",在决定投稿这一特刊后,谢老师马上找我们开会,开始做规划。

这是我们团队的一个学术习惯——在开始一篇论文或一项研究前,就会形成一个相对详细的规划。规划有助于形成目标导向,能极大地提升效率。尤其对于

---

① 另一个前提,这篇文章涉及的四个案例企业,在收到特刊通知前,我们团队已经跟踪调研了 2 年以上,收集了相对丰富的数据。在确定研究主题后,我们又根据主题再补充调研。所以在数据收集环节节省了一些时间。

已经有 deadline 的期刊投稿，规划非常必要。规划的意义不在于按部就班地执行，而是"布局"和"最大限度地利用资源"。其中，"布局"就是确定角色。要完成一个高质量的案例研究，事无巨细，需要每一个合作者各自发挥优势并高效分工；"最大限度地利用资源"就是充分利用每个人的时间资源，在同一时间段内并行地提升论文质量。例如，我们规划了形成成稿的时间点，并与当时在美国的胡清教授协调，为他修改论文预留足够的时间；在胡清教授修改的同时，我们做图片或模型的美化、参考文献列表的编辑工作，这样同时进行，能最大限度地提升最终论文呈现出来的质量。

规划简单，但严格执行规划很困难。因此，对于进度的把控非常重要。团队内汇报和作者间频繁讨论是当时我们采用的主要方式。从数据、文献、结论、理论贡献各个环节逐步地、反复地各个击破。我印象中，大约每两三天，就要与老师们讨论一次，凝练复杂观点，化繁为简，梳理是否有缺漏的文献或数据，安排文献查找或数据收集……在这篇论文写作的 3 个月里，已经记不得有多少次，在晚上 10 点至 11 点，我经过老师二楼办公室时，抬头看到灯还亮着；也记不得有多少次，在近午夜 12 点收到有关论文观点的邮件；也记不得有多少次，肖老师晚上 10 点后打电话给我，问我能否来办公室讨论……那时我住在中山大学南校区的西区，距离团队办公室约 8 分钟步行路程。我想，不严谨地说，这种在距离上的便捷性，也在一定程度上促进了这篇论文的快速完成。

在推进研究进度上，作者或其他学者对论文已有观点的挑战和补充特别重要。个人往往遇到瓶颈的时候，就是拖进度的时候，可能一两个星期都搞不出来什么。此时，如果能与他人一起讨论，思路往往很容易被打开，不仅能获得启发，甚至有时能直接获得相应解决方案。

当时，我记得总会被问及，"理论贡献是什么？"通过聚焦这一问题，团队成员或老师会分享他们认为这个贡献不到位的"症结"，接着会针对一些具体的数据和文献做分析，给出理解，促进观点的再凝练，直到越来越接近"意料之外，情理之中"的水平。

在写作呈现上，作为一个案例研究，我想能否以非常地道的英文去表达所有细节，这对于很多中国学者都是一个难点。很意外的是，当我与国外母语为英语的学术前辈交流时，他们同样认为进行专业的英文润色非常重要。尽管母语是英语，但他们仍然会邀请其他学者或专业机构做语言上的润色。

在这篇论文的写作中，我们预留了将近一个月的时间，让胡清老师在观点和语言上重新打磨。几乎每一句话，每一个观点，胡清老师都会修改，通过 Word 批注的方式留言，或直接发邮件给我们，提出意见、确认细节和统一观点。我有留存每一个版本和文档的习惯，通过查找当初的文件发现，胡清老师在 1 个月内一共发回 3 个版本，每一个版本都是在上一个版本基础上的再次修改。每一个版本都有不同的批注和建议，谢老师、肖老师和我，在收到新版本后，会根据这些批注和建议马上做出更正和补充。

另一个让我印象深刻的是，这篇论文在两轮评审中"起死回生"。

其实投稿特刊，并在第一轮收到修改通知后，并没有让我们感觉到轻松。因为一共两位评审者，其中一位评审者对我们这篇论文的研究框架、动机和重要性都提出了质疑。在这种情况下，作者往往需要付出难以想象的努力来说服评审者。而且，说服成功的概率较小，论文往往都会面临被淘汰的命运。

尤其当问题出现在核心概念上。还记得"合作资产"吗？对，就是一开始我们引以为豪的概念。Guest Editor 是这么说的："评审者 1 对合作资产和消费者服务能力的概念界定提出质疑。在这一特刊中，评审者 1 认为没有必要去提出一个全新的概念，作者应该重新审视他们的概念界定过程，解决这一问题。"

评审者 1 当时的具体评论如下："第一个问题在于合作资产概念本身的界定，我认为是有问题的。我曾在消费者担任店主的旅店预订过。消费者应该是与企业产生购买行为的那些人。如果一个人的收入或奖金依赖于他们为企业获取经济收益的行为，那么这些人就应该被认为是员工而不是消费者。作者提到一个特别的交易活动——传销，在第 28 页。这种交易活动并不是新的，也不是这一模式下所独有的。因此，第四种类型的消费者和合作资产的第二个层次都是有问题的。"

然后，这位评审者另起一段，又"补了一刀"："消费者服务能力也是有问题的。在第 22 页的 5.2 节，作者提到消费者服务能力。请注意，这里用的是'服务'。当一个人在社交媒体平台上上传一些东西时，他们一般来说是有自己的目的，而不是服务卖方。因此，消费者服务能力是有问题的。"

这还不是他给出的最尖锐的意见。这位评审者洋洋洒洒写了两页 word 文档，具体建议都很尖锐，只在最后一段加上了一句话："我认为这篇文章很有意思，而且它的发现也能够为理解大数据如何影响价值共创提供一个很好的解释。"

他给了我们"拒稿"的建议。或许他认为，在特刊有限的修改时间内，对于一篇案例研究论文，我们不能够及时且高质量地完成。但幸运的是，第二位评审者和 Guest Editor 都认为这篇论文在理论贡献的潜力上是值得认可的。所以，我们获得了第一轮的修改机会。

我想也是这份"拒稿"的建议，极大地激起了我们的"求生欲"。我只能用"回炉重造"来形容第一轮的修改过程，我们不仅几乎重写了论文的每一个部分，在概念界定、论述逻辑、表达方式和数据呈现方面都做了重新设计。我记得当时胡清老师反复提醒我们，尽管要大改，但所有的修改都必须完全针对评审者的建议。

就这样，又经过 3 个月的时间，我们形成了新的一稿。但是，如果要生存下来，可能这些还不足够。如何充分体现我们对论文所做的提升呢？对评审者意见的回复非常重要。我们写了长达 20 页的评审意见回复，几乎像一篇论文，将我们针对评审意见修改的每一个细节，为什么这么修改，都清晰地呈现出来，回复的片段见图 10-2。

第二轮收到的评审意见让我们很意外，Guest Editor 对我们说 "All reviewers agree that the paper has improved significantly since the last round, both in terms of contents and presentation"。我想，这在一定程度上说明，我们之前的诸多努力是见效的。我尤其反复看了几遍当时在第一轮给拒稿意见的评审者 1 的反馈，他说 "I feel the manuscript has been improved significantly. Thank you for the great effort to improve the manuscript"。你难以想象我当时看到这份意见时的心情。

| 3 | 1. Conceptualization of the Research Framework
Reviewer-1 criticized that both the conceptualization of cooperative assets and customer service capability were problematic. While it may not be necessary for a totally new conceptualization of these aspects given the theme of this special issue, authors should refine their conceptualization process, which will not only further improve the quality of this paper but also facilitate readers with different research background to appreciate the merits of the proposed research framework. It is important for authors to clearly articulate the rationale of proposing a particular conceptualization for certain constructs. We urge authors to carefully read Reviewer-1's suggestions in terms of how the proposed conceptualization can be improved. | Thank you for the comments. We have taken this comment very seriously. We carefully read Reviewer-1's suggestions in terms of the conceptualization of cooperative assets. According to the comments, we made the following changes:
First, we revised Theoretical Background and added the section of value identification (on Page 4) to better show our logic in proposing the concept of cooperative assets. We discussed about why it is necessary to propose this new concept and how it differ from similar concept (customer equity). A corresponding revision is made in Introduction section (the third paragraph and the forth paragraph).
Second, we agree with the comments of reviewer 1 on the forth type of customer role. We deleted the discussion of the second-level cooperative assets (including the data trigger as the customer role and the ecosystem manager as the firm role) and further improved the discussion of the first level of cooperative assets. To better illustrate the contribution of this paper, we revised our theoretical framework model (as shown in figure 1) to focus on a comprehensive process of big data from resources to assets via linking big data with service-dominant logic.
Third, we revised the section 4 and added Section 4.2.Cooperative assets: bilateral benefits. In our revised version, we turn to emphasize on an entire process of assets formation via exploring its resource base, transformation process and its results (bilateral benefits).

Reviewer-1's comments to "customer service capability" help us to realize that the use of 'service' may result in the reader's misunderstanding. According to the comments and our case evidence, we think'cooperative capability' is more appropriate. As suggested by Vargo and Lusch (2008) and Fyrberg Yngfalk (2013), the potential for co-creation to 'work' depends on how 'adaptive' an actor is, that is, an actor's ability to work with others (either actors or resources). In this study, we define 'cooperation' as actors' behaviors of making the value of other agent available during the processes of value co-creation. From the perspective of value as assets, cooperative capability reflects the ability of an actor to transform his/her partner's heterogeneous resources to |
|---|---|---|

图 10-2 对第一轮评审意见回复的一个片段

很有意思的是,第二轮的评审又多了一个评审者,大概是第一轮时两位评审者意见不一致导致的。这位第三个评审者详细看了我们最初论文的版本、我们给出的评审意见回复,以及新提交的版本,评论道"Moreover, authors seem having spent sincere effort in improving the quality of their paper in this round. They have addressed to most of the comments raised by reviewers and guest editors in the previous round. This revised paper demonstrates the rigor of research work as expected in top-tier journal"。这又是让我很振奋的一段话,让我首次发现原来可以如此改变评审者的看法和态度。毫不夸张地说,第二轮收到的这些反馈,帮助我摆正了心态,使我日后能够积极应对各种非常尖锐、几乎"不近人情"的评审意见。我十分感谢这位具有赏识教育思想的评审者。

每一篇论文既是严谨的科学研究，也是作者珍贵的艺术品。很感谢李亮老师邀请我写这篇经验分享，让我有机会重拾这段宝贵的回忆。字里行间，我也获益匪浅。因为学术领域的差异，对于这一篇论文写作和发表的分享，我未聚焦在具体研究内容上，而是揭开了我所看到的、在这一过程中有关合作和交流的细节。有关具体研究议题和结论，敬请阅读下载原文，期待交流指正！

参考文献

Zhou, S., Qiao, Z., Du, Q., Wang, G. A., Fan, W., & Yan, X. (2018). Measuring Customer Agility from Online Reviews Using Big Data Text Analytics. *Journal of Management Information Systems*, 35 (2), 510-539.

第四节　论文四：中小企业的数字化转型*

"彼节者有间，而刀刃者无厚；以无厚入有间，恢恢乎其于游刃必有余地矣。"

——《庄子·养生主》

回顾这篇论文的发表历程（见图10-3），虽然我们对案例研究方法论的掌握还没有做到"游刃有余"的程度，但坚实的方法论基础就像一把"无厚"的利刃，帮助我们在提出研究问题、分析案例数据、构建过程理论等重要节点上从"有间"之处准确切入，从而仅经过两轮审稿，就顺利实现论文的发表。

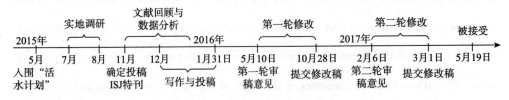

图10-3　论文的发表历程

---

* 此部分撰写者为李亮，苏芳，论文发表于 Li, L., Su, F., Zhang, W., & Mao, J. Y. (2018). Digital transformation by SME entrepreneurs: A capability perspective. *Information Systems Journal*, 28 (6), 1129-1157.

一、研究缘起：主动寻求企业调研机会

2015 年 4 月，阿里研究院发起了"活水计划"第五季。由于我们的研究兴趣之一就是企业的数字化转型，因此其中的子课题"跨境电子商务助推传统企业转型升级研究"引起了我们的关注。在向阿里研究院提出课题申请并最终入围之后，7 月和 8 月间，在阿里研究院专家的带领下，我们和几位在读研究生奔赴浙江省杭州市、义乌市，以及广西壮族自治区梧州市、桂林市，针对十几家在阿里巴巴平台上从事跨境电商业务的企业开展了多日的调研。

由于这次调研机会来自企业发起的课题，因此我们基于目标抽样的原则，提前向阿里研究院描述了调研需求，并请他们协助联系企业。调研的过程和结果有以下几个特点，这决定了我们后续开展研究时的关注焦点以及开展对话的文献和理论。

特点一：调研对象均为中小企业，有的企业甚至是从"夫妻店"发展起来的，当时规模仍然较小。

特点二：这些企业原本主要从事传统外贸业务，还有的企业是从国内贸易起家，所有企业都是通过在阿里巴巴平台上开展跨境电商业务从而实现数字化转型。

特点三：受限于日程安排，我们的调研时间较为有限，平均每家企业约为半天到一天的时间，主要访谈对象是中小企业的老板或高层管理者。

二、研究定位：选择恰当的发表途径

2015 年 11 月，我们注意到 *Information Systems Journal*（ISJ）上发布了一期特刊征稿（special issue call for papers），主题是 Digital Entrepreneurship，与我们所关注的现象较为契合。从期刊来说，ISJ 是信息系统领域公认的前几名期刊，处在国际信息系统协会（Association for Information Systems）的"Senior IS Scholars' Basket of Journals"之中，尤其在质性研究方面有较高声誉，这也极为符合我们的期望。

不过，这一特刊征稿的截止日期是 2016 年 1 月 31 日，因此留给我们仅有两个多月的时间。面对如此紧迫的时间安排，我们需要解决的首要问题就是如何快速而准确地切入现象，识别研究缺口，并提出恰当的研究问题。

三、研究问题：从现有文献的"有间"之处切入

在向阿里研究院提交课题申请伊始，我们就已经有了一个相对比较明确的研究主题（research topic），即"跨境电子商务如何助推传统企业转型升级？"当然，这并不是一个好的研究问题（research question），主要原因在于它过于宽泛，并不适合通过一篇字数有限的案例研究论文来进行回答。

因此，为了提纲挈领式地快速切入文献的海洋，我们以"digital transformation"为关键词，在数据库中搜索近三年的国际高水平期刊上是否有关于数字化转型的文献综述。幸运的是，我们找到了 Besson & Rowe（2012）这篇文章，其中作者基于对数字化转型文献的回顾和梳理，指出了已有文献中 10 个方面的研究缺口。我们发现，此次调研所关注的现象与其中两个方面的研究缺口极为契合（见表 10-1）。因此，通过这样的文献对话，我们得以快速定位了研究方向，并进行了更有针对性的文献梳理工作。

表 10-1 研究缺口与现象之间的契合

Besson & Rowe（2012）指出的研究缺口	我们调研所关注的现象
已有文献通常忽视了数字化转型过程中高层管理者的作用	主要调研对象为中小企业的老板或高层管理者
大多数已有的数字化转型研究都是在"前互联网（pre-Internet）"时代开展的，未能探讨数字化基础设施及其服务提供商在数字化转型中所起到的作用	所调研企业均是在阿里巴巴跨境电商平台的助推下开展数字化转型的

另一项关键性的工作是确定用来理解现象的理论视角。由于我们之前对组织能力理论（如运营能力、动态能力、即兴能力、吸收能力等）进行过较多关注和积累，因此很容易就确定了以能力的视角来理解整个现象。不过，当时遇到的一个困难是，如何将理论视角与案例材料的特点和所识别的研究缺口相结合，尤其是如何通过能力的视角来理解高层管理者在数字化转型中所起的作用。因此，我们继续在数据库和国际高水平期刊上以"能力"为线索进行搜索。这时，我们在

当年较新一期（2015年第5期）*Journal of Management* 上找到了 Helfat & Martin (2015) 这篇文献，其中作者对动态管理能力（dynamic managerial capabilities）的概念进行了系统的综述，而这一概念对于理解战略变革中高层管理者的作用有相当大的帮助。此外，动态管理能力概念还有另外一个优势，它是2003年被首次提出的，到2015年仅有13年的时间，相对来说较有新意，符合新颖性的标准。

综合对研究缺口和理论视角的分析和权衡，我们最终将研究问题确定为：对于能力相对不足、资源较为匮乏的中小企业老板（企业主）来说，应该如何开展向跨境电商的数字化转型？图10-4展示了我们逐渐聚焦、最终提出研究问题的过程。

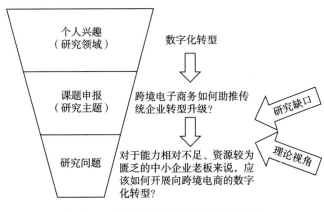

图 10-4 从研究领域到研究问题的聚焦

四、数据分析：从"好的故事"到"好的理论"

我们的数据分析工作主要集中在2015年12月和2016年1月上旬。基于案例研究构建理论，是一个从"好的故事"到"好的理论"的迭代过程，这是我们研究团队长期以来所坚持的观点（参见：黄江明等，2011）。在这篇论文的数据分析和理论构建过程中，我们也践行了这一观点。

1. 从"好的故事"开始

虽然我们投稿ISJ特刊的准备时间非常紧张，但在正式开始数据分析之前，我们还是首先对案例进行了深入描述，建立了所调研企业的案例库，并撰写了调研报告。在这个阶段，我们重点关注案例故事本身所蕴含的逻辑，而不事先预设任何理论视角。案例库是对所调研的企业逐家进行梳理的结果，这有助于我们初步了解每家企业转型前的背景、对跨境电商的采纳和使用、转型后的发展情况以及未来的发展规划。在案例库的基础上，我们进一步撰写了调研报告。在调研报告中，我们主要总结了所调研的跨境电商企业转型的动因、管理者观念的转变、企业中的团队打造与文化建设、企业组织能力的构建、企业的成长以及现存的问题等多个方面。2015年12月，我们将案例库和调研报告反馈给阿里研究院和被调研的企业，以确认我们对每个案例的理解符合企业数字化转型的实际情况。

2. 持续迭代：故事—理论—更有趣的故事—更有洞见的理论

在正式的数据分析中，我们采用了归纳取向的数据分析方法，更具体地说，我们采用的是Gioia方法（Gioia et al.，2013），其主要原因在于，我们虽然以能力作为理论视角，而且动态管理能力的概念可以帮助我们理解现象，但能力是一个相当宽泛的视角，并没有更为具体的理论框架可以指导我们理解现象和分析数据。因此，我们进行数据分析的总体逻辑是从数据出发，通过归纳的方式来进行理论构建。

数据分析中的关键步骤之一是识别关键构念，从而建立从数据到理论的连接。在我们应用Gioia方法进行数据分析的过程中，这一步骤包括了一阶分析（first-order analysis）和二阶分析（second-order analysis），其本质是通过对访谈、文档资料等调研数据进行两个层次的编码，将原始数据浓缩和提炼为理论性概念。我们将这一步骤的分析结果以数据结构（data structure）的形式展示出来（论文第1136页，图1），其中的二阶主题（second-order themes）和汇总性维度（aggregate dimensions）正是代表了我们所识别的关键构念。

数据分析中的另一个关键步骤是识别构念之间的关系。虽然上一个步骤中的数据结构为我们理解数字化转型提供了重要基础，但它所体现的是静态的构念；而为了回答中小企业"如何"开展数字化转型这一研究问题，我们需要以动态的视角来描述现象的模式，并解释现象背后的机理，这就要求我们深刻洞察所调研的案例是如何随时间演变的,以及为什么以这种方式演变。因此,在理论构建的过程中,我们采取了以下的做法:①重新回到案例故事,将所识别的二阶主题和汇总性维度嵌入故事之中作为解释的手段,探索故事的深层结构(deep structure);②研究从归纳逻辑转变为溯因逻辑,通过对各个二阶主题和汇总性维度之间的关系加以动态地联系,构建过程模型,寻求对现象的"最佳解释";③在故事与理论之间持续迭代,寻求"好的故事"与"好的理论"之间的契合。

以上两个步骤也体现在论文的结构安排方面。在论文的第 4 小节,我们聚焦于数据结构,对其中的二阶主题和一阶概念逐一进行了论述,并给出了必要的定义;而在论文的第 5 小节,我们则聚焦于所构建的过程模型,通过对"方框—箭头(boxes-and-arrows)"关系中"箭头"的理论构建,重点回答"数字化转型是如何发生的"以及"数字化转型为什么以这样的方式发生"的问题。

五、写作与投稿:在对话中提升研究质量

我们的论文写作与数据分析是重叠进行的,主要集中在 2015 年 12 月下旬和 2016 年 1 月。由于在写作时,整篇论文从研究缺口到研究问题和理论视角都非常明确,而且数据分析较为严谨地遵循了规范的案例研究方法,因此虽然这时距离截稿日期的时间非常紧张,但整个写作过程较为顺利。

在论文写作过程中,我们重点聚焦在与现有文献的对话方面。只有通过与文献的深度对话,才能凸显一篇研究的理论贡献。因此,在论文的讨论小节,我们重点与数字化转型相关文献进行了对话,这主要包括三个方面:①中小企业高层管理者的角色(与研究缺口相对应);②从高层管理者能力到组织能力的过程机制(与所构建的过程理论相对应);③数字化平台服务提供商的角色(与研究缺口相对应)。在每个方面,我们通过与现有文献进行比较,既努力凸显研究发现的独特性,又论证其理论上的正当性;换句话说,我们既确保了研究有新的发现,又没有"重新发明轮子"。

在我们向 ISJ 提交了初稿之后,就进入了正常的审稿流程。在这个过程中,审稿意见和对审稿意见的回复,成为我们与审稿人进行深入对话的媒介。2016 年 5

月,我们收到了第一轮审稿意见,整体评价较为正面。在三份审稿意见中,一位审稿人建议"完成指定修改后接受(accept with specified revisions)",另两位审稿人建议"修改并重新提交(revise and resubmit)";综合这些意见,ISJ 特刊客座编辑(Guest Editors)给出了"修改并重新提交"的决定。在审稿意见中,对我们帮助最大的,是其中一位审稿人建议我们更加系统地探讨平台服务提供商(阿里巴巴)在中小企业数字化转型中的作用。基于这一建议,我们最终将其概括为三个方面,即培训指导(mentoring)、技术赋能(facilitating)和制定规则(rule-making),这使得论文的理论贡献更加凸显。此外,审稿意见中还有很多其他有益的建议,启发我们深入思考,进一步提升论文的质量。

2016 年 10 月,我们提交了第一轮修改稿。到了 2017 年 2 月,我们收到了第二轮审稿意见,整体评价更加正面,ISJ 特刊客座编辑给出了"完成指定修改后接受"的决定。在我们完成了所要求的修改并提交之后,论文于 2017 年 5 月被最终接受。

六、反思与体会

回顾这篇论文从寻求调研机会到最终发表的过程,我们有以下几点体会,希望案例研究初学者能够从中得到启发。

(1)重视对案例研究方法论的学习和掌握,因为这是满足案例研究发表严谨性的最低要求之一。针对这篇研究,我们没有囿于 Yin(2009)、Eisenhardt(1989)等最常见的经典文献,而是基于平日对扎根理论、民族志、叙事分析、内容分析等多种质性研究方法的涉猎和积累,最终选择了与案例材料较为匹配的 Gioia 方法。此外,虽然案例研究方法强调研究过程中的灵活性,但灵活性不等于模糊性,更不等于对方法论的错误应用。

(2)案例数据就像厨师手中的食材,高明的厨师能够将平凡的食材转化为绝世美味,这是每一位案例研究者应该追求的目标。在这篇研究中,我们的企业调研和数据收集都存在一些限制,如时间有限、调研对象集中在高层管理者等,因此如何用好这些数据,就成为我们在研究设计阶段重点应对的难题。我们相信,虽然这篇论文已经发表,但对案例数据的处理,还存在很大的提升空间。

(3) 初学者不应该仅仅关注具体的理论（如制度理论、动态能力理论等），也应该学习如何进行理论化（theorizing），从而更好地进行理论构建，并凸显研究的理论贡献。例如，在这篇研究中，我们针对数字化转型构建了过程理论，而早在平日的学习和积累中，我们就较为深入地理解了过程理论在基本假定、理论要素、因果关系、逻辑形式、普适性等多个方面的原则，以及与因素理论的差别，这极大地帮助我们在案例数据与研究结论之间建立起可靠的、具有理论意义的联系，并把其中的关键推理环节清晰地展示给审稿人和读者。

(4) 在这篇论文的研究过程中，存在一些外人看来的"运气"成分，例如我们幸运地找到了 Besson & Rowe（2012）这篇针对数字化转型的文献综述，幸运地找到了 Helfat & Martin（2015）这篇关于动态管理能力的概念性文章，还幸运地找到了适合的期刊和特刊征稿。但我们认为，"运气"往往意味着平时更充分的准备，例如我们在平日的学习和积累中，尤其注意对案例研究方法论的掌握，对理论视角的广泛涉猎，对如何进行理论化也有较为深刻的理解。总之，发扬工匠精神，平时加强向经典方法论文献和"最佳实践"范文学习，并从干中学，对自己的研究反复打磨，才有可能做出高质量的案例研究。

参考文献

[1] 黄江明，李亮，王伟（2011）. 案例研究：从好的故事到好的理论——中国企业管理案例与理论构建研究论坛（2010）综述. 管理世界，27（2），118-126.

[2] Besson, P., & Rowe, F. (2012). Strategizing information systems-enabled organizational transformation: A transdisciplinary review and new directions. *Journal of Strategic Information Systems*, 21 (2), 103-124.

[3] Eisenhardt, K. M. (1989). Building theories from case study research. *Academy of Management Review*, 14 (4), 532-550.

[4] Gioia, D. A., Corley, K. G., & Hamilton, A. L. (2013). Seeking qualitative rigor in inductive research: Notes on the Gioia methodology. *Organizational Research Methods*, 16 (1), 15-31.

[5] Helfat, C. E., & Martin, J. A. (2015). Dynamic managerial capabilities: Review and assessment of managerial impact on strategic change. *Journal of Management*, 41 (5), 1281-1312.

[6] Yin, R. K. (2009). *Case study research: Design and methods*, Thousand Oaks, CA, Sage Publications.

教辅申请说明

　　北京大学出版社本着"教材优先、学术为本"的出版宗旨,竭诚为广大高等院校师生服务。为更有针对性地提供服务,请您按照以下步骤通过**微信**提交教辅申请,我们会在1～2个工作日内将配套教辅资料发送到您的邮箱。

◎ 扫描下方二维码,或直接微信搜索公众号"北京大学经管书苑",进行关注;

◎ 点击菜单栏"在线申请"—"教辅申请",出现如右下界面:

◎ 将表格上的信息填写准确、完整后,点击提交;

◎ 信息核对无误后,教辅资源会及时发送给您;如果填写有问题,工作人员会同您联系。

温馨提示:如果您不使用微信,则可以通过以下联系方式(任选其一),将您的姓名、院校、邮箱及教材使用信息反馈给我们,工作人员会同您进一步联系。

联系方式:

北京大学出版社经济与管理图书事业部
通信地址:北京市海淀区成府路 205 号,100871
电子邮箱:em@ pup.cn
电　　话:010-62767312 / 62757146
微　　信:北京大学经管书苑(pupembook)
网　　址:www.pup.cn